DAS EVANGELIUM DER BAUERN VON SOLENTINAME

Gespräche über das Leben Jesu
in Lateinamerika

Aufgezeichnet von
ERNESTO CARDENAL

ERSTER BAND

Mit einem Vorwort von
D. Johannes Schlingensiepen

25 Jahre
Jugenddienst-Verlag

Aus dem Spanischen
von Anneliese Schwarzer de Ruiz

Originaltitel: El Evangelio en Solentiname

1. Auflage März 1976
2. Auflage Oktober 1976
3. Auflage Dezember 1977
4. Auflage Mai 1979

Umschlag unter Verwendung eines Ölbildes aus Solentiname:
hammerteam
Druck: Hans Kock, Buch- und Offsetdruck, Bielefeld
ISBN: 3 7795 7604 X

Inhalt

Zum Geleit

Die Gottesdienste dieses Bandes sind in einer kleinen mittelamerikanischen Gemeinde von Bauern und Fischern entstanden. Wenn wir sie lesen und so mit in diese Gottesdienste hineingenommen werden, dann weitet sich für uns der Raum, und wir sind mit fremden Menschen, die in einem uns fremden Land wohnen und arbeiten und die unter anderen Lebensbedingungen ihr Dasein fristen, als Schwestern und Brüder versammelt vor Gottes Angesicht. In diesem Geiste sehen wir dann auch die einfachen Boote über den Großen See von Nicaragua auf die Insel zufahren, auf der der Seelsorger und Dichter Ernesto Cardenal mit einigen Freunden lebt. Wir hören das Rufen der Familien, das Begrüßen und das Erzählen beim Eintreffen der Boote. Es wird nicht lange dauern, dann gehen diese Menschen, die Erwachsenen und die Kinder, die Männer und die Frauen, zum kleinen Kirchenraum. Oft feiern sie zusammen die Eucharistie, das Abendmahl. Immer aber wird ein Abschnitt der Bibel vorgelesen. Und dann beginnt die Predigt: Die versammelten Menschen führen ein Gespräch miteinander. In solchen Gesprächen geschieht dann das, was wir uns immer wieder vornehmen und meist nur in unseren Gedanken schaffen: nämlich alles mit in den Gottesdienst hineinzunehmen. Hier werden Alltagsfragen zum Gottesdienst, und hier antwortet der Gottesdienst auf die Fragen des Alltags. Es geht um die Fragen des Glaubens und um die Fragen des echten Christseins. Man spürt, daß da ein brennendes Verlangen ist nach dem neuen Himmel und der neuen Erde, auf denen Gerechtigkeit wohnt. Darum sprechen sie von der Liebe und der Revolution. Aus dem Munde Ernesto Cardenals oder auch jedes anderen am Gottesdienst Beteiligten kann dann ein Satz fallen wie der: Wer seine Frau nicht gut behandelt, der ist kein Revolutionär. Blitzartig geht uns dabei auf, daß es diesen Menschen nicht um irgendein blutrünstiges Revoluzzertum geht, sondern um mehr.

Das meinen diese Landarbeiter, Fischer und ihre Frauen und Kinder, die sich um eine gerechtere Welt sorgen: Es geht ihnen um die Liebe, die dem Egoismus absagt, denn Gottes Liebe ist nicht egoistisch, sondern gilt allen. Wie könnte da die Liebe seiner Kinder egoistisch bleiben? Es geht um die Liebe, die alle Kraft für die Solidarität der Menschen einsetzt.

Man merkt es den Menschen an, wenn man ihnen zuhört, daß sie bei Jesus in die Schule gegangen sind. Sie haben mit wachen Ohren gehört: »Du sollst Gott, deinen Herrn, lieben von ganzem Herzen, von ganzer Seele, von allen Kräften und von ganzem Gemüte, und deinen Nächsten wie dich selbst« (Lukas 10, 27).

Wir hören auch ihre Fragen: Müßten wir nicht alles daransetzen, die Liebe mitzuteilen an diese Nächsten, die im Schatten sitzen? Müßten wir dann nicht auch versuchen, die Macht der ungerechten Gewalthaber zu brechen?

Mit solchen Fragen steht unausweichlich vor uns die Frage nach Liebe und Revolution, nach einer Revolution aus Liebe. Vielleicht fällt uns dabei ein, daß von dieser Frage in der evangelischen Kirche ja schon Johannes Calvin und Martin Luther bewegt wurden. Sie hatten gemeint, es der Christenheit sagen zu müssen: Auch das kann Gott von einem Christenmenschen erwarten; ja sogar: Auch das kann von Gott geboten sein, daß ein ungerechter und erpresserischer Gewalthaber aus dem Weg geräumt wird. Wir haben das in der Kirche lange verschwiegen. Wenn wir uns aber zurückbesinnen auf die Gewaltherrschaft in Deutschland und auf die Christenbrüder, die es für erlaubt oder geboten gehalten haben, diese Gewaltherrschaft durch ein Attentat zu brechen, wenn wir überlegen, in wieviel Ländern dieser Erde grausame Tyrannen herrschen und die Menschen ausbeuten – dann ist es gut, wenn wir uns hierüber neu Gedanken machen. Wir hören die gleiche Frage auf uns zukommen aus vielen Ländern, in denen Gewalt und unaussprechliche Ungerechtigkeit herrschen. Sehen wir diese Bauern von Solentiname, wie sie von Nicaragua sehnsüchtig hinüberschauen nach Kuba, weil das in ihren Augen das Land ist, in dem man alles daransetzt, daß es gerechter zugehe und daß alles allen gemeinsam wäre. Vielleicht gibt es für die Christen in Solentiname deshalb kein anderes Vorbild, weil die großen christlichen Staaten zu wenig getan haben dafür, daß es gerechter zugehe und daß alles allen gemeinsam wäre.

Und wir sehen im Geiste die Leute von Solentiname weinen, als der Versuch von Salvador Allende, ein gerechteres Chile zu schaffen, durch den brutalen Militärputsch zunichte gemacht wurde. Und auch wir müßten weinen über all die Taten, durch die ein

wenig mehr an Gerechtigkeit und ein wenig mehr an Liebe verhindert werden. Denn die Trauer ist hier ein Zeichen der Liebe.
Es wäre ein großer Gewinn für uns, wenn wir etwas von dem begreifen könnten, daß – wo die Liebe Jesu uns umfaßt – es ohne Veränderung im persönlichen Leben und in der menschlichen Gemeinschaft nicht abgeht.

Gott will, daß es hell werde auf der Erde,
aber er will es nicht ohne uns.

Februar 1976 D. Johannes Schlingensiepen

Ernesto Cardenal: Zur Entstehung dieses Buches

In Solentiname, einer abgeschiedenen Inselgruppe im Großen See von Nicaragua mit rein bäuerlicher Bevölkerung, hören wir in der Sonntagsmesse keine Predigt, sondern unterhalten uns ganz einfach über das Evangelium. Die Auslegungen der Bauern sind oft von größerer Tiefe als die vieler Theologen, aber gleichzeitig von genau so großer Einfachheit wie das Evangelium selbst. Das darf uns nicht verwundern, denn das *Evangelium*, die »gute Nachricht für die Armen« wurde für sie geschrieben, für Menschen wie sie.
Einige Freunde rieten mir, diese Gespräche nicht verlorengehen zu lassen, sondern sie aufzuzeichnen und zu veröffentlichen. Das ist der Grund für dieses Buch. Zuerst versuchte ich, sie so gut es ging im Gedächtnis zu behalten, aber später fanden wir es praktischer, sie auf Tonband aufzunehmen.
Viele dieser Gespräche fanden in der Kirche während der sonntäglichen Messe statt. Andere in einem kleinen strohgedeckten Gebäude gegenüber der Kirche, in dem wir unsere Versammlungen abhalten und oft ein gemeinsames Mittagsmahl nach der Messe einnehmen. In einigen Fällen feierten wir die Messe auch unter freiem Himmel auf einer der Inseln oder in einem Dörfchen auf der gegenüberliegenden Seite des Sees, zu dem man nur auf einem unserer Tropenflüsse, umgeben von der üppigsten Vegetation, gelangt.
Jeden Sonntag werden zuerst Exemplare des Neuen Testaments verteilt. Das heißt, an die, die lesen können, denn viele unserer Gemeindemitglieder sind Analphabeten, vor allem die älteren und diejenigen, die auf weit entfernten Inseln wohnen und nicht regelmäßig zur Schule kommen können.
Einer von denen, die am besten lesen können (für gewöhnlich ein junger Mann oder junges Mädchen) liest die Bibelstelle vor, die wir an dem jeweiligen Sonntag besprechen wollen. Danach besprechen wir einen Vers nach dem anderen.
Wir benutzen eine evangelische Bibelübersetzung der Vereinten Bibelgesellschaften, die unter dem Titel »Dios llega al hombre« bekannt ist. Es ist die beste Bibelübersetzung, die ich kenne. Die Übersetzung ist anonym, aber ich bin davon überzeugt, daß sie von einem Dichter stammt. Sie spricht die einfache Sprache der latein-

amerikanischen Bauern, hält sich aber gleichzeitig mit der größten Treue an den Urtext.

Als ich dieses Buch zusammenstellte, habe ich mich nicht an die chronologische Folge gehalten, in der die Texte von uns besprochen wurden, sondern sie nach den Evangelien geordnet.

Jetzt tut es mir um viele Gespräche leid, die wir nicht aufzeichneten, weil wir am Anfang noch nicht an diese Möglichkeit dachten. In einigen Fällen ließ uns auch unser Tonband im Stich. Doch diese Gespräche gingen nur für das Buch verloren, nicht aber für die Menschen, die daran teilnahmen. Ich bin gewiß, daß sie sie auf irgendeine Weise bewahren, auch wenn sie sich nicht mehr an sie erinnern.

Die Inselgruppe von Solentiname umfaßt achtunddreißig Inseln, aber nur die größeren unter ihnen sind bewohnt. Insgesamt leben hier etwa 1 000 Menschen, die ungefähr 90 Familien bilden. Sie wohnen in strohgedeckten Hütten, die oft weit voneinander entfernt sind und verstreut an den Ufern der verschiedenen Inseln stehen. Unsere Gemeinschaft, die man vielleicht ein Laienkloster nennen könnte, und die den Namen »Unsere Liebe Frau von Solentiname« trägt, hat ihren Sitz an der Südspitze der größten Insel. Zu dieser Gemeinschaft gehören der kolumbianische Dichter William Agudelo mit seiner Frau Teresita und seinen beiden Kindern Irene und Juan, sowie drei junge Männer, die auf diesen Inseln geboren wurden: Alejandro, Elbis und Laureano. Wir haben wenig Kontakt mit der Außenwelt, und unsere kontemplative Zurückgezogenheit wird an diesem schwer zu erreichenden, abseits der Handels- und Touristenstraßen gelegenen Ort nur selten gestört.

Nicht alle Bewohner dieser Inseln kommen des Sonntags zur Messe. Viele, weil sie kein Boot besitzen. Andere, weil sie bei uns nicht die Heiligenverehrung finden, an die sie gewöhnt sind. Und wieder andere, weil sie von der antikommunistischen Propaganda beeinflußt sind und vielleicht auch, weil sie Angst haben.

Nicht alle, die zur Messe kommen, beteiligen sich im gleichen Maße an den Gesprächen. Manche haben fast immer etwas zu sagen. Marcelino ist ein Mystiker. Olivia eine Theologin. Rebeca, Marcelinos Frau, spricht immer wieder von der Liebe. Laureano bezieht alles auf die Revolution. Elbis denkt nur an die perfekte Gesellschaft der Zukunft. Felipe, ein anderer der jungen Männer, denkt vor allem an den Kampf der unterdrückten Klassen. Der alte Tomás, sein Vater, kann nicht lesen, doch spricht er mit großer Weisheit. Alejandro,

Olivias Sohn, hat alle Anzeichen eines jungen Führers, und seine Beiträge sind für gewöhnlich eine Art Orientierungshilfe für die anderen, vor allem für die übrigen Jugendlichen. Pancho ist konservativ. Julio Mairena kämpft für die Gleichheit. Oscar, sein Bruder, spricht immer von der Wichtigkeit der Vereinigung aller. Sie und alle anderen, die oft sprechen und Wichtiges zu sagen haben, und auch die, die wenig sprechen, aber auch Wichtiges zu sagen haben, dazu William und Teresita und andere Freunde, die uns besuchten und an unseren Gesprächen teilnahmen, sind die Verfasser dieses Buches.

Das heißt, sein wirklicher Verfasser ist der Geist, der ihnen ihre Worte eingab (die Bauern von Solentiname wissen sehr wohl, daß er es ist, der durch sie spricht), derselbe Geist, der auch die Evangelien inspirierte. Es ist der Heilige Geist, der Geist Gottes, eingegangen in die Gemeinschaft; der Geist, den Oscar den Geist der Vereinigung aller nennen würde und Alejandreo den Geist des Dienstes am Nächsten und Elbis den Geist der zukünftigen Gesellschaft und Felipe den Geist des Arbeiterkampfes und Julio den Geist der Gleichheit und der Gütergemeinschaft aller mit allen und Laureano den Geist der Revolution und Rebeca den Geist der Liebe.

Das Vorwort zum Johannesevangelium

(Johannes 1, 1–18)

Manuel hat uns den Anfang des Johannesevangeliums vorgelesen. Und jetzt besprechen wir einen Vers nach dem anderen.

Im Anfang war das Wort, und das Wort war bei Gott, und Gott war das Wort.

Zuerst langes Schweigen.
Dann sagt Felipe: – Christus brachte eine Botschaft von Gott, die sehr wichtig für das ganze Volk war, und das soll heißen, daß er das Wort war. Es handelt sich aber nicht um irgendein beliebiges Wort, sondern um ein ernstes Wort, ohne Betrug. Er ist das Wort Gottes, und darum ist es ein wahres Wort. Und dieses Wort kam auf die Welt und blieb dann bei den Menschen.
Jetzt spricht Alejandro, der wie Felipe einer der jungen Männer der Gemeinde ist: – Ich glaube, wenn Christus hier »das Wort« genannt wird, dann darum, weil Gott sich durch seine Person ausdrückt. Gott drückt sich in ihm aus, um die Unterdrückung anzuklagen, um zu sagen: hier gibt es Ungerechtigkeit, hier gibt es Bosheit, es gibt Arme und Reiche, die Erde gehört einigen wenigen. Und auch um ein neues Leben anzukündigen, eine neue Wahrheit, mit einem Wort: eine soziale Veränderung. Mit diesem Wort befreit Gott den Menschen.
Ich sage, da habe er vollkommen recht, in der ganzen Bibel habe Gott die Ungerechtigkeit angeklagt und eine gerechte Gesellschaft verkündet: und das war das Wort Gottes. Das neue ist jetzt, daß diese Verkündigung in der Person Christi leibhaftig auf der Erde erscheint.
Leonel fragt: – Wenn es heißt »im Anfang«, bezieht er sich da auf den Anfang der Welt oder auf den Anfang des Lebens Jesu?
Ich sage: – Auf den Anfang der Welt. Johannes beginnt sein Evangelium mit den gleichen Worten wie die Schöpfungsgeschichte (»Im Anfang ...«), als ob er eine neue Geschichte der Schöpfung schreiben wolle.
Sofort gibt Leonel zurück: – Dann ist dieses Wort so etwas wie ein

Versprechen. Denn Gott hatte den Menschen geschaffen mit dem Versprechen, ihm einen Messias zu schicken. Oder war das nicht so?

Jetzt spricht mein Freund Antidio Cabal, der aus Venezuela zu Besuch bei uns ist: – Ich glaube, hier hat der Ausdruck »das Wort« mehrere Bedeutungen, und wir müssen zuerst die wichtigste suchen, ehe wir uns auf die anderen einlassen. Die erste Bedeutung des Ausdrucks »das Wort« sagt uns der Bibeltext selbst. Ich lese hier: »Im Anfang existierte schon das Wort.« Also in Gott existierte schon das, was er uns jetzt in Christus mitteilt. Und am Ende dieses Vorworts heißt es: »Niemand hat Gott je gesehen; der eingeborene Sohn, der in enger Verbindung mit dem Vater lebt, der hat ihn uns verkündet.« Ich glaube also, die erste Bedeutung von Christus als »dem Wort« ist, daß er den Menschen sagt, wer Gott ist. Denn die Menschen kennen ihn nicht, weil sie ihn nicht gesehen haben, und was man nicht sehen oder anfassen kann, das kennt man nicht. So ist es die Aufgabe dieses »Wortes«, uns zu informieren, wer Gott ist oder wie Gott ist. Und es hat uns informiert, daß Gott die Gerechtigkeit ist und daß er auf seiten der Armen steht. Christus erklärte das durch sein Leben und durch seine Taten, wie ein einziges Wort wirkte er bis zu seinem Tode, und selbst nach seinem Tod wiederholt sich jetzt das Wort wieder und wieder ... Ich weiß nicht, ich habe Angst hier zu sprechen, die Universität hat mich so verdorben ...

Antidio hat sich jäh unterbrochen. Es herrscht Stille. Dann sage ich, so sei es tatsächlich: Wort bedeutet Mitteilung, mit Worten teilen wir uns den anderen mit, so wie wir es jetzt hier tun. Und Gott wollte sich uns gleichfalls mitteilen, und das tat er in der Person Jesu Christi. Darum ist Christus das Wort Gottes, die Verbindung Gottes mit den Menschen.

Jetzt spricht Félix, ein Bauer mittleren Alters: – Das Wort ist auch eine Lehre, zum Beispiel das, was ich meinen Kindern zeige.

Und Oscar, ein anderer der jungen Männer: – Das Wort Gottes ist auch sein Gebot: daß wir uns lieben sollen.

Und der ganz junge Julio: – Das Wort, meine ich, ist das, was der eine dem anderen sagt, und der andere hört es. So ist das Wort Gottes auch, damit wir es hören. Und auch, damit wir ihm antworten ...

Marcelino, der Vater Julios: – Ich habe in der Bibel gelesen, das Wort Gottes ist wie ein Samenkorn. Warum? Die Samen säen wir

aus, und dann vermehren sie sich. Und später essen wir davon. So soll sich auch das Wort Gottes in uns vermehren. Und Nahrung hervorbringen. Und diese Nahrung sollen wir dann teilen.
Wir lesen jetzt den zweiten Vers:

Das Wort war im Anfang bei Gott.

Alejandro sagt dazu: – Es wird noch einmal wiederholt, daß das Wort bei Gott war. Johannes will diese Tatsache betonen. Er sagt, Gott habe von Anfang an gesprochen. Mit wem? Mit Gott? Gott ist eine Einheit von Personen und darum Gespräch. Jetzt spricht Gott mit den Menschen. Dieses Wort Gottes ist Jesus Christus. Er macht, daß wir uns gegenseitig lieben. Er ist das Wort der Liebe.

Alle Dinge sind durch das Wort gemacht, und ohne das Wort ist nichts gemacht, was gemacht ist.

Leonel: – Natürlich. Denn Gott und sein Wort sind ein und dasselbe. Alles was er schuf, schuf er durch sein Wort, und alles, was Christus auf der Erde sprach, handelte von Gott. Mit anderen Worten: Gott hat uns erschaffen, um sich uns mitzuteilen, und danach schickte er uns sein Wort.
Antidio: – Leonel sagt, Gott schuf alles durch sein Wort. Auch die Bibel sagt, Gott habe die Welt durch sein Wort geschaffen: den Himmel, die Erde, das Wasser, die Tiere. Schaffen und sprechen ist das gleiche. Schaffen ist eine Art, sich anderen mitzuteilen. Wenn man etwas schafft, gibt man etwas von sich zu erkennen, zum Beispiel, wenn man ein Gedicht schreibt oder ein Lied komponiert oder wenn hier die Maler von Solentiname wie Oscar oder Eduardo ein Bild malen, oder wenn der Schreiner einen Tisch macht: jeder Arbeiter gibt sich durch seine Arbeit, durch das, was er geschaffen hat, zu erkennen. Und als Gott das Licht und die Sterne, den Himmel und die Erde schuf, drückte er sich selbst aus, er teilte sich mit.
Ich sage: – Das griechische Wort, das die Bibel für »Schöpfung« benutzt, ist *Poem* oder *Gedicht*. Denn Schöpfung und Poesie sind in Wirklichkeit das gleiche. Die Welt ist das Gedicht Gottes. Gott sagte: »Es werde Licht«, und es wurde Licht, und genauso alles andere, denn Gott schuf alles durch sein Wort. Sein Wort wurde Wirklichkeit. Die Poesie Gottes ist die Wirklichkeit.
Antidio fährt fort: – Und man schafft immer das, was man braucht,

das heißt, man schafft das Gute. Und die Wirklichkeit, die Gott schuf, war gut. Er sah, daß alles gut war. Das Böse dagegen ist die Zerstörung des Geschaffenen.
Alejandro: – Der Arbeiter ist das Ebenbild Gottes, und alles, was er schafft, ist gut und bereichert den Menschen.
Ich sage: – Darin liegt die Größe des Arbeiters. Alle Dinge, die wir haben, wurden zuerst von Gott und dann von den Arbeitern gemacht. Die Schuhe, die wir tragen, wurden von einem Arbeiter gemacht. Die Kleidung von einem anderen Arbeiter. Die Städte und alles, was es darin gibt, die Landstraßen und die Brücken ...
Es unterbricht mich ein kleiner Mann mit zerrissener Jacke, der abseits von den anderen schüchtern auf der letzten Bank hockt und den ich nicht kenne (er muß von auswärts sein): – Das alles kommt von der Macht des Vaters, und der Vater gab diese Macht seinem Sohn, und die Macht des Sohnes ist auch unsere Macht.
Felipe: – Das ist die Größe aller Arbeiter. Die Arbeiter setzen die Macht Gottes auf der Erde fort und arbeiten mit an der Schöpfung. Darum müßten die Arbeiter die Herren der Erde sein und nicht die, die nicht arbeiten ..., die Schuhe und Kleidung und Essen haben und überall herumreisen und nicht arbeiten und nicht säen und überhaupt nichts hervorbringen. Aber das sind die Herren der Arbeit der anderen und der Häuser und der Ländereien ...

In ihm war das Leben, und dieses Leben war das Licht der Menschen, und die Finsternis konnte es nicht löschen.

Felipe spricht weiter: – Durch Betrug haben sich die Ausbeuter all dieser Dinge bemächtigt – indem sie die Arbeiter betrogen. Darum kam das Wort Gottes, um uns von diesem Betrug zu befreien.
Manuel: – Hier steht, in ihm ist das Leben, und das Leben ist das Licht. Wir wissen schon, daß Gott die Liebe ist. Liebe und Leben ist das gleiche, denn die Liebe bringt Leben hervor, aber der Haß bringt nur Tod. Aber hier auf der Erde ist die Liebe mitten zwischen dem Bösen, das Böse kämpft gegen die Liebe. Die Lüge und der Betrug kämpfen gegen die Wahrheit. Und Christus brachte uns die Liebe und die Wahrheit, das heißt, das Licht, damit wir auch die Dunkelheit überwinden.
Der unbekannte Mann: – Gott sagte: »Es werde Licht« durch sein Wort, und danach schickte er uns seinen Sohn, um uns ein neues Licht zu geben, mit dem wir diese Worte jetzt verstehen.

Das war das wahrhaftige Licht, das alle Menschen erleuchtet. Er war in der Welt und die Welt ist durch ihn gemacht, aber die Welt erkannte ihn nicht. Er kam in sein Eigentum, und die Seinen nahmen ihn nicht auf.

Pancho: – Sie nahmen ihn nicht auf, weil er arm war und weil sie sich für viel wichtiger hielten. Auch weil er gegen die Ungerechtigkeit predigte, das heißt gegen die Sünde. Sie waren nämlich ungerecht.

Adán: – Und bis heute haben sie ihn immer noch nicht aufgenommen. Der Beweis dafür: alles was wir sehen, eine Gesellschaft voller Ungerechtigkeit.

Alejandro: – Gott schuf die Materie durch sein Wort, aber es gibt gewisse Menschen, die Feinde der Materie sind und sie durch ihre Ungerechtigkeit zerstören. Jetzt verstehe ich das Gedicht besser, das Ernesto uns gestern abend vorgelesen hat, dieses Gedicht über die Sterne, in dem gesagt wird, alle Materie bewege sich durch das Gesetz der Anziehungskraft, das das Gesetz der Liebe selbst ist. Ich sage, dieses soziale System ist gegen die Wirklichkeit. Und darum wollen die Ausbeuter nicht, daß wir die soziale Wirklichkeit sehen. Es sind die Feinde der Wirklichkeit, die Jesus nicht aufnehmen.

Der fremde Mann: – In der Kirche selbst haben viele ihn noch nicht aufgenommen. Das Licht Christi, das wir auch oft in der Kirche finden, ist mit Finsternis vermischt. Genauso wie damals, als er noch lebte, viele ihn nicht aufnahmen, so wird sein Wort auch heute oft nicht aufgenommen. Und darum gibt es Ungerechtigkeit.

Die ihn aber aufnahmen, denen gab er Macht, Gottes Kinder zu werden.

Der fremde Mann: – Wir sind nicht alle Kinder Gottes, wir sind es nur, wenn wir ihn aufnehmen. Dann geschieht so etwas wie eine neue Befruchtung. Wenn wir neu geboren sind, dann sind wir Kinder Gottes.

Oscar: – Wie ich sehe, sind also nicht alle Menschen Kinder Gottes. Scheinbar sind alle die keine Kinder Gottes, die lügen und Ungerechtigkeiten begehen und Egoisten sind. Das sind die, die von ihm abgetrennt sind.

Ich erinnere daran, daß Christus die, die ihn nicht aufnahmen, Kinder des Teufels nannte. Und den Teufel setzte er mit der Lüge gleich: »Vater der Lüge.«

Elbis sagt: – Das heißt, die neue Geburt geschieht, wenn der Mensch sich verändert, wenn er seinen Sinn ändert und anfängt, das Gute zu tun. Das bedeutet, ihn aufnehmen.

Felipe: – Hier steht, er gab ihnen die Macht, Gottes Kinder zu sein. Ich glaube, das bedeutet, daß er ihnen die Macht gab, zu tun, was sie wollten: die Welt verändern, die Wirklichkeit so formen, wie sie es für richtig hielten. Aber es gibt einen Kampf zwischen diesen und den anderen, zwischen denen, die die Wirklichkeit verändern wollen und denen, die es nicht wollen. Der gleiche Kampf herrschte zwischen Jesus und denen, die ihn nicht aufnahmen.

Pancho: – Wir sind Kinder Gottes, weil wir Brüder sind. Wenn einer sich von dieser Bruderschaft ausschließt, ist er kein Kind Gottes. Wer nicht mein Bruder ist, der ist auch nicht der Sohn meines Vaters.

Der fremde Mann: – Alle, die sein Wort aufnahmen, empfingen den gleichen Geist, der ihn gezeugt hatte. Darum sind wir seine Brüder, Kinder des gleichen Vaters.

Félix: – Den Nächsten lieben, heißt ein Kind Gottes sein. Wer das Wort Gottes nicht aufnimmt, der lehnt dieses Gebot der Liebe ab, und darum ist er auch kein Kind Gottes.

Und das Wort wurde Fleisch und wohnte unter uns, voller Liebe und Wahrheit.

Ich erkläre, daß es im Griechischen heißt: »Das Wort baute unter uns sein Zelt auf.« Dies weist auf die Zeit des Auszugs aus Ägypten hin, als die Israeliten in Zelten wohnten. Gott schlug also durch Christus sein Lager bei uns auf, so, als ob wir hier sagten: »Er baute seinen Rancho bei uns.«

Der fremde Mann: – Christus ist das Wort oder der Sprecher Gottes, sein lebendes Wort hier auf der Erde. Dieses Wort soll die Welt verändern. Und es ist ein mächtiges Wort, da mit ihm die ganze Welt geschaffen wurde. Und alle, die mit den Worten Christi sprechen, sind auch mächtig. Sie sagen irgend etwas, und es geschieht.

Felipe: – Man muß dabei beachten, daß sie damit etwas tun, das Gott nicht mehr tun kann. Gott gab den Menschen Macht, sein Werk hier zu vollenden. Was der Mensch auf der Erde selbst tun kann, das wird Gott ihm nicht abnehmen. Warten wir also nicht darauf, daß Gott alles tut. Wichtig ist, daß wir wissen, daß wir es tun können.

Ich: – So wie Gott Mensch wurde, so ist der Mensch jetzt Gott. Zuerst wurde Gott in einer Person Mensch, nämlich in Jesus Christus, um sich dann später in allen Armen und Unterdrückten der Geschichte zu verkörpern. Das Wort ist jetzt das Volk. Das Volk ist es, das jetzt das Werk Gottes tut.

Felipe: – Weil es nicht mehr nötig ist, daß Gott es selbst tut.

Ich: – Gott hat jetzt hier nichts mehr zu tun. Er begann das Werk der Schöpfung, aber dann ließ er es in den Händen des Menschen, damit der Mensch daran weiterarbeite.

Oscar: – Wenn Gott jetzt hier nichts mehr zu tun hat, dann haben wir eine große Verantwortung in der Welt, damit die, die von ihm getrennt sind, von uns überzeugt werden und auch anfangen, Gottes Kinder und damit unsere Brüder zu sein. Das muß das Ziel unseres Kampfes sein: alle eins zu werden.

Laureano: – Es ist also unsere Aufgabe, die Welt in Ordnung zu bringen, die Gerechtigkeit in der Welt einzusetzen, mit einem Wort: die Welt neu zu gestalten.

Das Gesetz ist durch Mose gegeben; die Liebe und die Wahrheit sind durch Jesus Christus geworden.

Julio: – Hier wird die Liebe zusammen mit der Wahrheit genannt. Die Wahrheit ist sehr wichtig, denn wo es keine Wahrheit gibt, da gibt es auch keine Liebe.

Roberto: – Das Gegenteil von der Wahrheit ist der Betrug oder die Lüge. Wenn wir nicht die Wahrheit sagen, dann betrügen wir – oder wir beuten andere aus, wie man es auch nennen könnte.

Alejandro: – Die Ausbeutung ist das Gegenteil von der Wahrheit. Hier gibt es soviel Ausbeutung, weil es soviel Lüge gibt.

Gloria: – Es gibt überall Ausbeutung, aber sie nennen es nicht Ausbeutung, sondern Gerechtigkeit.

Ich: – Und Diebstahl nennt man Privateigentum. Wir haben also gesehen, daß Liebe und Wahrheit dasselbe ist. Und Ungerechtigkeit und Lüge ist auch dasselbe. Hier wird gesagt, das Gesetz sei durch Mose gekommen. Das hat die Welt aber nicht verändert, weil es nämlich nur ein Gesetz war, ein religiöses Gebot könnte man sagen. Mit Jesus Christus jedoch kam etwas Wirkliches: die Liebe und die

Wahrheit. Hier wird uns gesagt, was dieses Wort, das Fleisch wurde, ist: Liebe und Wahrheit.

Niemand hat Gott je gesehen; der eingeborene Sohn, der in enger Verbindung mit dem Vater lebt, der hat ihn uns verkündigt.

Elbis: – Er hat uns gezeigt, wie Gott ist. Er hat uns gezeigt, daß Gott Liebe ist. Und Gott hier auf der Erde zu haben, bedeutet sich gegenseitig zu lieben.
Gloria: – Keiner hat Gott gesehen, aber wir haben sein Wort gehört, und dieses Wort hat uns Gott erkennen lassen.
Rafael: – Das ist alles klar.
Ich sage abschließend: – Es ist alles klar, wie Rafael sagt. Alles was wir hier gelesen haben, ist auch das Wort Gottes, so wie Jesus Christus das Wort Gottes ist. Dieser Abschnitt, den wir heute besprochen haben, ist einer der schwierigsten des ganzen Evangeliums, und nun sehen wir alles ganz klar. Und das darum, weil Christus selbst uns erleuchtet hat, der auch hier mitten unter uns ist. Er ist, wie der Evangelist Johannes sagt, das Licht, das alle Menschen erleuchtet. Und er wurde Mensch, um uns Gott erkennen zu lassen.

Die Verkündigung

(Lukas 1, 26–36)

Heute haben wir uns in dem Rancho, der als Gemeinschaftsraum dient, versammelt. Zuerst haben wir zusammen gegessen, Reis und Bohnen mit Schildkrötenfleisch, das Natalia, Elbis' Mutter, zusammen mit Milagros gekocht hatte.
Das Evangelium las heute Gloria, eins der jüngsten Mädchen unserer Gemeinde. Und jetzt besprechen wir die einzelnen Verse.

Der Engel kam zu Maria herein und sprach: Ich beglückwünsche dich, du Hochbegnadete! Der Herr ist mit dir! Gott hat dich mehr als alle anderen Frauen gesegnet.

Ich erkläre, daß dies der Anfang des Ave Marias ist und daß die ersten Worte des Engels bisher immer als ein Gruß übersetzt wurden. Vor kurzem entdeckte man jedoch, daß es richtig übersetzt nicht »Ich grüße dich«, sondern »Ich beglückwünsche dich« heißen muß. So beglückwünschten die Propheten oft die »Tochter Zions«, das heißt das Volk Israel, weil aus ihm der Messias geboren werden sollte.

Der alte Tomás Peña sagt: – Der Engel beglückwünschte Maria zur bevorstehenden Geburt des Messias, und gleichzeitig beglückwünscht er damit uns alle, weil der Heiland nicht unter den Reichen zur Welt kommt, sondern unter den armen Leuten wie unsereins.
Félix: – Der Befreier mußte aus dem Volk geboren werden.
Don Julio: – Weil er die Unterdrückten befreien wollte, darum mußte er einer von ihnen sein. Wenn er gekommen wäre, um die Reichen zu befreien, wäre er unter den Reichen geboren . . .
Pablo: – Die Reichen brauchen nicht befreit zu werden, sondern die Armen. Es sollen ja wohl nicht die Ausbeuter befreit werden!
Oscar: – Doch, sie sollen von ihrer Ausbeutung befreit werden.
Olivia: – Beide sollen befreit werden, Arme und Reiche. Wir Armen sollen von den Reichen befreit werden, und die Reichen von sich selbst, das heißt, von ihrem Reichtum. Sie sind nämlich viel mehr Sklaven als wir.

Sie erschrak über seine Rede und dachte bei sich selbst: welch ein Gruß ist das? Und der Engel sprach zu ihr: Fürchte dich nicht, Maria, du hast Gnade bei Gott gefunden.

Tomás Peña sagt: – Sie wird wohl erschrocken gewesen sein. Sie war ja nur ein armes Mädchen, ganz bescheiden. Sie erschrak, als sie hörte, daß sie so wichtig sein sollte.
Der junge Alejandro: – Aber davor braucht man keine Angst zu haben. Wir können vielleicht auch Angst davor haben, wichtig zu sein. Aber wir haben auch wichtige Aufgaben, Führer zu sein vielleicht ... einige von uns ... andere befreien, eine Aufgabe innerhalb der Gemeinschaft übernehmen oder sogar außerhalb von Solentiname, in San Miguelito oder San Carlos, wer weiß.

Siehe, du wirst schwanger werden und einen Sohn gebären, den du Jesus nennen sollst.

Ich sage: – Der Name »Jesus« wurde früher für gewöhnlich mit »Retter« oder »Rettung« übersetzt, heute sagt man besser »Befreier« oder »Befreiung«. Der hebräische Name ist *Jeshua,* das heißt »Jahve befreit« oder »Jahve ist Befreiung«.
Jemand sagt: – Dieser Engel war ziemlich subversiv, als er das verkündigte. Genauso, als ob hier im Nicaragua Somozas jemand einen Befreier ankündigte ...

Ein anderer fügt hinzu: – Und Maria wird sofort auch subversiv, indem sie diese Botschaft anhört. Ich glaube, sie fühlte sich da schon so ähnlich, als ob sie in den Untergrund ginge. Die Geburt eines Befreiers mußte geheimgehalten werden. Oder es wußten vielleicht nur ihre besten Freunde davon und ein paar Arme aus der Umgebung, alles Leute aus dem Volk. Sie waren damals ja auch unterdrückt. Schon dieser Name »Jesus« war ein gefährlicher Name ...
Ein anderer: – Und das ist er auch immer noch. Auch wenn wir hier von diesem Befreier oder dieser Befreiung sprechen, sind wir subversiv ...

Der wird groß sein und ein Sohn des Höchsten genannt werden, und Gott der Herr wird ihm den Thron seines Vorfahren David geben. Er wird für immer ein König sein über das Volk Israel, und sein Reich wird kein Ende nehmen.

William sagt: – In der Bibel hat sich dieser höchste Gott immer als der Befreier des Volkes gezeigt. Zuerst damals, als Mose dem Pharao eins auswischte. Und danach bekämpfte er durch die Propheten immer wieder alle Arten von Unterdrückung. Sein Sohn Jesus, dieser Jahve-Befreit, wird sein wie er. Und er wird König sein.
Oscar: – Der Engel kündigt mit ihm eine neue Regierung an. Das ist das Reich der Armen und Demütigen. Seit Christus auf die Erde kam, wird an diesem Reich gebaut. Es ist aber noch nicht vollständig.
Don Julio: – Ich würde sagen, es hat noch kaum angefangen.

Da fragte Maria den Engel: Wie soll das zugehen, da ich doch von keinem Manne weiß?

Marcelino: – Das ist so, als wenn wir hier in Solentiname uns fragten: Wie kann aus uns irgendein Befreier hervorgehen, wenn wir doch ganz unwissend sind, wenn keiner von uns zur Universität gegangen ist und manche nicht einmal lesen können, wenn wir so wenige sind und über gar keine Mittel verfügen ...?

Der Engel antwortete: Der Heilige Geist wird über dich kommen, und die Kraft des Höchsten wird dich überschatten.

Ich sage: – Wir wissen bereits, daß der Heilige Geist der Geist Gottes ist, so als ob wir sagten »die Art und Weise Gottes« oder der »Charakter« Gottes, also mit anderen Worten: die Liebe. Die Kirche nannte diesen Heiligen Geist oft den »Vater der Armen«.
Der junge Julio: – Wenn es der Geist der Liebe ist, dann ist es also auch der Geist der Gerechtigkeit. Der Geist der sozialen Gerechtigkeit, der Geist der Veränderung, der Geist der Revolution. Aus diesem Geist wird Jesus geboren.
Und Natalia, die als Hebamme fast allen diesen jungen Leuten auf die Welt geholfen hat: – Jesus ist der Sohn Marias und der Liebe.
Und Olivia, die Mutter Glorias und Alejandros: – So hat sich Maria also mit der Liebe verheiratet oder mit dem Geist der Liebe.
Ich: – Wie jeder von uns dazu berufen ist, sich mit dieser Liebe zu verheiraten.

Maria sprach: Ich bin die Magd des Herrn, mir geschehe wie du gesagt hast. Und der Engel schied von ihr.

Tomás: – Das beweist, daß sie sehr demütig ist. Sie fühlt sich arm und gering, anstatt auf das, was ihr gesagt wurde, stolz zu sein.
Natalia: – Sie war eine Frau aus dem Volk, wie wir Frauen hier.
Alejandro: – Ich meine, hier müssen wir vor allem ihren Gehorsam bewundern. Genauso sollen auch wir bereit sein, zu gehorchen. Denn diese Art Gehorsam ist revolutionär. Dieser Gehorsam gegenüber der Liebe ist wirklich revolutionär, weil er uns befiehlt, allem anderen gegenüber ungehorsam zu sein.

Ein Engel spricht zu Josef

(Matthäus 1, 18–25)

Im Gemeinschaftsraum. Teresita hat das Evangelium gelesen, und wir besprechen jetzt die ersten Verse:

Die Geburt Jesu geschah aber so: Als Maria, seine Mutter, mit Josef verlobt war, geschah es, daß sie schwanger war vom Heiligen Geist ehe sie zusammen lebten. Josef, ihr Mann, war fromm und wollte sie nicht in Schande bringen; er gedachte aber, sie heimlich zu verlassen.

Pancho: – Dieser Josef war ein guter Mann: er redete nicht schlecht von Maria und machte ihr keine Szene und war nicht gewalttätig. Er wollte ihr nicht wehtun.
Marcelino: – Ich muß denken, was er wohl gelitten hat. Er liebte sie doch. Sie war seine Braut, und sie wollten bald heiraten. Und dann sieht er, daß sie ihm untreu war. Er muß schrecklich eifersüchtig gewesen sein. In solchen Fällen glauben manche, ihre Männlichkeit beweisen zu müssen, indem sie sich rächen. Manche schlagen die Frau tot. Er nicht, er denkt, daß diese Frau nicht für ihn ist und leidet in aller Stille.

Indem er aber so dachte, da erschien ihm ein Engel des Herrn im Traum und sprach: Josef, du Nachkomme Davids, fürchte dich nicht, Maria als deine Frau zu dir zu nehmen, denn der Sohn, der aus ihr geboren wird, ist vom Heiligen Geist.

Alejandro: – Er hatte großes Vertrauen zu Gott, weil er glaubte, was der Engel zu ihm sagte. Ein anderer hätte das vielleicht nicht so schnell geschluckt.
Teresita: – Er hatte auch großes Vertrauen zu Maria, nicht nur zu Gott. Er wußte, das Maria eine gute Frau war. Darum glaubte er Gott, der durch den Engel zu ihm sprach, so schnell.
Natalia: – Und er freute sich, als er hörte, der Sohn Marias würde der Messias sein, der viele Menschen befreien sollte. So nahm er ihn als seinen Sohn an, mit Freuden.

José Espinoza: – Aber auch mit Trauer. Wenn die Menschen befreit werden sollten, dann würde es auch Leid geben. Er wußte, was seinen Sohn erwartete, was die ganze Familie erwartete. Und er akzeptierte das. Aber vielleicht überlegte er es sich doch zweimal. Der Engel sagte: »Habe keine Angst, Maria zu dir zu nehmen.« Als er Maria heiratete, übernahm er auch die Verantwortung, der Adoptivvater des Messias zu sein.
Und das, sage ich, war bestimmt nicht einfach.
Alejandro: – Und das ist eine Lehre für viele Väter, die Angst haben, wenn sich ihre Söhne und Töchter hier für die Gemeinschaft einsetzen. Denn die Jugendlichen hier sind auch so etwas wie ein Messias, das heißt, alle die sich engagieren und sich der Gefahr aussetzen, vielleicht für andere leiden zu müssen. Und vielleicht müssen die Väter auch für sie leiden. Aber die Väter sollen wie Josef keine Angst haben.

Sie wird einen Sohn gebären, den sollst du Jesus nennen, denn er wird sein Volk retten von seinen Sünden.

José Chavarría: – Jesus, das heißt Befreier oder Befreiung, wie wir gesehen haben. Obwohl die Juden eher einen politischen Befreier erwarteten ...
Ich frage: – Und war Jesus ein politischer Befreier oder nicht?
José Chavarría: – Nein, kein politischer. Der Engel sagte ganz klar zu Josef: »Er wird sein Volk von seinen *Sünden* befreien.«
Marcelino: – Damit bin ich nicht einverstanden. Christus war ein politischer Befreier, weil er kam, um uns von der Unterdrückung zu befreien. Denn von den Sünden zu befreien, das bedeutet, die Leute von ihrem Egoismus zu befreien. Zu machen, daß alle sich lieben. Und wenn sich die Menschen lieben, dann gibt es keine Unterdrückung mehr. So kam Christus auch, um uns politische Freiheit zu bringen.
Und José Espinoza: – Wenn eine Befreiung nötig ist, dann gibt es also Ungerechtigkeit. Und wenn es Ungerechtigkeit gibt, dann gibt es auch Sünde. Sünde oder Ungerechtigkeit ist dasselbe.
Ich sage, mir scheine die Befreiung Christi auch politisch, aber anders als es die Juden erhofften. Was sie erhofften, war keine wirkliche Befreiung: ein Messias, der die Macht übernähme und dann ein König wie irgendein anderer wäre. Die wirkliche politische Befreiung sei eine Befreiung von der Sünde – oder von der Ungerechtigkeit, was das gleiche ist.

Das ist aber alles geschehen, damit erfüllt würde, was der Herr durch den Propheten gesagt hat: Siehe eine Jungfrau wird schwanger sein und einen Sohn gebären, und sie werden seinen Namen Immanuel heißen, das ist »Gott mit uns«.

Julio: – Dieser Name, der hier dem Messias gegeben wird, soll heißen »Gott mit den Armen«. Denn wenn die Welt in Arme und Reiche geteilt ist, kann der Messias nicht auf beiden Seiten stehen, und wenn er auf einer Seite steht, dann auf unserer, auf der Seite der Armen.
Olivia: – Das ist klar: Gott kann nicht gleichzeitg mit den Armen und mit den Reichen sein, denn ein Mensch kann auch nicht gleichzeitig Gott und dem Reichtum dienen.

Als Josef vom Schlaf erwachte, tat er, wie ihm des Herrn Engel befohlen hatte, und nahm Maria als seine Frau zu sich. Und er berührte sie nicht, bis sie einen Sohn gebar, den sie Jesus nannten.

Rafael: – Das wichtigste ist hier, zu sehen, wie Josef damit einverstanden ist, der Vater des Messias zu sein. Er ist damit einverstanden, an der Befreiung teilzunehmen ...
Oscar: – Für mich ist es wichtig, daß er ein Zimmermann war, das heißt, einer aus dem Volk, einer von uns. Und Jesus warfen sie das später vor, sie warfen ihm vor, der Sohn armer Leute zu sein. Sie meinten, er könne ihnen nichts beibringen, weil er der Sohn armer Leute war.
Alejandro: – So wie sie heute unsereinem in der Stadt sagen würden, man wäre ja nur der Sohn eines Bauern, eines Maurers, einer Getränkeverkäuferin ...
Julio: – Warum ist das wohl so, daß sie immer glauben, die Armen hätten nichts zu sagen? Aber Jesus zeigte ihnen, daß man von den Armen auch etwas lernen kann. Und er zeigte uns auch, daß die Befreiung von den Armen kommt.
Felipe: – Ich sehe, daß die Welt in Arme und Reiche aufgeteilt ist seit Gott die Welt erschaffen hat. Und die Reichen glauben nicht an die Armen und sind gegen die Armen.
Ich sage, nicht seit Gott die Welt erschaffen hat, sei es so gewesen, sondern vielmehr seit die Menschen anfingen, die Gesellschaft zu organisieren. Sie organisierten sie nämlich schlecht. Gott schuf alle Menschen gleich.

Oscar: – So muß also die Welt auf eine logischere Art und Weise organisiert werden, nicht? Wie die Tiere, die alle gleich sind. Ich sehe zum Beispiel die Vögel. Sie sind verschieden und haben verschiedene Fähigkeiten, aber die einen beuten die anderen darum nicht aus. Ich glaube, Gott will, daß wir Menschen auch so sind. Darum war ein Befreier nötig, und darum kam dieser Jesus, also dieser »Gott-mit-uns«.
Laureano: – Hier steht: »Als Josef erwachte ...« Das heißt also, daß er schlief? Er hat also alles nur geträumt und in Wirklichkeit hat ein Engel zu ihm gesprochen?
Es konnte ein Traum sein, sage ich, oder eine Vision, oder er begriff auf irgendeine andere Art alle diese Dinge. Die Bibel drückt das so aus, daß es ein Engel war, der zu ihm sprach. Und diese Engel sprechen auch heute noch zu uns.

Der Lobgesang Marias

(Lukas 1, 46–55)

Heute besprechen wir den Lobgesang Marias, das *Magnifikat*, wie er für gewöhnlich genannt wird, weil er auf lateinisch mit diesem Wort beginnt. Man sagt, dieser Abschnitt des Evangeliums habe die russischen Zaren in Schrecken versetzt, und Maurras (frz. Journalist, 1868–1952) sprach mit Recht von dem »revolutionären Keim« des *Magnifikat*.
Die schwangere Maria hat ihre Base Elisabeth besucht, die gleichfalls ein Kind erwartet. Elisabeth beglückwünscht sie, die Mutter des Messias zu sein, und Maria bricht in diesen Lobgesang aus. Es ist ein Gesang der Armen. Das nicaraguanische Volk hat ihn oft und gern gebetet; es war das Lieblingsgebet der Armen. Oft trugen die abergläubischen Bauern dieses Gebet wie ein Amulett ständig bei sich. Als zur Zeit des alten Somoza von den Bauern verlangt wurde, immer eine Bescheinigung, daß sie für ihn gestimmt hatten, bei sich zu tragen, nannte der Volksmund dieses Dokument ironisch »das Magnifikat«.
Jetzt hat eins der jungen Mädchen (Esperanza) diesen Lobgesang gelesen, und zuerst sprechen die Frauen darüber:

Meine Seele erhebt den Herrn, und mein Geist freut sich Gottes, meines Heilandes, denn er hat die Niedrigkeit seiner Magd angesehen.

– Sie lobt Gott, weil der Messias geboren werden soll, und weil das ein großes Ereignis für das Volk ist.
– Sie nennt Gott »Heiland«, weil sie weiß, daß der Sohn, den er ihr geben wird, die Befreiung bringt.
– Sie freut sich. Und wir sollen uns auch freuen, denn auch in unserer Gemeinschaft wird der Messias, der Befreier geboren.
– Sie erkennt die Befreiung ... Wir sollen sie auch erkennen. Die Befreiung von der Sünde, das heißt vom Egoismus, von der Ungerechtigkeit, vom Elend, von der Unwissenheit: von allem, was die Menschen unterdrückt. Diese Befreiung ist auch in unserem Leib, scheint mir ...

Die letzte, die gesprochen hat, ist Andrea, die vor kurzem geheiratet hat.

Jetzt unterbricht sie Oscar, ihr Mann: – Gott ist ein Egoist, wenn er will, daß wir seine Knechte und Mägde, also seine Sklaven sein sollen. Er will unsere Unterwerfung. Nur er. Ich sehe nicht ein, warum sich Maria seine Sklavin nennt. Wenn wir doch frei sein sollen! Warum nur er? Das ist Egoismus.

Alejandro, ein anderer junger Mann: – Wir sollen Sklaven Gottes, aber nicht Sklaven der Menschen sein.

Ein anderer: – Gott ist die Liebe. Ein Sklave der Liebe sein, heißt frei sein, denn Gott unterdrückt nicht. Die Liebe ist das einzige, von dem wir Sklaven sein sollen. Dann unterdrücken wir auch die anderen nicht.

Die Mutter Alejandros sagt: – Sklave Gottes sein, heißt den anderen dienen. Diese Sklaverei ist Befreiung.

Ich sage: – Es stimmt, daß es diesen egoistischen Gott gibt, von dem Oscar spricht. Aber das ist ein Gott, den die Menschen erfunden haben. Die Menschen haben sich Gott oft nach ihrem Bild vorgestellt, aber das ist nicht der wahre Gott, das sind Götzen, und diese Religionen sind entfremdend. Sie sind wirklich Opium fürs Volk. Aber der Gott der Bibel spricht nie von Resignation, sondern er drängt Mose dazu, das Volk Israel aus Ägypten herauszuführen. Er ließ sie vom Kolonialismus zur Freiheit übergehen. Und später befahl er, niemand dürfe in diesem Volk einen anderen Menschen als Sklaven halten, denn sie seien von ihm befreit worden und gehörten darum nur ihm, das heißt, sie waren frei.

Teresita, Williams Frau: – Man muß bedenken, daß zu jener Zeit, als Maria sich als Magd oder als Sklavin bezeichnete, die Sklaverei gang und gäbe war. Auch heute gibt es Sklaverei, aber unter einem anderen Namen. Heute sind die Proletarier oder die Bauern die Sklaven. Ich glaube, Maria nannte sich auch darum Sklavin, um sich mit den Unterdrückten zu solidarisieren. Heute hätte sie sich vielleicht Proletarierin oder Bäuerin von Solentiname genannt.

Und William: – Aber sie sagt doch, sie sei eine Sklavin des Herrn, also des Befreiers, der sein Volk aus der Sklaverei in Ägypten befreit hatte. Es ist also so, als ob sie sagte, sie sei eine Sklavin der Befreiung. Oder auf die heutige Zeit übertragen, sie sei eine revolutionäre Arbeiterin oder Bäuerin.

Ein junges Mädchen: – Sie erklärt sich als zu den Armen gehörig und sagt, Gott habe ihre Niedrigkeit angesehen. Also hat Gott sie darum auserwählt, weil sie arm war. Er wählte keine Königin oder keine Dame der guten Gesellschaft, sondern eine Frau aus dem Volk. Ja, Gott hat uns, die armen Leute, vorgezogen. Das sind die »großen Dinge«, die Gott tut, wie Maria sagt. Das heißt, groß für uns ... Aber auch für die Reichen, weil es groß ist, daß Gott die Menschen durch die Armen befreit.

Von nun an werden mich seligpreisen alle Generationen, denn er hat große Dinge an mir getan, der da mächtig ist und dessen Name heilig; seine Barmherzigkeit hat kein Ende bei denen, die an ihn glauben.

Eine der Frauen: – Sie sagt, die Leute würden sie glücklich nennen. Sie ist glücklich, weil sie die Mutter des Befreiers Jesus ist. Und sie ist auch selbst eine Befreierin wie ihr Sohn, weil sie ihn verstanden hat und weil sie sich seiner Mission nicht widersetzte. Sie setzte ihm keinen Widerstand entgegen wie andere Mütter, deren Söhne vielleicht auch zu Befreiern berufen sind, zu Befreiern ihrer Gemeinschaft. Das war ihr Verdienst, meine ich.
Und eine andere: – Sie sagt, Gott sei heilig, und das bedeutet: gerecht. Gerecht ist der, der keinen beleidigt und der keine Ungerechtigkeiten begeht. So ist Gott, und wir sollen sein wie er.
Ich sage, dies sei eine echt biblische Definition der Heiligkeit Gottes. Und ich frage, was dann wohl die Gemeinschaft der Heiligen sei.
– Das, wofür wir kämpfen – antwortet ohne zu zögern Laureano. Laureano ist ein junger Mann, der fast nur etwas zum Evangelium sagt, wenn er über die Revolution sprechen kann. Nach einer kurzen Pause fügt er hinzu: – Die Gemeinschaft, die die Revolutionäre einsetzen wollen, alle Revolutionäre der Welt.

Er übt Gewalt mit seinem Arm und zerstreut, die stolzen Herzens sind.

Der alte Tomás, der nicht lesen kann, der aber immer mit großer Weisheit spricht: – Das sind die Reichen, weil sie glauben, daß sie mehr sind als wir. Sie verachten uns, weil sie Geld haben und wir nicht. Nach einem Armen drehen sie sich nicht einmal um. Aber sie haben nicht mehr als wir, außer ihrem Geld. Nur Geld und Stolz, das haben sie mehr als wir.
Ein anderer (Angel): – Ich glaube nicht, daß das so ist. Es gibt

bescheidene Reiche und stolze Arme. Wenn wir nicht stolz wären, gäbe es keine Trennung zwischen uns ... und es gibt sie, wir Armen halten nicht zusammen.
Laureano: – Wir halten nicht zusammen, weil die Reichen uns trennen. Oder weil ein Armer gern reich sein möchte, weil er sich danach sehnt, reich zu sein wie sie. Und dann ist er ein Ausbeuter in seinem Herzen, das heißt, er hat die Mentalität eines Ausbeuters.
Olivia: – Darum spricht Maria von denen, die stolz in ihrem Herzen sind. Es handelt sich nicht darum, Geld zu haben oder kein Geld zu haben, sondern darum, ob einer die Mentalität eines Ausbeuters hat.
Ich sage, man könne jedoch nicht abstreiten, daß im allgemeinen nicht der Arme, sondern der Reiche stolz ist.
Darauf sagt Thomás: – Ja, weil der Arme nichts besitzt. Auf was soll er schon stolz sein? Darum sagte ich, die Reichen wären stolz, weil sie eben Geld haben. Aber das ist das einzige, das sie haben, was wir nicht haben: Geld und den Stolz, den der Reichtum hervorruft.

Er stößt die Mächtigen vom Thron und erhebt die Niedrigen. Die Hungrigen füllt er mit Gütern und läßt die Reichen leer.

Einer sagt: – Mächtig ist dasselbe wie reich. Die Mächtigen sind reich, und die Reichen sind mächtig.
Und ein anderer: – Mächtig ist auch dasselbe wie stolz, denn die Reichen und Mächtigen sind stolz.
Teresita: – Maria sagt, daß Gott die Niedrigen erhebt: das, was er mit Maria getan hat.
Und Mariíta: – Mit Maria und mit Jesus und mit allen anderen, die ihm folgten und die alle arm waren.
Ich frage: – Was würde wohl Herodes gesagt haben, wenn er gewußt hätte, daß eine Frau aus dem Volk gesungen hatte, Gott stieße die Mächtigen vom Thron und erhöbe die Niedrigen, er fülle die Hungrigen mit Gütern und ließe die Reichen leer?
Natalia lacht und sagt: – Sie wäre verrückt.
Rosita: – Sie wäre Kommunistin.
Laureano: – Das würde er nicht nur gesagt haben – sie *war* ja auch eine Umstürzlerin!
– Und was würden sie in Nicaragua sagen, wenn sie uns hier in Solentiname hörten?

Mehrere: – Wir wären Kommunisten.

Jemand fragt: – Und dies: »Die Hungrigen füllt er mit Gütern«?

Ein junger Mann antwortet: – Die Hungrigen sollen etwas zu essen haben.

Ein anderer: – Die Revolution!

Laureano: – Das ist die Revolution: der Reiche oder Mächtige wird gestürzt, und der Arme, der unten war, wird erhoben.

Ein anderer: – Wenn Gott gegen die Mächtigen ist, muß er also für die Armen sein.

Andrea, Oscars Frau, fragt: – Dieses Versprechen, daß die Armen alle diese Güter haben sollen, ist das für damals gemeint, für die Zeit, in der Maria lebte, oder soll das erst heute geschehen? Das weiß ich nämlich nicht.

Einer der jungen Männer antwortet: – Maria sprach für die Zukunft, glaube ich, denn wir fangen ja gerade erst an, diese Befreiung zu sehen, die sie ankündigt.

Er gedenkt seiner Barmherzigkeit und hilft seinem Diener Israel auf, wie er unseren Vätern versprochen hat, Abraham und seinen Nachkommen auf ewig.

Alejandro: – Dieses Volk Israel, von dem Maria spricht, ist das neue Volk, das Jesus gründete und zu dem wir alle gehören.

William: – Es ist das Volk, das befreit werden soll, so wie früher das andere Volk von der Diktatur Ägyptens befreit wurde, wo es ihm dreckig ging und wo es nichts als billige Arbeitskraft war. Aber das Volk kann nicht von anderen befreit werden, es muß sich selbst befreien. Gott führte das Volk Israel in das Gelobte Land, aber auf den Weg machen mußte es sich selbst.

Oscar fragt: – Darf man den Reichen ihren Reichtum mit Gewalt wegnehmen? Christus zwang den jungen Reichen nicht. Er sagte nur: »Wenn du willst ...«

Ich denke einen Augenblick nach, ehe ich antworte. Dann sage ich zögernd: – Man könnte sie auswandern lassen ...

William: – Aber ohne ihren Reichtum mitzunehmen.

Felipe: – Sollen sie ihn doch ruhig mitnehmen.

Das letzte Wort spricht Mariíta: – Maria hat hier die Gleichheit besungen. Eine Gesellschaft ohne soziale Klassen. Alle ganz gleich.

Der Lobgesang des Zacharias

(Lukas 1, 67–80)

Wieder im Gemeinschaftsraum. Heute besprechen wir den Lobgesang, den Zacharias anstimmte, als sein Sohn, Johannes der Täufer, geboren wurde.

Gelobt sei der Herr, der Gott Israels, denn er hat sein Volk besucht und erlöst.

Mariíta: – Es war ein Volk ohne Hoffnung. Gott brachte ihm eine frohe Botschaft, die Botschaft von der Befreiung. Die Unterdrükkung, in der sie damals lebten, war vom Egoismus hervorgerufen worden. Und Gott kam, um die Menschen vom Egoismus zu befreien.
Felipe: – Johannes der Täufer predigte diese neue Lehre von der Befreiung. Er war voll des Heiligen Geistes, das heißt voll Liebe. Und er predigte die Gleichheit, die Aufhebung der Unterschiede zwischen den Menschen, also daß die einen Herren waren und die anderen Sklaven ... oder Handlanger, wie wir heute sagen würden.
Ich: – Gott hatte dieses Volk schon einmal von einer Unterdrükkung befreit, von der Unterdrückung durch die Ägypter. Er hatte sie in ein Land geführt, wo sie frei sein sollten. Er hatte ihnen geboten, es solle keine Armen mehr unter ihnen geben. Aber dann fingen sie an, sich gegenseitig zu unterdrücken und neue Ungerechtigkeiten zu begehen. Darum mußte eine neue Befreiung kommen.

Er hat uns einen mächtigen Retter gegeben unter den Nachkommen seines Dieners David.

Alejandro: – David war König, das heißt, der Messias würde auch König sein.
Don José: – Ich glaube, »König« bedeutet, daß seine Lehre herrschen soll. Also, daß Liebe unter den Menschen herrscht und keine Ausbeutung oder irgend etwas, das ihr ähnlich ist.
Manuel: – Das meinte Christus, als er sagte, sein Reich sei nicht von dieser Welt. Wir haben im Radio von diesem Skandal mit dem

Mädchenhandel gehört. Da halten sie Frauen in Bars gefangen. Sie bewachen sie sogar mit besonderen Posten. Sie lassen sie keinen Schritt auf die Straße gehen. Eine erzählte den Reportern, sie sei für vierhundert Pesos verkauft worden. Und genauso ist es mit dem ganzen Volk: schlecht ernährt, ungebildet, analphabetisch. Und was ist mit den Ärzten für uns hier auf dem Land? Es gibt keine Ärzte für uns! Nein, das Reich Christi ist vollkommen anders als unser System hier, darum sagte er, sein Reich sei nicht von dieser Welt.

Das versprach er durch den Mund seiner heiligen Propheten seit alter Zeit: daß er uns erretten würde von unseren Feinden und von der Hand aller, die uns hassen,

Adancito: – Die Feinde, von denen hier die Rede ist, sind die Feinde der Armen. Das sind die, die uns hassen.
Donaldo: – Die Menschen hofften, der Messias würde das Volk von all diesen Ausbeutern befreien, von dieser Mafia ...
Felipe: – Ich glaube, heute denkt man darüber anders. Gott wird uns nicht befreien, sondern wir müssen uns selbst befreien, aus eigener Kraft. Strengen wir uns alle an! Und warten wir nicht darauf, daß Gott uns befreit, ohne daß wir selbst an dieser Befreiung teilnehmen.
Oscar: – Dann wird Gott uns also nicht befreien?
Felipe: – Doch, aber durch uns selbst, mit Hilfe der Lehre, die er uns gebracht hat.
Ich sage: – In Wirklichkeit befreit uns Gott nicht direkt, sondern durch den Messias. Und jetzt ist der Messias nicht mehr nur jener Jesus, sondern wir sind es alle. Darum wird er auch Immanuel genannt, das heißt »Gott mit uns«. Gott bewirkt die Befreiung durch uns selbst, wie Felipe sagte.

und Barmherzigkeit erzeigen unseren Vorfahren und gedenken an seinen heiligen Bund,

William: – Mir scheint diese Stelle sehr interessant: die Befreiung soll also auch für die Toten sein. Denn wenn diese Frauen, von denen Manuel eben sprach, dort in den Bars sterben: sollen sie dann gar keine Hoffnung mehr auf eine Revolution auch für sich haben? Die Befreiung kann nicht nur für die sein, die gerade leben, wenn sie kommt. Das wäre nicht gerecht.

Robert Pring-Mill, ein Literaturprofessor von der Universität Oxford, der bei uns zu Besuch ist: – Das wäre elitär, nicht wahr? Hier wird von einem Bund gesprochen, den Gott mit seinem Volk schloß: Wenn sie seine Gesetze hielten, würde er sie in ein Land der Freiheit führen, in das Gelobte Land. Jetzt schließt Christus einen neuen Bund: Wer sein Gesetz, das Gesetz der Liebe, erfüllt, wird leben, auch wenn er stirbt.

damit wir ihm dienen ohne Furcht in Heiligkeit und Gerechtigkeit unser Leben lang.

Alejandro: – Gott muß man aus Liebe und nicht aus Angst dienen. Wir müssen ganz für ihn dasein, aber ohne Angst. Und auch vor den Menschen sollen wir keine Angst haben. Wir dürfen nicht aus Angst vor den Menschen aufhören, Gott zu dienen und ganz für ihn da zu sein.
Felipe: – Hier wurde gesagt, Gott würde uns von unseren Feinden und allen, die uns hassen, befreien. Ich glaube, das bedeutet auch, daß wir uns von den Lehren unserer Feinde befreien sollen und dafür die Lehren Christi annehmen. Unsere Feinde sind die, die uns ausbeuten, nicht wahr? Und wir müssen uns von ihren Lehren und von unserer Angst vor ihnen befreien.
Donaldo: – Gott ohne Angst dienen, meine ich, heißt seinen Nächsten lieben und ihm dienen – ohne Angst vor den anderen, vor der Obrigkeit zum Beispiel ...
William: – Ich glaube, beides geht Hand in Hand, die Liebe und die Furchtlosigkeit. Je mehr man liebt, desto weniger Angst hat man. Gestern haben wir im Jugendklub das Tagebuch dieses jungen Guerilleros Néstor Paz gelesen, der Gott liebte und in der Guerilla von Bolivien starb. Darin schreibt er von der Möglichkeit, jeden Augenblick erschossen werden zu können. Obwohl er wußte, daß ihre Sache verloren war, war er doch vollkommen ruhig. Dieser Junge sah Gott in seinem Nächsten, und die Liebe verstand er als die dringende Notwendigkeit, die Probleme der anderen zu lösen. Wegen dieser vollkommenen Hingabe, wegen dieser Liebe hatte er keine Angst vor dem Tod, und nichts konnte ihm etwas anhaben ...
Robert, der Professor aus Oxford: – Hier wird gesagt »in Heiligkeit und Gerechtigkeit«. Die Gerechtigkeit bezieht sich auf die Art und Weise, wie wir unseren Nächsten behandeln, und mit Heiligkeit ist im Grunde dasselbe gemeint. Es ist vielleicht schwer zu verste-

hen, was Gerechtigkeit eigentlich bedeutet. Viel klarer ist uns das Gegenteil, nämlich die Ungerechtigkeit. Wenn wir eine Ungerechtigkeit sehen, dann erkennen wir sie sofort. Gerecht ist, wer frei von Ungerechtigkeit ist und wer auch die anderen von der Ungerechtigkeit befreien will und darum gegen sie kämpft. Hier wird uns gesagt, daß wir gerecht und ohne Furcht leben sollen, ein furchtloses Leben voller Liebe.
Ich sage: – Wenn die Menschheit vollkommen gerecht geworden ist, werden alle, die gerecht waren und zur Gerechtigkeit beigetragen haben, in ihr leben, auch wenn sie gestorben sind. Wie das sein wird, wissen wir nicht. Vielleicht wird es so sein wie die Gegenwart Christi, der unter uns lebt, obwohl er gestorben ist.

Und du, Kindlein, wirst ein Prophet des Höchsten heißen, denn du wirst vor dem Herrn hergehen und seinen Weg bereiten und seinem Volk verkünden, daß es Heil erlangt durch die Vergebung seiner Sünden.

Olivia: – Johannes der Täufer predigte eine Sinnesänderung. Mit der Ungerechtigkeit aufräumen, das heißt seinen Sinn ändern. Und das bedeutet auch, den Weg bereiten, den Weg, auf dem die Befreiung kommen wird. Auch wir müssen den Weg bereiten, das heißt, dazu helfen, daß sich die Gesellschaft ändert. Nicht nur die Gesellschaft dort in Managua, sondern auch hier in Solentiname. Und wir sollen auch wie Johannes die Ankunft des Befreiers verkünden.

Denn die Liebe und Barmherzigkeit unseres Gottes gibt uns aus der Höhe die Sonne eines neuen Tages, damit sie scheine denen, die da sitzen in Finsternis und im Schatten des Todes

Julio: – Die Finsternis ist der Egoismus. Die Ausbeuter leben im Dunkeln, und darum sind sie nicht glücklich. Die Reichen sind nicht glücklich. Sie leben im Schatten des Todes.
Angel: – Ich glaube, nicht nur die Reichen. Das gilt auch für die Armen, für alle, die nicht kämpfen, die nicht mitarbeiten. Viele von uns sind auch in der Dunkelheit, will mir scheinen.
Natalia: – Alle, die in ihrem eigenen Ich eingeschlossen sind, ganz gleich, ob sie arm oder reich sind.
Oscar: – Ja, das trifft auf uns alle zu. Obwohl es nicht auf die gleiche Art auf die Ausbeuter wie auf die Armen zutrifft. Wenn ein

Armer zu einem anderen ungerecht ist, dann benimmt er sich in diesem Augenblick wie ein Reicher. Aber ein Reicher benimmt sich immer wie ein Reicher.

und unsere Füße auf den Weg des Friedens richte.

Julio: – Ich glaube, Frieden kann es nur geben, wenn nicht nur Nicaragua befreit ist, sondern auch alle anderen Länder. Ich glaube, um das zu erreichen, darf man nicht nur dasitzen und auf einen Christus warten, wie viele von uns es vielleicht tun. Ich glaube, wenn wir uns alle gegenseitig lieben, dann ist Frieden. Denn im Augenblick haben wir noch nicht besonders viel Liebe.
Manuel: – Die Liebe und die Gerechtigkeit – was beides dasselbe ist, wie wir gesehen haben – werden den Frieden bringen. Der Krieg kommt vom Haß und von der Ungerechtigkeit. Wenn die Menschen wie Brüder leben, dann ist Frieden. Wenn in einer Familie sich alle lieben, dann herrscht Frieden und kein Zank.
Ich erzähle, daß gestern über Radio Havanna gemeldet wurde, der Krieg in Vietnam sei aus. Aber es kann keinen wirklichen Frieden geben, solange es Kapitalismus und Imperialismus gibt. Christus ist gekommen, um uns auf den Weg des Friedens zu führen, wie wir in diesem Lobgesang des Zacharias gelesen haben, aber das kann nur geschehen, wenn wir seiner Lehre folgen.
Mariíta fügt hinzu: – Aber wird sind ihr nicht gefolgt, und darum gab es keinen Frieden.
Und Laureano: – Aber wenn das alles befolgt wird, in der befreiten Gesellschaft, dann werden wir Frieden haben.

Die Geburt Jesu

(Lukas 2, 6–7)

Und als sie in Bethlehem waren, kam die Zeit, daß Maria gebären sollte. Und sie gebar ihren ersten Sohn und wickelte ihn in Windeln und legte ihn in eine Krippe, denn sie hatten keinen Raum in der Herberge.

Es ist Mitternacht, und wir feiern in der kleinen Kirche von Solentiname die Weihnachtsmesse. Am Vortag wurde Managua durch ein Erdbeben zerstört. Ich sage, daß dort der größte Reichtum des Landes angehäuft war, neben dem größten Elend des Landes. Und daß die Weihnacht, auf die sie sich dort vorbereiteten, gewiß nicht die Weihnacht Christi war, sondern die Weihnacht des Götzen Geld. Der Schmerz, den die Hauptstadt Managua und mit ihr das ganze Land in dieser Nacht erfährt, stimmt besser mit der schmerzlichen Szene überein, von der uns das Evangelium berichtet: Maria ohne Herberge, gezwungen, den Sohn Gottes in einem Stall zur Welt zu bringen. Ich erzähle auch, daß wir einige Stunden vor dem Erdbeben im Radio hörten, daß eine Gruppe von Jungen und Mädchen sich in der Vorhalle der Kathedrale zusammengefunden hatte, um ein dreitägiges Fasten zu beginnen, aus Protest gegen die sozialen Ungerechtigkeiten des Landes: Unterernährung, Wohnungslosigkeit, Ausbeutung der Arbeiter, Raub an der Bevölkerung ... Und um für eine Weihnacht ohne politische Gefangene zu beten.

Zuerst spricht Rebeca: – Von Anfang an wählte Gott die Armut, nicht wahr? Also, ich glaube, Gott will nicht, daß seine Geburt mit großen Festessen und großem Geldausgeben gefeiert wird, wie Ernesto schon sagte, und auch nicht, daß die Geschäftsleute an seinem Geburtstag verdienen. Er will vielleicht, daß wir so auf ihn warten wie Managua jetzt, denn er wurde arm geboren und will, daß wir alle arm sind, nicht wahr? Oder besser, daß wir alle gleich sind. Und nicht wie in Managua, wo Weihnachten nur ein Fest zum Geldausgeben war – also für die, die Geld hatten – ein Fest, auf dem man tanzt und sich amüsiert oder was weiß ich. Sie feierten dort nicht seine Ankunft. Das glaube ich ...

Ein anderer fügt hinzu: – Die Bibel sagt es doch ganz klar! Tatsache ist, daß Christus arm geboren wurde, so arm wie der Allerärmste. Die Bibel sagt das ganz klar, und ich verstehe nicht, wieso wir das nicht kapieren.
Ein anderer: – So eine Erdbeben rüttelt die Gewissen wach und führt uns näher zu Gott. Wir Menschen sind nämlich sehr dickköpfig und brauchen einen großen Schock, ums uns zu ändern.
Pedro Rafael Gutiérrez, ein Journalist aus Managua, der seit zwei Monaten bei uns lebt, sagt: – Ich bin praktisch ein Fremder unter Ihnen – es ist genau zwei Monate her, daß mich Cosme Canalas auf seinem Boot hier zur Insel brachte. Aber ich habe schon eine große Zuneigung zu allen gefaßt, zu Octavio, Tomás Peña, Doña Justa, Laureano, Alejandro, William, Teresita, Ernesto ... Es wird mir sehr schwer, Sie jetzt zu verlassen. Aber ich muß nach Managua, um meine Familie zu suchen. Sie alle hier sind sehr arm, aber in Managua werde ich Menschen finden, die ärmer sind als Sie, Menschen ohne Licht, ohne Wasser, ohne Nahrungsmittel und selbst ohne eine Gemeinschaft wie die Ihre hier. Gebe Gott, daß dieser große Schmerz Managuas wie eine Geburt sei. In Managua starben Unschuldige, wie auch Unschuldige starben, als Christus geboren wurde. Aber Christus blieb am Leben, und das ist es, was zählt. Möge aus dieser schrecklichen Weihnacht eine *totale* Umkehr erwachsen. Und ich sage Ihnen allen Adios.
José, der Zimmermann, sagt: – Diese Umkehr muß für alle sein. Auch für uns hier, keiner darf den anderen beherrschen wollen. Wir haben gelesen, daß Jesus arm geboren wurde. Das wird schon seinen Grund haben ...
Der alte Tomás Peña, der ein Bauer und außerdem ein guter Fischer ist: – Der Grund ist, daß er uns zeigen wollte, keinen Reichtum zu suchen, ein großes Haus zum Beispiel, um darin seinen Sohn zu bekommen, nicht wahr? Sondern nur das Einfache, das Natürliche ... Ich sage, daß Pedro recht hatte, von dieser schmerzhaften Weihnacht als von einer Geburt zu sprechen. Christus sprach beim letzten Abendmahl von seinem Tod auch als von einer Geburt. Jede Frau spürt einen großen Schmerz, wenn sie ein Kind zur Welt bringt, sagte er, aber wenn das Kind geboren ist, spürt sie nur noch Freude. So erklärte er seinen Tod und auch allen menschlichen Schmerz. Das verstehen die Frauen unter uns besser. Und das wird auch Maria sehr gut verstanden haben, die ihre Geburtsschmerzen in einem Stall ertragen mußte. Vielleicht sagte er diese Worte vor allem zu ihr, die

so sehr litt bei seiner Passion. Aber auch zu uns sagte er es: der menschliche Schmerz hat einen Sinn, er ist für uns eine Geburt.

Julio, einer der Jungen: – Aber der Schmerz Managuas hat vielleicht nur einen Sinn für die Christen, also für die, die ihn verstehen. Aber nicht für die, die ihn nicht verstehen.

Ein anderer Junge: – Der Schmerz hat für alle einen Sinn, ob sie ihn nun verstehen oder nicht, weil auch die Geburt für alle ist. Obwohl die Christen vielleicht die einzigen sind, die den Schmerz verstehen.

Felipe, der Sohn des alten Tomás Peña, dreht sich zu mir herum: – Ich glaube, Ernesto, daß Christus diese Weihnacht so gemacht hat, weil er vor allem die Gleichheit liebt. Viele in Managua bereiteten sich auf eine fröhliche Weihnacht vor, obwohl andere traurig waren. Und wenn das Erdbeben nicht in Managua, sondern auf dem Land gewesen wäre, dann wären sie jetzt nicht traurig. Aber da es die Hauptstadt ist, die in Trümmern liegt, fühlen wir jetzt alle gleich. Alle fühlen den Schmerz aller.

Und Pedro Rafael Gutiérrez, der Journalist: – Was Felipe gerade gesagt hat, ist sehr schön. Das vorige Weihnachtsfest war eine fröhliche Weihnacht in Managua. Die Reichen hatten riesige Truthähne und herrliche Weihnachtsbäume. Ihre Wohnungen waren geschmückt und voller Lichter. Aber Stadtviertel wie zum Beispiel Acahualinca hatten nichts. Dort war das Elend noch viel größer als auf dem Land. In diesem Jahr hat Acahualinca auch nichts, aber auch die Reichen haben nichts. Der Schmerz hat uns alle gleich gemacht. Zum erstenmal in der Geschichte Nicaraguas teilen Arme und Reiche den Schmerz, den vorher nur die Armen spürten. Und das ist das Allerbeste, was uns geschehen konnte: Der Schmerz hat uns alle gleich gemacht.

Alejandro: – Ich möchte etwas klarstellen. Wir wollen uns doch nicht freuen, weil alle gleich leiden. Das beste ist, wenn keiner leidet, wenn alle genug haben, um an Weihnachten fröhlich zu sein.

Ich sage, das Ziel sei, den Schmerz und selbst den Tod zu besiegen. Wir Christen glauben, daß der Tod eines Tages besiegt sein wird – vom Leben, das heißt, von der Liebe. Schon heute können wir mit der Liebe Krankheit, Unwissenheit, Elend und manchmal selbst Naturkatastrophen besiegen. Aber im Augenblick haben wir noch ein soziales System, das diese Probleme nicht lösen kann. Ein großes Unglück ist über diese Stadt gekommen, und das in einem egoistischen System, wie es der Kapitalismus ist, in dem jeder nur das

Seine sucht und nur seinen eigenen Interessen nachgeht, in dem es keine Gemeinsamkeit und keine Zusammenarbeit gibt wie doch selbst bei einigen Tieren – den Zompopos zum Beispiel, den Ameisen oder den Bienen. In einer Gesellschaft, die nicht wie diese egoistisch ist, sondern solidarisch, können Mittel und Wege gefunden werden, um sich vor Naturkatastrophen wie dem Ausbruch eines Vulkans oder einem Erdbeben zu schützen. Genau dazu kam Jesus auf die Welt. Er wurde in eine geteilte und vom Verbrechen beherrschte Gesellschaft hineingeboren, um uns zu vereinen und um diese Ordnung der Dinge zu verändern. Und daran arbeiten wir ...

Félix unterbricht mich: – Ich glaube, das Erdbeben war unvermeidlich, wegen der Sünden ...

Olivia, Alejandros Mutter: – Das Erdbeben geschah nicht wegen der Sünden. Die Folgen, die daraus entstehen, die ja, die kommen aus der Sünde, denn die Sünde ist der Egoismus.

Julio: – Die Leiden sind keine Strafe Gottes, denn es sind immer die Armen, die am meisten leiden. Wenn du reich bist, dann bezahlst du einen Wagen oder ein Flugzeug und verschwindest aus der Stadt. Dann hast du keine Probleme.

– Ich glaube, nicht einmal der Präsident hat jetzt etwas davon, daß er reich ist – sagt ein anderer –, denn der Präsident ist ein Mann, der an seinem Geld hängt, und da ein Teil des Präsidentenpalastes eingestürzt ist, fühlt er sich jetzt, als ob er sterbe, und er stirbt doch nicht.

Noch einmal spricht Pedro Rafael Gutiérrez: – Ich glaube, diejenigen, die am meisten unter diesem Erdbeben leiden, sind die Reichen, und ich will euch auch sagen, warum: Im Armenviertel Acahualinco hatten sie noch nie Wasser und Licht, noch Milch, noch Reis, noch Bohnen. An diesem Weihnachtsfest haben alle anderen das auch nicht. Aber die Armen mußten schon lange ohne Essen und Licht auskommen, alle Weihnachten waren für sie so. Im Radio sprachen sie von Menschen, die ohne Schuhe und ohne Kleidung auf die Straße gelaufen sind – aber verflixt, seit wie langer Zeit haben die Armen keine Schuhe und keine Kleider?

– Schon seit der Zeit, als Jesus geboren wurde, was das so ...

Wieder spricht Félix: – Ich will euch mal was sagen. Hör zu, Pedro. Die Reichen, die leiden nie. Die Regierung legt dem Handel zum Beispiel eine Steuer von 5 % auf. Aber bezahlen sie die vielleicht? Nein, es sind die Armen! Und sag mal: Wer sind die Arbeiter von Nicaragua, wenn nicht die Armen? Und für wen gibt es dage-

gen so viele Geschäfte? Ist es nicht für die, die zahlen können? Und dann kommt diese Krise. Aus wem holen sie wieder alles heraus? Aus uns, aus den Bauern, aus den Arbeitern, aus allen, die in Nicaragua arbeiten.
Draußen scheint ein herrlicher Vollmond, und auf beiden Seiten der Kirche liegt der See still und ruhig. Jetzt sprechen fast nur noch die jungen Leute.
– Arm sind nicht nur wir. Auch Managua ist voll von Armen, in Managua lebten nicht nur die Reichen. Arme gibt es überall. Jesus kam, um das Schicksal der Armen zu teilen. Josef und Maria wurden in der Herberge zurückgewiesen, weil sie arm waren. Wenn sie reich gewesen wären, hätte man sie bestimmt gut aufgenommen.
– Gott wollte, daß sein Sohn in einem Stall geboren wurde. Er wollte, daß sein Sohn zur Arbeiterklasse gehörte, nicht? Wenn Gott gewollt hätte, daß sein Sohn von einer reichen Dame geboren würde, dann hätte diese Dame ihr Zimmer in dem Hotel schon bestellt gehabt, vor allem in ihrem Zustand.
– Ich sehe hier die Demut Gottes. Denn Jesus war sein Sohn, und Maria brachte ihn wie irgendeine Hundemutter zur Welt. Und Jesus wollte die Welt von solchen Ungerechtigkeiten, die heute noch immer weiter bestehen, befreien. Und er kam auch, um uns zu vereinen, damit wir gemeinsam gegen diese Ungerechtigkeiten kämpfen ... Denn wir leben immer noch so, immer mit dem Fuß eines Reichen auf dem Genick. Und wie sehen uns die Reichen denn an? Von oben herab. Darum müssen wir uns zusammenschließen, wir müssen alle wie ein einziger Revolutionär sein. Wie Christus. Christus war der größte Revolutionär aller Revolutionäre. Obwohl er doch Gottes Sohn war, identifizierte er sich mit den Armen. Er kam aus dem Himmel, um zur Klasse der Armen zu gehören, und obendrein gab er sein Leben für uns. Ich verstehe das so, daß wir alle für unseren Nächsten kämpfen müssen. Wie er. Uns zusammenschließen, nicht feige sein. So wird es keinen mehr ohne Wohnung geben, und selbst wenn ein Erdbeben seine Wohnung zerstört, wird er wieder eine neue haben. Und keiner wird mehr von den Reichen gedemütigt.
– Ich meine, mit diesem Weihnachtsevangelium darf sich kein Armer mehr selbst geringschätzen. Ich glaube, ein Armer ist viel wichtiger als ein Reicher. Christus hält zu uns, zu den Armen. Ich glaube, für Gott sind wir viel wichtiger. Für die Reichen nicht, für die sind wir nur gut, um für sie zu arbeiten.

– Ich glaube, mit diesem Evangelium zeigt Gott uns auch, wie wenig wert wir für die Reichen sind. Für sie sind wir überhaupt nichts wert. Wir existieren gar nicht für sie. Hier sehen wir, wie sie auch seinen Sohn so behandelten. Nicht einmal ein Feldbett oder eine Hängematte gaben sie ihm zum Schlafen.
– Jesus konnte dort in Bethlehem nicht im Hotel zur Welt kommen, weil er arm war, und aus diesem gleichen Grund wird er auch heute noch überall zurückgewiesen. Denn die Armen werden immer überall zurückgewiesen. In diesem System, meine ich.
– Aber an diesem Weihnachtsfest ist ganz Managua ohne Herberge, wie damals Jesus in Bethlehem. Und sie haben in diesem Jahr keine Festessen, wie es auch bei der Geburt Jesu keine Festessen gab. Darum glaube ich, daß diese Weihnacht viel christlicher ist. Und vielleicht rüttelt sie die Gewissen so wach, daß nächstes Jahr alle eine Wohnung haben und daß sich alle freuen und keiner zurückgewiesen wird.
Zum Schluß sprechen alle davon, für Managua zu sammeln. Die einen wollen Mais geben, die anderen Reis oder Bohnen.
Félix fragt mich, ob ich morgen nach Managua führe.
Ich sage, ich wolle es versuchen (auch ich weiß nichts von meiner Familie), obwohl ich nicht weiß, ob es überhaupt Transportmittel gibt.
Und wenn es keine Transportmittel gibt, dann gehen wir eben zu Fuß.

Die Hirten von Bethlehem

(Lukas 2, 8–20)

In der Gegend von Bethlehem waren Hirten auf dem Felde bei den Hürden, die hüteten des Nachts ihre Herde. Plötzlich trat der Engel des Herrn zu ihnen, und die Klarheit des Herrn leuchtete um sie, und sie fürchteten sich sehr. Aber der Engel sprach zu ihnen: Fürchtet euch nicht! Siehe, ich verkündige euch große Freude, die allem Volk widerfahren wird:

Wir sind in der kleinen Kirche versammelt.
Zuerst spricht der alte Tomás Peña, wie immer mit großer Einfachheit: – Ich sehe, daß die Leute, die da die Herden hüteten, eine frohe Nachricht erhielten. Sie waren auf dem Feld wie unsereins hier und hörten plötzlich diese große Freude. So wie wir, als wir hörten, daß Sie zu uns kämen. Man hatte uns gesagt, bald käme ein Priester zu uns, und wir wollten es zuerst nicht glauben, weil wir früher noch nie einen Priester hatten ... Genauso freuten sich diese Hirten. Sie waren traurig. Sie feierten kein Fest, sondern es ging ihnen schlecht.
– Und warum erhielten gerade sie die Nachricht? – frage ich.
Tomás Peña: – Vielleicht weil sie näher bei Gott waren. Andere dachten an Schlechtes, nicht an Gutes. Glaube ich ...
Patricio: – Sie waren näher bei Gott, weil sie sich dort die Nacht um die Ohren schlugen. Darum wollte Gott ihnen eine Freude schikken. Ich glaube, so könnte es gewesen sein.
Felipe: – Der Engel kam zu ihnen, weil sie arbeiten, und ich finde, das ist eine große Sache für uns. Denn sie waren arm und mußten nachts arbeiten, sie hüteten die Schafe, so wie wir hier die Kühe versorgen. Es waren Arbeiter, arme Leute. Der Engel hätte auch zum König gehen können und sagen: »Der Retter ist geboren.« Aber er ging nicht zum König, sondern zu den Arbeitern. Das heißt, diese Botschaft ist nicht für die großen Typen, sondern für die Masse, das heißt, für alle Armen und Unterdrückten.
Ich: – Tatsächlich standen die Hirten auf der untersten Stufe der sozialen Leiter in Israel ...
Alejandro: – Ein Teil der Botschaft war auch, daß einer geboren werden sollte, der genau wie sie war: arm, in Windeln gewickelt.

Euch ist heute der Heiland geboren aus dem Volk Davids, welcher ist Christus, der Herr.

Félix: – Der Engel erklärt ihnen, daß er für sie gekommen ist. Ich glaube, sie waren so etwas wie Sklaven, und als sie hörten, daß ein Heiland oder ein Befreier für sie kommen sollte, da freuten sie sich. Sie hatten schon etwas von einem Messias gehört, und als der Engel ihnen sagte, er wäre schon geboren, da waren sie froh. Sie wußten, daß diese Geburt sie von der Sklaverei befreien sollte. Ein Befreier für alle Sklaven! Er kam, um alle Sklaven zu befreien, alle Armen, nicht nur die in der damaligen Zeit, nein, auch die von heute. Jeder Arme, der gezwungen ist, für einen Reichen zu arbeiten, lebt wie ein Sklave.
Felipe: – Ein Arbeiter ist immer arm, auch wenn er in einer Fabrik arbeitet.
Félix fährt fort: – Er kam, um die Armen zu befreien, nicht die Reichen. Darum mußte die Nachricht von seiner Geburt den Armen gebracht werden. Und heute ist es genauso: Die Botschaft, das Wort Gottes, wird mehr von den Armen gehört als von den Reichen. Ich glaube, es liegt gerade an der Armut der Armen, daß sie das Wort Gottes eher hören als die Reichen. Viele reiche Leute gehen sonntags in die Kirche, aber ohne das Wort Gottes richtig zu hören. Sie gehen in die Kirche aus purer Gewohnheit ... oder sie gehen überhaupt nicht.
Sabino: – Viele Arme gehen auch nicht in die Kirche.
Francisco: – Der Engel kam auch nicht zu allen Armen ...
Felipe: – Er kam zu denen, die arbeiteten und nicht zu denen, die auf der faulen Haut lagen ...
Félix: – Der Geist Gottes kommt eher zu den Armen, weil der Arme in seiner Sklaverei Gott jeden Tag um Hilfe bitten muß. Und wenn er am wenigsten daran denkt, kommt ihm plötzlich eine gute Idee: Zu dem ist dann der Geist Gottes gekommen.
Oscar: – Die Hirten waren genau wie wir, sie brauchten dringend einen Befreier. Denn die Tiere wurden von ihnen gehütet, aber sie selbst waren allein, von aller Welt verlassen. So werden wir auch von den Reichen gedemütigt und sind von aller Welt verlassen. Aber wenn dann einer kommt und uns sagt, so könne es nicht weitergehen, wir könnten nicht immer weiter Sklaven der Reichen sein, es müsse eine Revolution kommen oder so, dann begreifen wir, daß auch wir um unsere Freiheit kämpfen können.

Julio: – Mir kommt es so vor, als wären wir die Hirten der Reichen, weil wir für sie arbeiten und sie mit unserer Arbeit unterhalten. Für uns muß auch ein Befreier kommen. Wir sind Bauern und Macheteros, aber ich glaube, zu uns braucht kein Engel persönlich zu kommen, um uns darauf aufmerksam zu machen ..., oder vielleicht ist er schon gekommen.
Felipe: – Der Engel, das ist irgendeine gute Idee, irgendeine Erleuchtung, die man plötzlich im Wald hat, wenn man mit der Machete arbeitet, wie Félix sagt ..., irgendeine Idee, was man für die andern tun könnte oder für die Gemeinschaft. Eben der Heilige Geist, denn das ist der Geist der Liebe zum Nächsten, nicht wahr?
Julio: – Ja, darum sagte ich vorhin, dieser Engel sei vielleicht schon zu uns gekommen, und wir brauchten nicht darauf zu warten, daß er uns persönlich erscheint, wie eine Vision ... Während wir diese Worte lesen und darüber sprechen, ist er vielleicht gerade dabei, uns zu erscheinen und uns diese Botschaft zu bringen.
Ich: – So ist es. In diesem Augenblick empfangen wir die gleiche Botschaft wie die Hirten damals in Bethlehem.
Laureano: – Die Botschaft kennen wir schon lange. Aber jetzt müssen wir daran arbeiten ...
– Wir müssen sie ausstreuen – unterbricht ihn sein Vetter Julio.
Laureano spricht weiter: – Und zusehen, wie wir uns befreien. Denn die Befreiung geschieht durch den Menschen.
Felipe: – Wenn einer dagegen ist, dann immer aus Egoismus.
Oscar: – Auch aus Angst. Viele von uns haben Angst. Angst, daß einem etwas passieren könnte, Gefängnis, Tod ... Oft hat diese Angst ihren Grund in der Unwissenheit.

Und das habt zum Zeichen: Ihr werdet finden das Kind in Windeln gewickelt und in einer Krippe liegen.

Oscar: – Jesus wurde in einem Stall geboren. Der Befreier kam für die Armen, darum mußte er auf diese Weise geboren werden. Er mußte uns ein Beispiel geben, damit der eine sich nicht besser vorkommt als der andere, damit wir uns alle gleich fühlen. Denn alle sind wir auf die gleiche Art geboren, alle aus dem Leib unserer Mutter.
Angel, Félix' Sohn: – Wenn man ihnen eine gute Unterkunft angeboten hätte, hätten Maria und Josef sie dann nicht angenommen?

Rafael: – Sie hätten sie nicht abgelehnt, meine ich ...
Oscar: – Dann wäre er besser nicht gekommen.
Félix: – Er wollte den Armen eben zeigen, daß er einer von ihnen war.
Angel: – Sie konnten sie nicht annehmen, weil sie ihnen ja keiner angeboten hatte ...
Julio: – Und warum lud sie keiner in sein Haus ein?
Oscar: – Sie waren eben sehr arm. Darum.
Tomás Peña: – Sie dachten vielleicht sogar, sie wären Langfinger, sie könnten sie bestehlen ...
Félix: – Ja, heute ist das so. Wenn einer schlecht angezogen in die Stadt kommt und eine Unterkunft sucht, findet er keine. Und wenn, dann höchstens in so einer Art Hühnerstall, da kann er bei den Hühnern wohnen.
Tomás: – Wenn Jesus in einem reichen Haus zur Welt gekommen wäre, dann hätten ihn die Hirten nicht besuchen können. Man hätte ihnen wahrscheinlich nicht einmal die Tür aufgemacht.
Oscar: – Dann hätten ihn die Hirten auch gar nicht besuchen wollen, weil ihnen klargewesen wäre, daß er nicht für sie, sondern für die Reichen geboren wurde.
Ich sage: – Die Reichen hatten keine Befreiung nötig. Wovon will ein Reicher schon befreit werden!
William: – Die Reichen haben es nötig, von ihrem Geld befreit zu werden.
Felipe: – Wenn die Armen sich befreien, dann werden die Reichen auch frei.
Adancito: – Die Armen machen sie frei.
Francisco: – Und die Armen haben auch die Möglichkeit, groß zu werden, wie der Messias, der aus dem Volk geboren wurde.
Ich sage: – Tatsächlich hat das Volk große Fähigkeiten, die nur entwickelt zu werden brauchen. Wenn es genug Schulen gibt, ausreichende Ernährung ...
Natalia: – Wenn die Kinder gesund heranwachsen, wenn die Alten versorgt werden, wenn es genug Ärzte für alle gibt ... Wie wir das in Kuba anfangen sehen. Und wenn man gesund ist, dann hat man auch Lust zum Arbeiten. Aber wenn man sich elend fühlt ... Und in Kuba können auch die Armen einen Beruf lernen. Aber hier, welche Möglichkeiten hat man hier schon?

Und alsbald waren bei dem Engel viele andere Engel des Himmels, die lobten Gott und sprachen: Ehre sei Gott in der Höhe und Frieden auf Erden allen Menschen, die lieben.

Der alte Tomás Peña fragt: – Waren diese anderen Engel, die erst später nach dem ersten Engel kamen, zurückgeblieben, weil sie einen längeren Weg hatten, oder hatte Gott sie vielleicht noch nicht erleuchtet?
Ich: – Vielleicht hatten die Hirten sie noch nicht gesehen. Zuerst spricht ein Engel, und dann hören sie plötzlich auch andere ...
Tomás: – Ja, das ist wie hier: Wir hören alle, aber wir verstehen nicht alles sofort. So hatten sie den einen Engel gehört und nicht auf die anderen geachtet.
Don Julio Chavarría: – In diesem Augenblick war Frieden auf Erden durch die Geburt des Kindes, und darüber freute man sich im Himmel. Ich glaube, das ist es, was die Engel singen.
Edgard, ein junger Mann, der Franziskanermönch gewesen war und der jetzt bei uns zu Besuch ist: – Gott kann im Himmel nicht gelobt werden, solange es auf der Erde keinen Frieden gibt – das heißt Gerechtigkeit, Brüderlichkeit, Gleichheit. Das alles ist Frieden. Die Reichen glauben oft, sie lobten Gott, aber sie halten keinen Frieden und üben keine Gerechtigkeit. Darum loben sie Gott auch nicht wirklich, denn beides geht Hand in Hand.
William: – Liebe und Friede auf Erden, das ist die wirkliche Ehre Gottes.

Und sie kamen eilend und fanden beide, Maria und Josef, dazu das Kind in der Krippe liegen. Da sie es aber gesehen hatte, verbreiteten sie alles, was ihnen der Engel von diesem Kind gesagt hatte. Und alle, die es hörten, verwunderten sich über ihre Worte.

Julio: – Früher fühlten sie sich unterdrückt, und als ihr Befreier geboren war, da fühlten sie sich schon frei. Die Freude erzählten sie dann weiter.
Tomás: – Und alle Leute freuten sich mit ihnen, oder besser gesagt, alle Armen, weil diese Neuigkeit hauptsächlich für sie bestimmt war.

Maria aber behielt alle diese Worte in ihrem Herzen und dachte über sie nach.

Tomás: – Sie verwunderte sich nicht wie die anderen, weil sie vom Heiligen Geist erleuchtet war. Aber vielleicht dachte sie, die anderen könnten etwas erzählen, was nicht stimmte, sie könnten vielleicht übertreiben, etwas erzählen, was sie gar nicht gesehen hatten. Und dann dachte sie auch, daß die Mächtigen ihr Kind töten könnten oder ihm irgend etwas antun, nicht wahr? Gefährlich ...

Ich: – Ja, Maria wußte schon von dem Engel, daß Jesus der Messias war ...

Tomás: – Darum glaubte sie, daß sie ihm etwas antun könnten, weil er der Messias war. Und sie waren ja auch tatsächlich immer gegen ihn. Weil er uns alle befreien wollte, das ganze Volk, mußte er mit vielen Feinden rechnen. Er würde viele Kämpfe auszustehen haben.

Julio: – Wenn Maria das alles schon wußte, also schon vor den Engeln, die es den Hirten verkündeten, warum erzählte sie es dann nicht selbst, warum wartete sie, daß die Engel es verkündeten? Ich glaube, sie hatte Angst, daß sie ihn töten könnten. Darum bewahrte sie das Geheimnis und erzählte es keinem weiter.

Oscar: – Die Hirten erfuhren es, der König und die Reichen erfuhren es nicht. Genau wie heute, heute wissen auch nicht alle etwas von der Ankunft dieses Jesus.

Julio: – Ich glaube, die meisten wissen davon, sie haben bloß Angst. Sie trauen sich nicht, so nah an Jesus heranzukommen wie die Hirten, weil sie Angst haben. Und dann gibt es natürlich auch viele, die nichts davon wissen.

Das Jesuskind und der alte Simeon

(Lukas 2, 29–36)

Wir haben gelesen, wie der alte Simeon, der die Befreiung Israels erwartete, vom Heiligen Geist in den Tempel geführt wurde. Als er das Kind sah, nahm er es auf den Arm und weissagte über ihm. Wir sprechen über die ersten Worte Simeons:

Herr, nun läßt du deinen Diener in Frieden sterben, wie du versprochen hast,

William: – Der alte Simeon spricht im Namen des ganzen Volkes: Jetzt können wir in Frieden sterben, da endlich der langerwartete Messias geboren wurde. Es ist das Aufatmen der ganzen Gemeinschaft, die endlich verwirklicht sieht, was sie solange erwartet hat. Die ganze Menschheit hat ihn erwartet. Die ganze Menschheit sagt jetzt: Endlich ist er gekommen.
Tomás Peña: – Das war eine große Freude für ihn, scheint mir, das einzige, was er noch brauchte, um in Ruhe sterben zu können.
Felipe, der Sohn des alten Tomás: – Das bringt mich auf eine Idee, Ernesto: Bevor der Befreier geboren wurde, starben die Menschen ohne Hoffnung. Sie starben, ohne zu wissen, warum, nicht wahr? Aber wenn dieser alte Mann stirbt, dann weiß er, daß der Befreier bereits da ist, und darum werden alle anderen auch nicht ohne Hoffnung sterben.
William: – Ja, das stimmt, was Felipe sagt. Wenn man das Alte Testament liest, sieht man, daß all die Könige, Weisen und Propheten immer mit großer Beklemmung vom Tod sprechen: Sie steigen herab in die Totenwelt und bitten den Herrn, sie noch nicht sterben zu lassen. Sie sahen alles wie eine große Finsternis. Sie wußten nicht, was sie auf der anderen Seite erwartete. Und dann dieser alte Mann – was für ein Unterschied: Er stirbt glücklich. Nicht nur, weil er den Befreier mit eigenen Augen gesehen hat, sondern auch, weil er weiß, was danach kommt.
Teresita: – Er kam, um den Tod zu besiegen ...

denn meine Augen haben deinen Heiland gesehen, den du bereitet hast vor allen Völkern,

Felipe: – Er sagt, daß der Heiland für alle kommt. Der Befreier kommt für alle, aber einige folgen ihm und andere nicht. Tatsächlich kommt er nicht für alle, sondern nur für die, die ihm folgen. Er käme für alle, wenn alle ihm folgten.
Tomás: – Das ist klar: Er kommt für die, die ihm folgen wollen. Das sind die, die hier erwähnt werden.
William: – Als Führer, als Chef. Der allen vorausgeht.

er ist das Licht, das die Heiden erleuchten wird

Alejandro: – Ich glaube, er kommt für alle, nicht nur für die, die ihm folgen. Ich glaube, irgendwann sieht jeder dieses Licht. Hier in der Bibel leuchtet es zuerst einmal nur für diesen alten Mann, aber der weiß sofort, daß dieses Licht nicht nur für ihn ist. Er sagt, es würde die Heiden erleuchten. Das heißt also, alle Menschen, nicht nur das Volk Israel. Ich verstehe das so, daß alle Welt angesprochen ist, nicht wahr?
Felipe: – Nein, Alejandro, niemand hat ja das Gegenteil behauptet. Christus kam für alle, nur wollen ihm nicht alle folgen. Aber im Prinzip kam er für alle.
William: – Er ist wie ein Licht, das alle sehen können, und wer ihm folgen will, der folgt ihm ...
Felipe: – Ja, das Licht sehen alle, aber wenn einer im Dunkeln bleiben will, also ...
Alejandro: – Nein, dafür ist es eben ein Licht, damit es alle erreicht.
Don Patricio: – Einige wollen es nicht sehen ...
Chael: – Das ist nicht seine Schuld, also die Schuld dessen, der das Licht ist.
Natalia, die Mutter Chaels: – Wer dem Licht folgen will, der folgt ihm, weil er eben von dem Licht erleuchtet ist. Das ist genau wie hier: Ernesto zeigt uns einen Weg, und wir folgen ihm. Wer ihm nicht folgt, der hat sicher Angst. Unsinn! Christus hatte auch keine Angst, als er seine Revolution machte. Genauso müssen wir auch handeln. Vielleicht werden wir verhaftet, vielleicht tut man uns dies oder das ... Unsinn! Sterben müssen wir sowieso! »Da halte ich mich lieber raus«, sagen manche ... »Damit will ich nichts zu tun haben.« ... »Ich will nicht, daß mir etwas passiert.« ... Nein, ich mache mit, und wenn sie mich töten, dann sterbe ich eben, und wenn sie mich verhaften, dann gehe ich ...

Julio: – Sich an die Front wagen, nicht wahr?
Felipe: – Wenn man seinen Leib retten will und seine Seele verlieren ...
– Wir müssen die Angst beiseite lassen – unterstreicht Natalia.
Ich sage: – Das Licht, von dem das Evangelium spricht, dieses Licht hält uns Natalia jetzt vor Augen. Ihre Worte erleuchten uns für unsere Aufgaben ...

zum Preis deines Volkes Israel.

Alejandro: – Das Licht soll auch für die leuchten, die nicht zum Volk Israel gehören. Israel ist das auserwählte Volk, das allen vorangeht. Darum ist die Geburt des Messias eine Ehre für Israel, aber in Wirklichkeit sollen alle befreit werden, die ganze Welt.
Ich sage: – Einige Zeilen vorher wurde gesagt, der alte Simeon habe die Befreiung Israels erwartet; jetzt mit dem Kind auf dem Arm spricht er davon, daß die Befreiung Israels für alle Welt gemeint ist.
Und Julio: – Israel war ein armes und unterdrücktes Volk. Es war so etwas wie ein Elendsviertel, wie heute Acahualinca in Managua. Aber ein Befreier, der die Leute aus den Elendsvierteln befreit, muß danach notwendigerweise das ganze Land befreien, nicht nur diese Elendsviertel.
Ich: – Durch diese Armen wollte er später alle anderen befreien; die Armen würden die Befreiung der anderen sein ... So war es auch mit Israel. Gott wählte dieses unterdrückte Volk aus, um später durch dieses Volk auch alle anderen Völker der Erde zu befreien.
William: – So geschah es auch mit Kuba. So wie das kubanische Volk befreit wurde, so werden später auch alle anderen Völker befreit.

Und sein Vater und seine Mutter wunderten sich dessen, das von ihrem Sohn geredet wurde.

»Sie wunderten sich« – sage ich – soll heißen, daß sie alles genauso verstanden, wie wir es heute verstehen.

Und Simeon segnete sie und sprach zu Maria, seiner Mutter: Siehe, dieses Kind ist bestimmt zum Fall und Aufstehen vieler in Israel.

Elbis, der zweite Sohn Natalias: – Die Leute, die fallen, sind sicher die Reichen, und die, die aufstehen, sind die Armen, nicht wahr?
Felipe: – Die Ausbeuter, die schlechten Menschen, das sind die, die fallen. Die Guten sind die, die aufstehen. Die Ausbeuter fallen, wenn die Armen ihnen nicht mehr gehorchen und sich erheben.
Teresita: – Simeon wiederholt genau das gleiche, was Maria schon im Magnifikat sagte: Er stößt die Gewaltigen vom Thron und erhebt die Niedrigen.
Marcelino: – Seit damals wird die Welt langsam befreit, nicht wahr, Ernesto? Heute ist die Welt nicht mehr so schlecht wie in den alten Zeiten, als es noch richtige Sklaven gab.
Ich sage, tatsächlich sei die Lage der Menschen die Geschichte hindurch etwas besser geworden, durch Veränderungen und Revolutionen. Tomás Peña unterbricht mich:
– Heute bieten die Reichen ihren Arbeitern mehr Lohn, damit die Armen etwas mehr Bewegungsfreiheit haben. Als früher viel mehr Leute Arbeit suchten, bekamen sie viel weniger Geld. Und die Arbeit war sehr hart ...
Ich sage: – Etwas hat sich die Situation tatsächlich gebessert – aber nur mit einer vollständigen Veränderung können die Dinge ein für allemal ins richtige Geleise gebracht werden.
Tomás: – Aber vielleicht nach und nach ...
Felipe: – Ernesto, ich glaube, das was mein Vater sagt, also daß die Reichen die Löhne immer wieder ein bißchen anheben, das tun sie nur, um die Armen ruhig zu halten, damit es keine Revolution gibt. Das ist eine Taktik von ihnen, um dem Volk die Augen zu verbinden. Aber da müssen wir aufpassen. Wir werden sie doch nicht ewig ertragen, nur weil sie uns ein bißchen mehr zahlen!
William (lächelnd): – Die Allianz für den Fortschritt, nicht?
Chael: – Die Leine ein bißchen lockerer lassen ...
Tomás: – Ja, das ist ihre Methode, glaube ich. Anstatt wie früher zu verfahren, geben sie jetzt etwas nach ... Natürlich möchten wir alles ein für allemal verändern. Aber da das nicht so einfach ist, müssen wir uns unsere Kampfmethoden suchen ...

Es wird ein Zeichen sein, dem widersprochen wird, so daß vieler Herzen Gedanken offenbar werden. Aber durch deine Seele wird ein Schwert dringen.

Rebeca: – Das sind die Schmerzen, die Maria erleidet, als sie ihren Sohn verfolgten, als sie ihn fesselten und töteten und all das. Das ist das Schwert in ihrer Seele.
William: – Ohne Schmerz gibt es keinen Befreiungsprozeß. Das muß man sich immer vor Augen halten. Das ist unweigerlich so.
Felipe: – Das geschah mit Jesus, und das geschieht auch weiter mit jedem, der das Volk befreien will.
William: – Immer geschieht das.
Ich sage: – Darum wird Maria oft mit einem Schwert im Herzen dargestellt. Sie erleidet diesen Schmerz, weil viele gegen ihren Sohn sind (»ein Zeichen, dem widersprochen wird«) und weil mit der Ankunft ihres Sohnes die Teilung der Menschheit deutlich sichtbar wird (»vieler Herzen Gedanken werden offenbar werden«) – genauso wie wir heute von einer Teilung der Klassen sprechen können. Und es war diese Teilung, die mitten durch die Menschheit geht, die das Leiden und Sterben Jesu verursachte. Auch heute noch geht sie wie ein Schwert durch das Herz Marias.

Der Besuch der Weisen

(Matthäus 2, 1–12)

Da Jesus geboren war im jüdischen Land zur Zeit des Königs Herodes, da kamen Weise vom Morgenland nach Jerusalem und sprachen: Wo ist der neugeborene König der Juden? Wir haben seinen Stern gesehen im Morgenland und sind gekommen, ihn anzubeten.

Wir sind in der Kirche. Als Einleitung sage ich, diese Worte des Matthäus »zur Zeit des Königs Herodes« zeigen uns, daß Jesus unter einer Diktatur geboren wurde. Es gab drei Herodes, genau wie es in Nicaragua drei Somozas gab: der alte Herodes, sein Sohn Herodes und ein Enkel Herodes. Der alte Herodes, zu dessen Zeit Jesus geboren wurde, hatte zwei seiner Söhne erdrosseln lassen, weil er eine Verschwörung befürchtete; auch eine seiner Frauen hatte er töten lassen. Zur Zeit Jesu Geburt ermordete er dreihundert Staatsangestellte, gleichfalls aus Angst vor einer Verschwörung. Jesus wird also in eine Zeit der Unterdrückung und des Terrors hineingeboren. Man wußte, daß der versprochene Messias ein König sein würde, darum fragten die Weisen nach dem König der Juden, womit sie den Messias meinten. Diese »Weisen« waren oft Priester, manchmal auch Könige, hauptsächlich aber Philosophen und Wissenschaftler, die sich vor allem mit dem Studium der Astronomie befaßten. Gleichfalls verbreiteten sie eine religiöse Doktrin, die Doktrin des Zoroaster. Der Stern, von dem sie sprechen, kann ein Komet gewesen sein wie der Komet Kohoutek, der sich jetzt gerade der Erde nähert. Man weiß, daß zur Zeit der Geburt Christi ein großer Komet sichtbar war, der Komet Halley. Es kann sich aber auch um irgendein anderes Phänomen am Himmel gehandelt haben, oder vielleicht war es einfach nur eine umschreibende Redensart, wie man sie im Orient gerne gebraucht: Man verglich den Messias mit einem Stern. Möglicherweise ist diese Erzählung des Matthäus eine Fiktion, eine romanhafte Beschreibung der Ereignisse. Aber unwahr ist dieser Abschnitt darum nicht.

Laureano sagt: – Ich glaube, diese Weisen haben ins Fettnäpfchen getreten, als sie Herodes nach einem Befreier fragten. So ähnlich, als ob heute jemand von auswärts bei Somoza anfragte, wo der Befreier Nicaraguas zu finden sei.

Ein anderer der jungen Männer: – Mir scheint eher, diese Weisen hatten Angst vor Herodes und wollten nichts ohne seine Zustimmung unternehmen.
Tomás Peña: – Sie wollten so eine Art Geleitbrief haben ...
Der gleiche junge Mann: – Sie gingen zuerst zu Herodes, weil sie Angst hatten. Und alle diese Leute in Jerusalem bekamen es auch mit der Angst, als sie von einem Messias reden hörten. Genau wie die Leute in Nicaragua es mit der Angst bekommen, sobald sie etwas von Befreiung hören: Kaum hören sie davon, daß es welche gibt, die die Ausgebeuteten befreien wollen, fangen sie an zu zittern. Wenn sie hören, diese Regierung müßte gestürzt werden, fangen sie vor Angst an zu zittern.
Adán: – Ich glaube, das war so: diese Weisen dachten, der Messias gehöre zur Familie des Herodes, und darum wüßte Herodes über seine Geburt Bescheid. Wenn der Messias ein König war, dann war es nur natürlich, daß sie ihn im Palast suchten. Aber in diesem Palast herrschte nichts als Korruption und Schlechtigkeit, und darum konnte der Messias nicht dort geboren werden, sondern im Volk, arm, in einem Stall. Sie erhielten eine Lehre, als sie sahen, daß der Messias nicht im Palast geboren war. Im Evangelium heißt es weiter, als sie herauskamen, sahen sie den Stern wieder. Das heißt, der Stern hatte sie also nicht nach Jerusalem geführt, sie hatten ihn aus den Augen verloren.
Félix: – Sie waren verwirrt. Wahrscheinlich waren sie als Ausländer nicht richtig über die Situation des Landes informiert, darum gingen sie zuerst in die Hauptstadt, um die Obrigkeit dort nach dem neuen Führer zu fragen.

Als das der König Herodes hörte, erschrak er und mit ihm das ganze Jerusalem.

Oscar: – Als Herodes von der Geburt dieses neuen Königs hörte, wurde er wütend, weil er die Macht nicht aus den Händen geben wollte. Er überlegte sicher schon, wie er ihn beseitigen könnte, genau wie er viele andere auch schon beseitigt hatte.
Pablo: – Er spürte Haß und Neid. Die Diktatoren fühlen sich immer wie Götter. Sie glauben, sie wären die einzigen und können sich nicht vorstellen, daß es noch einen Höheren als sie geben könnte. Vor kurzem hatte er viele Leute umbringen lassen, und da kommen nun diese Fremden und fragen nach einem neuen König und Befreier.

Félix: – Wahrscheinlich alarmierte er sofort seine Polizei. Ich glaube, das bedeutet dieses »er erschrak sehr«.

Ein anderer der jungen Männer: – Weiter heißt es, die Leute von Jerusalem erschraken mit ihm. Damit sind sicher seine Anhänger gemeint, die großen Tiere, die Somozisten, wie wir hier sagen würden. Für die war die Nachricht von einem Befreier natürlich schlecht. Aber für die Armen war sie gut. Die Mächtigen wußten von vornherein, daß der Messias gegen sie sein würde.

Der alte Tomás Peña: – Dieser König, der diese Million Menschen oder wieviele es damals waren, mit eiserner Hand regierte, duldete nicht, das einer irgend etwas sagte, das ihm nicht gefiel. Man durfte nur das denken, was die Regierung bestimmte, und wahrscheinlich war es verboten, von einem Messias zu sprechen. Darum gab es einen Skandal als diese Ausländer davon sprachen, also praktisch von einer neuen Regierung.

Manuel: – Das Volk wartete schon lange auf diesen Messias oder Befreier. Und es ist interessant, daß man sogar schon im Ausland von seiner Geburt gehört hatte. Ich glaube, diese Weisen hatten durch das Volk davon gehört, das die Nachricht sofort verbreitet hatte. Aber die Mächtigen in Jerusalem waren noch ganz ahnungslos.

Er ließ alle Hohenpriester und Schriftgelehrten versammeln und erforschte von ihnen, wo der Christus geboren werden sollte.

Felipe: – Ein Tyrann, der schon viele Leute umgebracht hatte, läßt den Klerus zu sich rufen. Und der Klerus kommt. Ich glaube, diese Priester waren seine Anhänger und im stillen mit den Morden einverstanden, sonst wären sie nicht gekommen. Genau wie heute die Bischöfe mit unserem Regime hier einverstanden sind. Das heißt, dieser Klerus war so ähnlich wie der, den wir heute in Nicaragua haben.

Und sie sagten zu ihm: In Bethlehem im jüdischen Land, denn so steht es geschrieben durch den Propheten.

Ich sage: – Diese Leute waren gute Bibelkenner. Sie wußten, daß der Messias in diesem Dörfchen Bethlehem geboren werden sollte.

Don José sagt: – Sie wußten, daß er in diesem Dörfchen geboren werden sollte, aber sie selbst lebten in Jerusalem bei den Reichen und Mächtigen und gingen im Palast aus und ein. So gibt es auch heute viele Kirchenfürsten, die genau wissen, daß Jesus arm in Bethlehem geboren wurde. Sie predigen es jedes Jahr von neuem, aber sie selbst verkehren nur bei den Reichen.

Da berief Herodes die Weisen heimlich und fragte sie, wann ihnen der Stern erschienen wäre. Dann wies er sie nach Bethlehem und sprach: Geht hin und erkundigt euch gut nach diesem Kind; und wenn ihr es findet, gebt mir Bescheid, damit ich auch komme und es anbete.

Rebeca: – Herodes hört, daß dieses Kind in einem kleinen Dorf geboren ist, so ähnlich wie hier Solentiname, also ohne große Bedeutung. Darum bittet er die Weisen, ihm Bescheid zu sagen, wenn sie das Kind gefunden hätten. Denn wie hätte er sonst vom Messias erfahren sollen, nicht wahr, wenn der Messias doch in einem unbedeutenden Dorf geboren wurde, als Kind irgendeiner armen Frau. Die Leute da aus der Gegend wußten sicher alle schon davon.

Als sie den Stern wieder sahen, wurden sie hocherfreut und gingen in das Haus und fanden das Kind mit Maria, seiner Mutter. Sie knieten nieder und beteten es an. Dann taten sie ihre Schätze auf und schenkten ihm Gold, Weihrauch und Myrrhe.

Tomás: – Sie kommen an und packen ihre Geschenke aus: etwas Parfüm und ein paar Sachen aus Gold. Das scheinen keine großen Geschenke gewesen zu sein. Denn diese Ausländer hätten ihm sicher einen ganzen Sack voll Gold, einen Haufen Geld oder Scheine oder was sie damals hatten, mitbringen können. Aber sie brachten ganz bescheidene Geschenke. So sollen wir auch zur Krippe gehen: arm, bescheiden, so wie wir sind. Das glaube ich wenigstens.
Olivia: – Wegen dieser Geschenke der Weisen aus dem Morgenland schenken sich die Reichen heute etwas zu Weihnachten. Aber sie schenken sich nur etwas unter sich.
Marcelino: – In den Städten sind die Geschäfte voller Weihnachtsgeschenke um diese Zeit; sie verdienen viel Geld. Aber das ist nicht das Fest des Jesuskindes, das ist eher das Fest eines Herodes-Kindes.

Und Gott befahl ihnen im Traum, daß sie nicht wieder zu Herodes gehen sollten, und sie zogen auf einem anderen Wege wieder in ihr Land.

Tomás: – Die Weisen kehrten auf einem anderen Weg zurück. Jesus erleuchtete sie, damit sie Herodes nichts von ihm sagten. Schon als Kind war er ein Verfolgter. Er gab ihnen ein, daß sie lieber auf einem anderen Weg zurückkehren sollten. Damit verteidigten sie ihn schon vor seinen Feinden.
Felipe: – Auch sie selbst waren Verfolgte. Dieser andere Weg war wie eine Flucht. Ich glaube, wenn sie in die Hauptstadt zurückgekehrt wären, hätte Herodes sie umbringen lassen.
Alejandro: – Der Befreier wurde in einem Regime voller Unterdrückung und Verfolgung geboren, und alle, die ihn sehen, werden automatisch auch zu Verfolgten.
Olivia, Alejandros Mutter: – Schon im Leib seiner Mutter hatte er die Reichen gegen sich. Als Maria in anderen Umständen war, sagte sie, ihr Sohn würde die Mächtigen vom Thron stoßen und die Armen mit Gütern füllen. Sobald er dann geboren war, wurde er verfolgt, und sie mußte mit ihm fliehen, und der Vater auch ...
Gloria: – Diese Leute aus dem Volk schöpften endlich Hoffnung. Als er gerade erst geboren war, da freuten sie sich schon. Alle Nachbarn wußten schon Bescheid. Dieser Stern, das war vielleicht das Gerücht von seiner Geburt, das bis zu den Weisen ins Ausland gedrungen war.
Tomás mit seiner großen Einfachheit: – Das ist vielleicht mehr oder weniger so, vielleicht nicht ganz genauso, aber mehr oder weniger: Als wir hörten, daß ein Priester nach Solentiname kommen sollte, da freuten wir uns, da dachten wir, mit einem Priester und einer Kirche wird alles anders, besser. Ich glaube, alle freuten sich darüber. Ich jedenfalls freute mich, daß es endlich einen Priester auf unseren Inseln geben sollte. So ungefähr war es auch damals. Mit diesem Kind würde alles anders werden.
Chael: – Diese Weisen fanden etwas, womit sie nicht gerechnet hatten: der Befreier war ein armes Kind, das außerdem noch von den Mächtigen verfolgt wurde.
Laureano: – Die es verfolgten, das waren die, die an der Macht saßen. Und weil dieser Typ alles verändern wollte, alles gleichmachen, die Armen befreien und den Mächtigen ihre Privilegien wegnehmen ... also da war es logisch, daß sie ihn verfolgten und töten wollten.

Der zwölfjährige Jesus im Tempel

(Lukas 2, 41–52)

Als Jesus zwölf Jahre alt war, gingen sie alle hinauf nach Jerusalem nach dem Brauch des Osterfestes. Und als die Tage vollendet waren und sie wieder nach Hause gingen, blieb das Kind Jesus in Jerusalem, ohne daß seine Eltern etwas davon wußten.

Zuerst sprechen die jungen Männer.
Den Anfang macht Manuel: – Er gehorchte nicht, er lief weg, so wie jeder Junge ungehorsam sein muß, wenn ihn seine Eltern nur für sich haben wollen, wenn sie ihn von der Gemeinschaft fernhalten wollen, von seiner Arbeit mit anderen Jugendlichen, von seiner Pflicht und seinem Kampf.
Laureano, der immer von der Revolution spricht: – Wie die Guerrilleros, die auch gegen den Willen ihrer Eltern in die Berge gehen.
Ein älterer Mann: – War es denn richtig, daß ein zwölfjähriges Kind das tat? Hätte Jesus nicht zuerst um Erlaubnis fragen sollen? Seine Eltern hätten sich bestimmt nicht geweigert. Man muß auch an die Sorgen denken, die sie sich machten ... Maria schimpfte mit ihm ...
Einer der Jungen: – Vielleicht hätten sie es ihm nicht erlaubt. Darum fragte er erst gar nicht. Jesus erteilt uns hier eine Lehre über die Unabhängigkeit von der Familie.
Olivia: – Er wollte sie vielleicht auch vorbereiten. Später würde er sich noch viel mehr von ihnen entfernen. Nachdem Maria und die anderen Familienangehörigen ihn gefunden hatten, sagte er ihnen, für ihn sei seine Familie die Gemeinschaft, die Allgemeinheit. Als er später starb, verlor Maria ihn noch endgültiger. Aber genau wie im Tempel fand sie ihn am dritten Tag wieder.

Nach drei Tagen fanden sie ihn im Tempel mitten unter den Lehrern, wie er ihnen zuhörte und sie fragte. Und alle, die ihm zuhörten, wunderten sich über seinen Verstand und seine Antworten.

Manuel: – Er fragte sie und antwortete ihnen. Er trieb Bewußtseinsbildung.

Olivia: – Er ging in den Tempel, um die Schriftgelehrten etwas zu lehren, denn diese Gelehrten kannten das Gesetz zwar auswendig, sie handelten aber nicht danach.

Alejandro: – Und er ging in den Tempel und nicht an irgendeinen anderen Ort, weil hier der Mittelpunkt ihrer Religion war. Er ging gleich aufs Ganze. Da die Religion korrumpiert war, wollte er das Übel gleich an der Wurzel fassen – im Tempel und bei den Priestern.

Ein anderer (Felipe) fügt hinzu: – In dieser Geschichte des Evangeliums erweist Jesus sich als junger Revolutionär. Selbst in diesem Alter diskutiert er schon mit diesen Typen und mischt sich in ihre religiösen Angelegenheiten.

Manuel: – Er sprach mit diesen Gelehrten, weil die Jugend dem Alter immer etwas zu sagen hat. Etwas, das die Alten nicht wissen. Da kann ihnen nur die Jugend die Augen öffnen, sage ich.

Ich sage: – Eure Ausführungen haben auch mir die Augen geöffnet. Jetzt sehe ich diese Stelle klarer: Jesus wurde von seinen Eltern in den Tempel gebracht, wie es ihren religiösen Traditionen, die sie treu einhielten, entsprach. »Nach dem Brauch«, wie es im Evangelium heißt. Dort sah Jesus die jüdische Religion: legalistisch, pharisäisch, äußerlich. Als seine Eltern dann nach Hause gingen, kehrte er in den Tempel zurück, um zu sehen, ob er irgend etwas verändern könnte.

William: – Ich sehe hier eine Lehre für alle Jugendlichen: wir müssen versuchen, unsere Religion zu ändern, wenn sie uns falsch erscheint, verdorben von den Alten. Wir müssen mit unseren Pfarrern reden wie Jesus mit diesen Gesetzeslehrern: hören Sie mal, das ist nicht richtig so ... Sie brachten Jesus in den Tempel, um einen Ritus zu erfüllen wie alle Juden, aber Jesus nimmt das zum Anlaß für seinen ersten Akt der Rebellion. Zuerst – in diesem Alter schon – kritisiert er den Tempel (indem er mit den Priestern diskutiert). Später stürmt er ihn (indem er die Händler austreibt). Und danach erklärt er, es dürfe überhaupt keinen Tempel mehr geben, der einzige Tempel sei für ihn die Liebe unter den Menschen.

Felipe: – Schlußfolgerung also: Jesus war von klein auf ein Revolutionär.

Als seine Eltern ihn sahen, wunderten sie sich, und seine Mutter sprach zu ihm: Mein Sohn, warum hast du uns das angetan? Dein Vater und ich haben dich mit Sorgen gesucht. Und er sprach zu ihnen: Warum habt ihr mich gesucht? Wißt ihr nicht, daß ich mich mit den Angelegenheiten meines Vaters beschäftigen muß? Aber sie verstanden ihn nicht.

Alejandro: – Was verstanden sie nicht? Daß er sich um die Dinge seines Vaters kümmern mußte, wußten sie doch. Ich glaube, was sie nicht verstanden, war, daß er mit diesen Priestern über ihre Religion diskutieren mußte und daß gerade das die Angelegenheiten seines Vaters waren.
Olivia: – Ich glaube, Maria ahnte schon so etwas. Als sie ihn nicht fanden, dachte sie sicher, er wäre ihnen ausgerückt, um mit der Befreiung zu beginnen. Darum sagt er: Warum sucht ihr mich, wenn ihr doch wißt, daß ich mich mit diesen Dingen beschäftigen muß? Die Angelegenheiten seines Vaters, das ist die Befreiung. Natürlich verstand Maria noch nicht alles und mußte noch viel lernen. Aber ihr Sohn würde ihnen alles nach und nach bewußter machen ...

Und er ging mit ihnen zurück nach Nazareth und war ihnen untertan. Aber seine Mutter behielt alle diese Worte in ihrem Herzen.

Pablo: – Danach war er also weiter der gehorsame Sohn. In Wirklichkeit war er gar nicht ungehorsam gewesen, denn indem er Gott gehorchte, war er seinen Eltern ja nicht ungehorsam, auch wenn er weggelaufen war.
Rebeca: – Maria war mit der Handlungsweise ihres Sohnes einverstanden. Das bedeutet der Satz »Sie behielt alle diese Dinge in ihrem Herzen«. Sie dachte darüber nach. Sie wird nicht alles sofort verstanden haben, sie war ja eine arme Frau ohne jede Bildung. Aber nach und nach verstand sie alles.
Tomás: – Und es ist fast sicher, daß sie sich fragte, wann er wohl das nächste Mal in Aktion träte ...

Und Jesus nahm zu an Weisheit, Alter und Gnade vor Gott und den Menschen.

Félix: – Er entwickelte sich in der Liebe. Das war sein Wachstum. Er wurde reifer in seiner Liebe zu den Menschen.
Oscar: – Und er wuchs nicht nur damals. Er wächst und entwikkelt sich auch heute noch in jeder Gemeinschaft, immer wenn in die-

ser Gemeinschaft die Liebe und Einigkeit zwischen allen wächst. Jetzt in diesem Augenblick hier bei uns wächst Jesus und entwikkelt sich und wird ein Mann.

Johannes der Täufer in der Wüste

(Lukas 3, 1–20)

Zu jener Zeit sprach Gott zu Johannes, dem Sohn des Zacharias, in der Wüste. Und er kam in das ganze Land um den Jordan und predigte den Menschen die Taufe einer Sinnesänderung zur Vergebung ihrer Sünden.

Tomás: – Mir scheint, damals war keiner getauft, nicht wahr? Er taufte die Leute, glaube ich, damit sie ihre Haltung änderten und den rechten Weg suchten anstatt den krummen. Das Wasser war nicht genug, sie mußten auch ihre Haltung ändern.
Olivia: – Das ist eine Lehre für uns, denn wir sind alle getauft, aber immer noch sind wir alle voller Egoismus. Wer reich ist und mehr hat als die anderen, will seinen Reichtum nicht teilen. Er will nicht abgeben, oft noch nicht einmal zahlen, was recht ist. So ist die Taufe, die wir haben, nur eine Taufe mit Wasser, aber nicht eine Sinnesänderung. Die Reichen lassen ihre Kinder eher taufen als alle anderen, sofort nachdem sie geboren sind. Das können sie nur, weil sie Geld haben ..., und dann wird ein großes Fest gefeiert mit gutem Essen und Trinken.
Félix: – Die Kinder werden heute gleich nach der Geburt getauft, aber sie haben noch keinen Verstand und wissen nichts davon. Ein Kind, das nicht getauft ist, ist auch nicht anders als ein getauftes, seht ihr? Gott befahl Johannes dem Täufer, erwachsene Menschen zu taufen, weil sie Verstand hatten, und er sagte ihnen auch, was sie tun mußten. Sie mußten verstehen, was das alles bedeutete. Heute nicht, heute wird ein Kind getauft und ist genau wie vorher. Die meisten Eltern haben wenig Interesse daran, ihm den Weg Gottes zu zeigen, und wenn ihm keiner Bescheid sagt, weiß es genauso viel von Gott wie ein ungetauftes Kind. Aber so wie Gott Johannes befahl, die Leute zu belehren, so verpflichtet er auch die Eltern, ihrem Kind den Weg Gottes zu zeigen.
Jemand sagt: – Und Johannes war selbst der erste, der seine Haltung änderte.
Ein anderer: – Ich glaube, Johannes änderte seine Haltung nicht, er war von Geburt an ein Mann Gottes.

Teresita (mit ihrem kleinen Sohn Juan auf dem Arm): – Es ist interessant, daß gerade Johannes geschickt wurde, um zu taufen und zu predigen, und nicht ein Priester der damaligen Kirche.

Dies geschah so, wie der Prophet Jesajas geschrieben hatte: Es ist eine Stimme eines Predigers in der Wüste: Bereitet den Weg des Herrn und macht seine Steige richtig.

Felipe: – War er immer nur in der Wüste?
Ich sage: – »Wüste« bedeutet einfach ein abgeschiedener Ort, an dem keine oder wenig Menschen wohnen, so ähnlich wie wir heute in Nicaragua »im Berg« sagen. (Auch dieser Ort Solentiname wird von den Leuten »im Berg« genannt, obwohl es gar kein Berg ist, einfach, weil hier wenig Menschen leben.) Vor kurzem wurden in einer Höhle alte Schriften entdeckt, aus denen hervorgeht, daß in diesen Gegenden Gemeinschaften oder Klöster einer sehr religiösen Sekte, Essener genannt, bestanden. Wahrscheinlich lebte Johannes der Täufer bei diesen Leuten. (Es ist anzunehmen, daß auch Jesus, als er sich in die Wüste zurückzog, eine Zeitlang in diesen Gemeinschaften lebte.) Aber diese Essener lebten zurückgezogen, weil sie keinen Kontakt mit der Welt haben wollten, während Johannes nicht in die »Wüste« ging, um sich abzusondern, sondern um von hier aus seine Botschaft an die Städte zu predigen.

Alle Täler sollen erhöht werden, und alle Berge und Hügel sollen erniedrigt werden.

Olivia: – Ich glaube, das kann es nur in einer Gesellschaft geben, in der alle gleich sind. Wenn der Kapitalismus überwunden ist und alle ganz gleich leben.
William: – Ja, ich glaube auch, daß hier von der Gleichmachung der Gesellschaft die Rede ist. Johannes predigt die Gleichheit. Der Prophet Jesajas wollte mit diesen Bildern sagen, ein Mann – Johannes – würde kommen und die Gleichheit predigen, um die Ankunft des Messias vorzubereiten. Wieviel mehr Grund haben wir heute, die gleichen Ideen zu verbreiten, da der Messias doch schon gekommen ist und da wir versuchen, das Christentum zu leben. Daß alle Täler erhöht werden sollen, bedeutet, daß es keine Armen mehr geben soll, und daß alle Berge erniedrigt werden sollen, heißt, daß auch kein üppiges Wohlleben herrschen soll.

Und alle Menschen werden den Heiland Gottes sehen.

Mariíta: – Alle Menschen werden die Befreiung Gottes sehen, den Tag, an dem wir diese Gleichheit erreichen. Ich glaube, diese Worte sind immer aktuell für uns alle.
Laureano: – Ich glaube, wir hier in Solentiname, wir predigen auch »im Berg« oder in der »Wüste« wie Johannes.

Da sprach Johannes zu dem Volk, das hinausging, um sich von ihm taufen zu lassen: Ihr Otterngezücht, wer hat euch denn gesagt, daß ihr dem zukünftigen Strafgericht entrinnen werdet? Handelt so, daß man die Früchte eurer Sinnesänderung sieht.

Ich sage: – Hier benutzt das Evangelium das griechische Wort *Metanoia*, was soviel heißt wie »Änderung des Sinnes«. Dieses Wort wurde früher meistens mit »Buße« übersetzt. Da dieser Ausdruck heute aber eine rein religiöse Bedeutung angenommen hat, ist es besser, wenn man die neue Übersetzung »Sinnesänderung« oder »Änderung der Haltung« gebraucht.
Felipe: – Das ist grundlegend, Ernesto. Ich glaube, man muß seinen Sinn so ändern, daß man es an der ganzen Haltung sieht. Darum wird gesagt, sie sollten so handeln, daß man die Sinnesänderung auch sieht.
William: – Die Buße kann nie nur innerlich sein. Eine innere Änderung ist zu nichts nütze, wenn nicht auch die Gesellschaft verändert wird. Diese Leute baten Johannes um die Taufe, damit ihnen ihre Sünden vergeben würden. Die Botschaft Johannes' ist aber: Verändert die Gesellschaft so, daß man sieht, daß ihr euch geändert habt. Diese Leute suchten den bloßen Ritus.
Félix: – Sie ließen sich taufen, blieben aber weiter Egoisten. Darum nennt Johannes sie Otterngezücht. Sie kamen zu ihm, weil es Mode war, weil alle Leute gingen.
Sabino: – Sie gingen zu Johannes wie hier die Leute zu dem berühmten Quacksalber Nando; ganz Nicaragua geht zu dem. Und er gibt ihnen eine Flasche Wasser mit ein paar Nußschalen ... So verlangten sie damals auch ein Wässerchen.

Und sagt nicht: Wir haben Abraham zum Vater. Denn ich sage euch: Gott kann dem Abraham aus diesen Steinen Kinder erwekken. Es ist schon die Axt den Bäumen an die Wurzel gelegt; der

Baum, der keine gute Frucht bringt, wird abgehauen und ins Feuer geworfen.

Olivia: – Er wollte sagen, sie sollten nicht denken, sie wären schon darum Heilige, weil sie von einem guten Mann wie Abraham abstammten. Sie sollten nicht denken, sie wären schon deshalb gerettet. Von der wirklichen Gerechtigkeit waren sie nämlich noch sehr weit entfernt.
Adán: – So ist es auch heute mit denen, die sich zur Kirche gehörig fühlen, die in die Messe gehen und kommunizieren und ihre Kinder taufen lassen und all das. Wenn sie ihre Haltung nicht ändern, nützt das alles nichts. Die sind dann auch Otterngezücht ...
Pablo: – Mindestens 95 % aller Nicaraguaner nennen sich Christen. Aber so eine Art Christentum können selbst die Steine haben.
Gloria: – Der Baum, der keine gute Frucht bringt, ist der, der nichts Gutes für seinen Nächsten tut. Die Frucht ist die Aktion. Die Aktion, die den anderen zugute kommt, will ich sagen.

Und das Volk fragte ihn: Was sollen wir denn tun? Johannes antwortete: Wer zwei Röcke hat, der gebe einen dem, der keinen hat; und wer etwas zu essen hat, teile es mit dem, der nichts hat.

Laureano: – Wenn Johannes das sagte, dann waren diese Typen bestimmt reich. Wenn sie arm gewesen wären, hätten sie ja keine zwei Röcke zum teilen gehabt.
Felipe: – Ich glaube, er sagt das auch zu den Armen. Er will dieses Bewußtsein schaffen, daß keiner seinen Mitmenschen Hungers sterben läßt. Ich glaube, dies alles ist auch die grundsätzliche Lehre des Sozialismus. Johannes sagt uns, daß dies die Gesellschaft ist, die wir schaffen müssen. Keiner soll ein Hemd mehr haben als der andere ... Alle sollen wir gleich sein. Und das müssen wir zu verwirklichen suchen, diesen Sozialismus, denn nur so können wir gerecht leben, so wie Gott es will.
Manolo: – Wenn schon einer, der zwei Hemden hat, eins weggeben soll, wieviel mehr gilt das dann erst für den, der mehrere Häuser hat oder Grundstücke oder eine Million Pesos ...
William: – Ich glaube, das alles ist nicht so wörtlich zu verstehen: wenn ich zwei Hemden habe, muß ich eins verschenken ... Das ist gut und schön, aber dabei dürfen wir nicht stehenbleiben ... also die ganze Zeit einen suchen, der kein Hemd hat. Meiner Mei-

nung nach bedeuten die Worte Johannes' vielmehr, daß wir das System ändern sollen, in dem der eine viele überflüssige Hemden hat und der andere kein einziges. Das bedeutet die Wege ebnen.
Ich sage: – Diese Worte wenden sich vor allem an die Reichen, wie Laureano bemerkte, an alle, die nicht nur viele Hemden haben, sondern auch Häuser, Ländereien, Fabriken, Minen, Eisenbahnen ... Aber sie wenden sich auch an die Armen, wie Felipe sagte, zum Beispiel, wenn ein Landarbeiter auf dem Feld genug hat, um sein Mittagessen mit einem anderen zu teilen ...
Alejandro: – Es ist leicht, sein Essen mit einem Kameraden zu teilen. Viel schwieriger ist es, alles mit Leuten zu teilen, die man nicht kennt, also mit dem ganzen Rest der Gesellschaft.
Félix: – Ich glaube, dies alles gilt eher für die Bauern als für die Reichen. Die Reichen helfen sich untereinander, also immer dann, wenn alle Geld haben. Wenn ein Reicher einen seiner Klasse trifft, der zufällig kein Hemd hat, gibt er ihm sofort eins, ohne daß der andere ihn darum bitten müßte. Unter sich sind sie solidarisch. Wir dagegen sind nicht solidarisch. Wenn ein Armer irgend etwas ergattern konnte, was ein anderer Armer nicht hat, dann teilt er es keineswegs. Darum wird dieser Vergleich mit den Hemden gewählt: das gilt für uns, für die armen Bauern. Ich glaube, wir Armen sind egoistischer als die Reichen. Wir sagen, das Evangelium ist mehr auf die Reichen als auf die Armen gemünzt, aber nein, es gilt fast mehr für uns. Der Egoismus der Reichen besteht nur darin, daß sie mit den Armen nichts zu tun haben wollen, weil die kein Geld haben ...
Olivia unterbricht: – Wieviel mehr Egoismus willst du denn noch!
Félix: – Gut, ja. Aber wenn ich arm bin, dann muß ich mir auch meinen armen Kameraden suchen. Ich wollte sagen, wir Armen sind oft egoistischer als die Reichen. Unter sich sind sie doch hilfsbereit. Ihr Egoismus richtet sich nur auf die Armen.
William: – Sie bekämpfen sich doch bis aufs Blut! Wenn es um Geschäfte geht, dann ist es ihnen doch gleich, ob sie den anderen ruinieren ...
Félix: – Ja, ja, das beste wäre, wenn wir alle gleich wären. Aber die Worte Johannes des Täufers wurden damals so wenig angenommen wie heute.
Julio Mairena: – Auch für uns gilt das alles, was Johannes sagte. Wir alle können zu dem Kampf beitragen, daß dem, der viel hat, etwas weggenommen wird ... also damit alles ausgeglichen wird.

Natalia: – Manchmal hat man eben kein Vertrauen zu den anderen. Wenn mir irgend etwas fehlt, ein Kleid, etwas zu essen, dann traue ich mich vielleicht nicht, es einem anderen zu sagen. Aber wenn dieses Vertrauen da ist, dann hilft man sich auch gegenseitig. Wenn jemand zu mir sagt: Sehen Sie, Doña Natalia, ich brauche dies oder das ... also, dann sage ich: Hier, nehmen Sie ... Aber wenn einer dieses Vertrauen nicht hat, dann merke ich vielleicht nicht, daß ihm etwas fehlt, ein bißchen Salz, etwas Zukker ... Aber wenn sie es mir sagen, dann teile ich auch, was ich habe.
Félix: – Uns fehlt das Vertrauen, weil wir nicht genug Liebe untereinander haben. Wenn ich sehe, daß ein Christ die Liebe auch wirklich in die Tat umsetzt, dann habe ich auch keine Scheu, ihn um einen Gefallen zu bitten, ihm zu sagen: Sehen Sie, mir fehlt dies oder das ...
Heute ist eine Dame aus der Stadt bei uns, die sagt: – Haben Sie auch einmal daran gedacht, daß die einen vielleicht mehr haben als die anderen, weil sie mehr arbeiten, und alles, was sie haben, aus eigener Kraft erreichten? Es gibt auch Leute, die nicht arbeiten und die dann erwarten, daß man ihnen etwas gibt.
Julio Mairena: – Wir arbeiten den ganzen Tag, wir machen uns kaputt mit der Machete ... Die Reichen sind es, die nicht arbeiten.
Tomás: – Da muß man vorsichtig sein. Das geht mir genauso: wenn ich zwei Hemden habe und sehe, daß ein anderer ein Faulenzer ist, der nicht arbeiten will, dann werde ich ihm doch nicht eins meiner Hemden geben! Aber hier in dieser Gemeinde arbeiten wir alle. Denn wenn ich nicht arbeite, vielleicht, weil ich ein Trinker bin, also, dann sehen mich die anderen scheel an, und keiner gibt mir etwas. Es gab hier vielleicht den einen oder anderen Nichtstuer, aber der konnte sich hier nicht lange halten. Hier arbeiten wir alle.
Félix: – Wer hier nicht arbeitet, der verhungert. Wenn man schon schwer arbeitend nie auf einen grünen Zweig kommt und tausend Schwierigkeiten durchmacht – wie soll es dann erst einem gehen, der nicht arbeitet!

Es kamen auch einige Steuereintreiber, um sich taufen zu lassen, die fragten Johannes: Meister, was sollen wir denn tun? Er sprach zu ihnen: Nehmt nicht mehr, als das Gesetz befiehlt.

Teresita: – Dann war das Gesetz vielleicht gerecht? Warum sagt

er ihnen, sie sollten nach dem Gesetz handeln und nicht, sie sollten dem Gesetz nicht gehorchen?
Ich: – Er sagte nur, sie sollten nicht stehlen. Das bedeutet nicht unbedingt, daß er das Gesetz gutheißt. Solange dieses Gesetz Gültigkeit hat ...
Laureano: – Diese Steuereintreiber waren keine Revolutionäre, darum gibt er ihnen diesen Rat. Wenn sie Revolutionäre gewesen wären, hätte er ihnen gesagt, sie sollten das Gesetz mißachten. Ihn selbst töteten sie, weil er gegen die Obrigkeit war.

Auch einige Soldaten fragten ihn: Was sollen wir denn tun? Und er antwortete: Tut niemand Gewalt noch Unrecht und seid mit eurem Sold zufrieden.

Einer sagt: – Ein guter Rat. Damals gab es schon so etwas wie eine Nationalgarde und Leute, die falsche Informationen gaben, nicht wahr? Die Sicherheitsagenten, die Spitzel, wie dieser Mario, den sie uns geschickt hatten und der dann doch nicht Mario hieß ...
Ein anderer: – Das ist so, als wenn heute der Kommandant von San Carlos hier in unsere Kirche käme und fragte, was er denn tun sollte ...
Ich sage: – Auch innerhalb der Streitkräfte oder der Nationalgarde kann es Leute geben, die sich ändern wollen, die neue Wege suchen. Genau wie diese Soldaten, die zu Johannes kamen. Und das läßt hoffen ...

Ich taufe euch mit Wasser; es kommt aber ein Stärkerer als ich, der wird euch mit dem Heiligen Geist und mit Feuer taufen.

Octavio: – Der Heilige Geist ist die Weisheit.
Julio: – Er ist die Liebe zum Nächsten.
Gloria: – Und das Feuer ist auch Liebe.
Eduardo: – Weil es leuchtet und wärmt.
Teresita: – Und auch, weil es reinigt.

In seiner Hand ist die Schaufel, mit der er den Weizen von der Spreu trennt. Den Weizen wird er in seiner Scheune sammeln, aber die Spreu wird er mit unauslöschlichem Feuer verbrennen.

Francisco: – Ich glaube, die Spreu ist der egoistische Mensch: leer, ohne Liebe zum Nächsten. Der Weizen ist der Mensch, der für die anderen lebt. Der Weizen dient als Nahrung, und darum wird er verwahrt. Die Spreu ist leer und ernährt niemand, darum wird sie weggeworfen.
Alejandro: – Eine Trennung derer, die anderen nützen und derer, die nicht nützen. Was nicht gebraucht wird, muß auch nicht verwahrt werden. Die Menschheit wird in gute und schlechte Menschen aufgeteilt, in Menschen, die lieben und andere, die nicht lieben.
Teresita: – Es liegt an uns, ob wir Weizen oder Spreu sein wollen. Wenn einer unnütz ist, dann hat er es nicht anders gewollt.
Zum Schluß sehen wir, warum Johannes der Täufer ins Gefängnis geworfen wurde:

Herodes, der Statthalter, wurde von ihm zurechtgewiesen, weil er mit Herodias, der Frau seines Bruders schlief, und auch wegen aller anderen Übeltaten, die er begangen hatte.

Manolo: – Johannes warf ihm nicht nur den Ehebruch vor, sondern auch seine Tyrannei und alle anderen Verbrechen. Er konnte nicht eine Sinnesänderung predigen, ohne auch auf die Taten des Herodes einzugehen.
Felipe: – Und wenn unsere Priester und Bischöfe vorsichtiges Schweigen über alles bewahren, was in unserem Land passiert, weil sie sich sagen, mit Politik hätten sie nichts zu tun, dann halten sie sich ganz einfach nicht an dieses Beispiel aus dem Evangelium.
Die Dame aus der Stadt: – Glauben Sie nicht, daß Johannes nützlicher für die Menschheit gewesen wäre, wenn sie ihn nicht gefangengenommen und getötet hätten?
Teresita: – Wenn er zu allem geschwiegen hätte, hätte er nichts Gutes bewirken können. Alle Märtyrer wären lebend vielleicht sehr nützlich gewesen, aber nützlicher für die Menschheit waren sie in ihrer Eigenschaft als Märtyrer.
Felipe: – Mit seinem Tod unterstrich er seine Botschaft mehr, als er es lebend je gekonnt hätte.

Jesu Taufe

(Lukas 3, 21–23)

Wir sind im Gemeinschaftsraum versammelt. Unter uns liegt der See sehr ruhig und sehr blau. Wir haben zusammen gegessen: Reis, Bohnen und Fisch. Den Fisch hatte Tomás Peña mitgebracht, und Doña Tomasa hatte ihn, in Blätter gewickelt, im Dampf gegart.
Wir haben eine kurze Stelle aus dem Lukasevangelium gelesen, die wir jetzt besprechen:

Und als sich alles Volk taufen ließ von Johannes, da ließ sich auch Jesus taufen.

Ich erkläre zuerst, das griechische Wort für »Taufe« könne auch mit »Bad« übersetzt werden. Hierbei handelt es sich um einen Reinigungsritus, der von vielen Völkern der Erde praktiziert wurde. Und ich frage, warum sich wohl auch Jesus taufen ließ.

Eine der Frauen sagt: – Um uns ein Beispiel zu geben. Er brauchte die Taufe nicht, aber wir brauchen sie, und er ließ sich taufen, damit wir uns auch taufen lassen sollen.
Ein anderer: – Er kann es auch aus Demut getan haben. Er zog mit seinen Leuten, mit seiner Gruppe, umher und wollte nicht sagen: »Ich brauche das nicht, tut ihr es, ich habe keine Sünden.« Das war vielleicht die Haltung der anderen, der Pharisäer, die nicht zu Johannes kamen. Jesus geht dagegen wie alle anderen zu ihm.
Tomás Peña: – Er geht zusammen mit dem ganzen Volk. Viele Leute gingen zu Johannes, und er mitten unter dem Volk, wie einer von ihnen.
Alejandro: – Man könnte also sagen, Jesus ließ sich aus Solidarität taufen, um sich nicht von seiner Gruppe abzusondern.
Ein anderer: – Hier gibt es einige, die nicht zur Kirche gehen, weil sie glauben, sie brauchten so etwas nicht. Damit sondern sie sich von uns anderen, von der Gemeinschaft ab. Christus dagegen ist damit einverstanden, sich taufen zu lassen ohne es nötig zu haben, weil er sich nicht von der Gemeinschaft absondern will.

Und als er betete, da tat sich der Himmel auf, und der Heilige Geist fuhr hernieder auf ihn in sichtbarer Gestalt wie eine Taube, und eine Stimme kam aus dem Himmel, die sprach: Du bist mein lieber Sohn, an dir habe ich Wohlgefallen.

– Es ist nicht so, daß eine wirkliche Taube herabgekommen wäre, denn hier steht, der Heilige Geist kam herab *wie* eine Taube. Eine Taube ist ein sanftes, liebevolles Tierchen. Und der Heilige Geist ist auch sanft und liebevoll. Es ist die Liebe Gottes, die auf Jesus herabkommt.
– Der Vater wollte damit sagen, es habe ihm gefallen, daß Jesus sich taufen ließ. Und er wollte uns auch zeigen, daß das Resultat der Taufe ist, den Heiligen Geist zu empfangen.
– Gott erkennt seinen Sohn an, und so erkennt er auch uns an, wenn wir uns taufen lassen, das heißt, wenn wir unsere Haltung ändern. Also nicht, wenn wir uns aus bloßer Gewohnheit taufen lassen, wie es heute im ganzen Land geschieht.
– Diese Taufe wird erst gültig, wenn man erwachsen geworden ist und freiwillig seine Haltung ändern kann.

Jesus war, als er mit seiner Arbeit anfing, ungefähr dreißig Jahre alt.

Ich bemerke: – Für gewöhnlich wird gesagt, daß Jesus mit dreiunddreißig Jahren starb, aber hier im Evangelium wird kein genaues Alter angegeben. Es wird nur gesagt, daß sein öffentliches Leben begann, als er ungefähr dreißig Jahre alt war, also ein junger Mann, der vielleicht zwischen zwanzig und dreißig Jahre alt gewesen sein kann.
Laureano lacht: – Ich glaube, er war ungefähr so alt wie ich.

Jesu Versuchung in der Wüste

(Lukas 4, 1–13)

Wir haben gelesen, wie Jesus vom Geist in die Wüste geführt wurde und wie er dort vierzig Tage fastete. Ich sage, dies bedeute wahrscheinlich, daß Jesus eine Zeit der Zurückgezogenheit in einer dieser Gemeinschaften der Essener verbrachte, wo er mit Beten und Fasten über seine Mission nachdachte.

Und danach hatte er Hunger. Der Teufel sprach zu ihm: Bist du wirklich Gottes Sohn, dann sprich zu diesem Stein, daß er Brot werde. Jesus antwortete ihm: Es steht geschrieben: »Der Mensch lebt nicht allein vom Brot, sondern auch von jedem Wort Gottes.«

Francisco: – Der Teufel wollte, daß er ein Wunder ohne Sinn tun sollte, ein unnützes Wunder, das für keinen gut war.
Olivia: – Oder das nur Jesus selbst nützte. Später vollbrachte Jesus das Wunder, einer riesigen Menschenmenge Brot zu geben, aber das war etwas anderes. Dies hier wäre ein egoistisches Wunder gewesen.
Gustavo: – Ich glaube, die Versuchung bestand hier vor allem darin, sein Messiastum auf eine rein materielle Ebene herabzuwürdigen, sozusagen auf ein Messiastum der wirtschaftlichen Entwicklung. Natürlich ist das Brot wichtig, aber wir können nicht dabei stehenbleiben. Die Revolution besteht nicht nur darin, den Menschen Essen und Kleidung und ein paar Annehmlichkeiten zu geben. Sie geht darüber hinaus. Das war eine der Versuchungen, der sich Jesus als Messias ausgesetzt fühlte und die er von sich wies.
Tomás: – Das Brot ist das Essen. Die Tiere leben nur vom Essen. Der Mensch lebt auch noch von einem anderen Essen: von dem Brot der Liebe, von dem Brot dieser Versammlungen, die wir hier haben, von der Eucharistie . . .
Manuel: – Christus sagt, das Essen sei nicht genug für den Menschen. So wie das Tier nicht ohne Essen leben kann, so kann der Mensch nicht wirklich Mensch sein ohne das Wort Gottes. Ohne das Wort Gottes ist der Mensch anderen Menschen gegenüber nicht menschlich. Er ist nur ein Tier, ein Wolf . . .

Elbis: – Um uns klarzumachen, daß wir das Wort Gottes zum Leben brauchen, darum ging er in die Wüste und fastete.
Und Marcelino: – Das Wort Gottes gibt uns auch Brot. In einer Gemeinschaft können die einen etwas zu essen haben und die anderen nicht, aber wenn Liebe unter allen herrscht, dann teilen sie das Brot und essen alle. Wenn es keine Liebe gibt, dann kann noch so viel Essen da sein und es herrscht doch Hunger, weil die einen alles für sich haben wollen.
Oscar: – Dieses »Wort Gottes«, das der Mensch außer dem Brot auch zum Leben braucht, ist die Botschaft, die Christus uns auf die Erde brachte.
Wir lesen über die zweite Versuchung. Der Teufel führt Jesus auf einen hohen Berg und zeigt ihm alle Reiche der Welt. – Dies alles wird er in seiner Vorstellung gesehen haben – sage ich.

Und der Teufel sprach zu ihm: Alle diese Macht und ihre Herrlichkeit will ich dir geben. Denn sie ist mir übergeben, und ich gebe sie, welchem ich will. Wenn du niederkniest und mich anbetest, so wird alles dein sein.

Laureano: – Der versteht es, Propaganda zu machen, dieser Teufel. Genau wie unsere politische Propaganda. Da kommt irgendein Mann in ein Dorf und verspricht das Blaue vom Himmel, damit die Leute ihn wählen. Wenn sie ihn dann gewählt haben, lösen sich alle Versprechungen in Luft auf.
Ein anderer sagt: – Der Teufel wollte von Jesus angebetet werden, weil er selbst Gott sein wollte.
Ein anderer: – Er bot ihm ein imperialistisches Messiastum an.
– Wäre das dann ein guter Imperialismus geworden, wenn er von Jesus gekommen wäre? – fragt Julio.
Felipe: – Nein, wenn Jesus dieser Versuchung nachgegeben hätte, dann wäre sein Imperialismus genauso schlecht wie der aller anderen gewesen.
Tomás: – Die anderen Imperialisten stehen auch unter der Herrschaft des Teufels.
Toño: – Also, ich sehe hier, daß der Teufel von ganz falschen Voraussetzungen ausgeht. Er will Jesus alle Macht und allen Reichtum der Erde geben. Indem Jesus sich weigert, bestätigt er, daß der wirkliche Herr nicht der Teufel, sondern er ist, das heißt, er in der ganzen Menschheit. Er braucht den Teufel nicht anzubeten, damit

der ihm gibt, was ihm sowieso gehört. Und genauso ist es auch mit uns...

Ich frage: – Warum sagt der Teufel wohl, dies alles sei ihm gegeben worden?

William: – Er hat es an sich gerissen. Das ist die Diktatur. Er hat die Macht, aber keine legitime Macht, sondern eine gestohlene. Der Imperialismus und der Kapitalismus und alle Unterdrückung, das ist alles er. Wir haben die Aufgabe, dem Teufel all das wegzunehmen, was er sich angeeignet hat, allen Reichtum der Welt. Diese Versuchung Jesu ist auch ein Gleichnis für das, was heute geschieht: Die, die Macht haben, machen dem Volk Versprechungen, damit das Volk sie anbete...

Francisco: – Nach dieser Bibelstelle kommen alle Regierungen vom Teufel. Christus konnte nicht auch eine Regierung dieser Art einrichten, weil er ja gerade gekommen war, um die Revolution gegen all diese Mächte zu machen. Es muß einmal ein Tag kommen, an dem es überhaupt keine Regierungen mehr gibt. Dann hat die Revolution endgültig gesiegt.

Und Felipe: – Der Teufel ernennt sich zum Besitzer aller Reiche der Erde. Das tut er vielleicht darum, weil er bei seiner Ausweisung aus dem Himmel in die Abgründe der Erde fiel, in die Tiefen, und darum glaubt er, er sei der Herr der Erde. Nicht daß er es wirklich wäre, er glaubt es nur und will darum alles für sich haben, genau wie ein Diktator oder ein Ausbeuter. Alle Menschen, die sich so der Erde bemächtigen, sind wie der Teufel. Aber sie besitzen die Erde nicht wirklich, weil die einzige Art, die Erde zu besitzen, glaube ich, nur in Parzellen sein kann: in Millionen und Millionen von Parzellchen, alle gleich.

Alejandro: – Als der Teufel Christus im Geist alle die Länder zeigte, da zeigte er ihm sicher nur die Städte und die Regierungen, aber nicht die Seen und die Berge und die Vulkane. Denn die sind nicht schlecht und gehören auch nicht dem Teufel.

Marcelino: – Die Macht! Alle Macht ist schlecht und kommt vom Teufel.

Tomás: – Der Teufel zeigt Jesus das alles, um ihn hochmütig und egoistisch zu machen. Er will ihn auf seine Seite ziehen.

Ich sage: – Das stimmt, der Teufel ist der Herr des Stolzes und des Hochmuts, der Herrschaft des Menschen über den Menschen. Das alles ist typisch für ihn, und das gibt er den Seinen. Das bietet er auch Jesus an, und Jesus weist es zurück.

Einer sagt: – Der Reichtum an sich ist nicht vom Teufel. Der Egoismus der Reichen, der ist von ihm.

Und danach führte er ihn nach Jerusalem und stellte ihn auf die Zinne des Tempels und sprach zu ihm: Bist du wirklich Gottes Sohn, so wirf dich von hier hinunter, denn es steht geschrieben: »Er wird seinen Engeln befehlen, daß sie dich bewahren.«

Tomás: – Der Teufel sagt, Jesus sollte vom Dach des Tempels springen, weil er im Grunde nicht daran glaubte, daß er Gottes Sohn war. Er wollte sehen, ob er es wirklich wäre. Darum sagte er ihm das.
Oscar Mairena: – Ja, eine Probe: Wenn du es wirklich bist, dann spring.
Ein anderer: – Er ist mißtrauisch ...
Noch ein anderer: – Nein, er weiß ganz genau Bescheid. Er will den Sohn Gottes eben beherrschen und mehr Macht haben als er. Darum befiehlt er ihm das: mal sehen, ob er gehorcht. Und daran sehen wir, wie groß die Macht des Teufels in der Welt ist.
Der Journalist Pedro Rafael Gutiérrez, der früher eine leitende Stellung an einem Regierungsblatt einnahm und der jetzt bei uns lebt: – Ich sehe hier noch ein anderes Bild: Der Teufel erhob Jesus, so wie er auch viele von uns packt und an irgendeine hohe Stelle setzt. So gibt er manchen Menschen Reichtum, Macht, Ansehen ... Und wenn diese Leute dann mächtig geworden sind, kommt für sie die Versuchung, dem Schwächeren zu schaden, ihn zu unterdrücken. Es gibt eine Versuchung des Teufels, die darin besteht, einen Menschen zu erheben und ihn dann fallenzulassen.
Julio Mairena: – Außerdem handelt es sich hier gleichfalls um ein unnützes Wunder: er soll springen, die Engel würden ihn schon retten. Wozu? Das hätte keinem etwas genützt. Es war eine Versuchung zur Angeberei.
William: – Ich sehe hier auch eine messianische Versuchung. Dieser Sprung vom Tempel wäre doch ungeheuer spektakulär gewesen. Nehmen wir an, es war gerade ein Feiertag, und viele Menschen waren vor dem Tempel versammelt. Und dann zeigt sich Jesus als der große Messias, der die Leute mit diesem Wunder beeindruckt. Aber Jesus wollte nicht so eine Art Messias sein. Er würde später zwar wirklich auf einem Feiertag nach Jerusalem kommen, aber auf eine ganz andere Art und Weise. Er widersteht der Ver-

suchung und schickt den Teufel zur Hölle. Aber in der Bibel steht: »Er wich von ihm eine Zeitlang.« Später kommt der Kerl also zurück ...

Ich sage: – Ja, in Wirklichkeit sind diese drei Versuchungen eine einzige Versuchung: Jesus sollte sich als der herrschende und triumphierende Messias zeigen, den die Juden erwarteten. Und das war wahrscheinlich eine echte Versuchung für ihn, die er aber zurückwies, weil er wußte, daß die Befreiung, die er brachte, durch das Leid und den Tod kommen mußte. Als die Juden ihn um ein großes, aufsehenerregendes Zeichen baten, sagte er ihnen, er gäbe kein anderes Zeichen als das des Jonas (sein Tod und seine Auferstehung). Und diese gleiche Versuchung, nämlich sein Leiden und Sterben nicht anzunehmen, sondern eine andere Art von Messias zu sein, sollte später in Gethsemane noch einmal über ihn kommen.

Felipe Peña: – Ich sehe, daß der Teufel bei seinen Versuchungen anführt: »Denn es steht geschrieben ...« So benutzen auch viele Christen die Bibel, um ihre Interessen zu verteidigen. Sie sagen: »In der Bibel steht das und das ...« Und damit wollen sie uns dann ausbeuten.

Ein anderer: – So wie sie den Armen sagen: »Ihr müßt das Eigentum respektieren, denn das ist von Gott so gewollt.«

Noch ein anderer: – Es gibt auch noch eine andere Versuchung: die Versuchung, nicht zu handeln, sondern zu denken, mit Beten hätte man schon genug getan – wie viele Katholiken glauben – oder mit Bibellesen – wie viele Protestanten denken.

Und Jesus kam voll des Heiligen Geistes wieder nach Galiläa, und man sprach von ihm in allen umliegenden Orten.

Alejandro: – Er wurde von dem Heiligen Geist in die Wüste geführt, und dort füllte er sich noch mehr mit dem Heiligen Geist. Durch diese Einkehrtage mit Gott und durch die Versuchungen, die er überwand. »Voll des Heiligen Geistes« bedeutet, daß er mit mehr Liebe zurückkam. Und auch überzeugt davon, daß er demütig und arm sein müsse, um der Befreier der Armen zu sein. Der Teufel hatte ihn mit all dieser Pracht verwirren wollen.

Ich sage, es sei interessant zu sehen, daß er voll des Heiligen Geistes nicht irgendeine andere Reise unternahm oder sich in irgendwelche großen Taten stürzte. Nein, er kehrte einfach an seinen Ort zurück, in das Dörfchen, in dem er aufgewachsen war.

Jesus in Nazareth

(Lukas 4, 16–30)

Wir sind in der kleinen Kirche versammelt und haben gerade die Stelle im Evangelium gelesen, in der beschrieben wird, wie Jesus in die Synagoge von Nazareth kommt und dort eine Prophezeiung des Jesajas vorliest.

Der Geist des Herrn ist bei mir, weil er mich gesalbt hat, die Frohe Botschaft den Armen zu verkünden. Er hat mich gesandt, den Gefangenen zu predigen, daß sie los sein sollen, den Blinden, daß sie sehend werden, und den Zerschlagenen, daß sie frei und ledig sein sollen, zu verkünden das Gnadenjahr das Herrn.

Jemand sagt: – Wir können hier sehen, daß Jesus nicht gegen die Heilige Schrift war, sondern gegen die Pharisäer, die sie in den Synagogen falsch auslegten. Sie benutzten sie, um ihre Interessen zu verteidigen, obwohl die Botschaft dieser Heiligen Schrift doch die Befreiung aller war.

Ich erkläre, das griechische Wort *Evangelium* bedeute »Frohe Botschaft«, und die Übersetzung, die wir hier gelesen haben, »den Armen die Frohe Botschaft zu verkünden«, sei besser als die in unseren früheren Bibelausgaben benutzte »die Armen evangelisieren«. Der Ausdruck »Frohe Botschaft« hatte zur Zeit Jesu den Sinn einer guten Nachricht, einer Botschaft, die eine Freude oder einen Sieg verkündete. Eine »Frohe Botschaft« oder ein *Evangelium* wurde verkündet, wenn ein König geboren wurde, wenn eine Schlacht gewonnen war oder wenn der Kaiser eine Stadt besuchen wollte. Wenn ein Bote oder *Evangelist* eine dieser »Frohen Botschaften« brachte, feierte man ein großes Fest. Die Kaiser schickten oft falsche »Frohe Botschaften«, damit auf Kosten des Volkes große Feste zu seinen Ehren gefeiert würden. In Wirklichkeit waren alle diese »Frohen Botschaften« falsche Freuden, die für das Volk meistens die Ankündigung einer neuen Unterdrückung bedeuteten. Als Herodes an die Macht kam, empfingen die Städte Galiläas auch eine dieser »Frohen Botschaften« oder *Evangelien*. Zur Zeit Jesu war dieses Wort ein politischer Ausdruck, der vor allem im Zusammenhang

mit dem Kaiserkult gebraucht wurde. Indem Jesus diesen Ausdruck benutzt, deutet er damit schon an, daß seine Botschaft die Botschaft von einem neuen Reich sein würde.
Jetzt beginnen gleich mehrere zu sprechen:
– Und seine Frohe Botschaft ist an die Armen gerichtet, weil dieses neue Reich der Sieg der Armen und Demütigen ist.
– Und es ist auch eine wirkliche Frohe Botschaft, im Gegensatz zu diesen anderen Lügenbotschaften.
– Es ist eine gute Nachricht für das ganze Volk: dafür hätte sich die Mühe gelohnt, ein Fest zu feiern.
– Es ist eine Nachricht, an die man glauben oder nicht glauben kann.
Eine der Frauen sagt: – Was Jesus da in dem Buch dieses Propheten liest, ist eine Voraussage der Befreiung. Und es ist auch eine Lehre für uns, die viele Christen noch nicht begriffen haben. Denn einer kann in die Kirche gehen und Tag und Nacht singen, ding, dong, ding, dong, ohne daß er mit einem Gedanken daran dächte, wie viele Gefangene es noch gibt, wieviel Ungerechtigkeit rings um uns herum, wieviel Kummer, wie viele Menschen ohne Bildung – das ist genauso wie blind sein –, wie viele Mißhandlungen in diesem Land, wie viele Frauen, die alle Tage die Augen voller Tränen haben. Und wenn da irgendwo schon wieder einer abgeführt wird – was kümmert uns das! »Irgend etwas wird er wohl verbrochen haben«, sagen wir, und damit hat sich's.
Felipe fügt hinzu: – Gefangene in jedem Sinn. Ja, nicht nur die, die im Gefängnis sitzen. Es kann zum Beispiel auch ein Angestellter der Gefangene eines Reichen sein, nämlich indem er gezwungen ist, für ihn zu arbeiten. Und es gibt auch Menschen, die in ihrer Mentalität gefangen sind, ohne die geringste Freiheit zum Denken zu haben. Menschen, deren Geist so geformt wurde, daß sie nur noch gehorsame Untertanen sein können.
Einer, der von der gegenüberliegenden Küste gekommen ist: – Und die alles aushalten, was ihnen angetan wird. Denn so ist es doch: wenn wir bei einem reichen Grundbesitzer arbeiten, dann schweigen wir zu allem, was der uns antut. Nicht einmal 'raus lassen sie einen, denn dann hat man ja einen Augenblick für sich und arbeitet nicht. »Ich glaube, ich muß dich entlassen«, sagen sie dann. Und um die Arbeit nicht zu verlieren, hält man aus bis zum Sonntag.
Ein anderer: – Aber wenn man das einmal zur Sprache bringen will, dann ist das gleich Kommunismus. Im Radio sagen sie es doch

die ganze Zeit: das ist alles Kommunismus. Das soll also heißen, daß nur die Sklaverei gut ist.
Ich erkläre: – Das »Gnadenjahr«, von dem Jesajas spricht und das auch »heiliges Jahr« genannt wurde, war ein Jahr der allgemeinen Emanzipation aller Personen und Dinge, das Jahve alle sieben Jahre für das Volk Israel vorgeschrieben hatte. Den gekauften Sklaven mußte die Freiheit zurückgegeben werden, alle Schulden wurden getilgt, und alles verkaufte Land ging an seinen ursprünglichen Besitzer zurück. Der Sinn dieser Maßnahme war, die Gleichheit und Freiheit zu erhalten und die Anhäufung von Grundbesitz zu verhindern. Später ordnete das Gesetz an, das »Gnadenjahr« nur noch alle fünfzig Jahre zu feiern (das »Jubeljahr«), aber mit der Zeit wurde dieses Gesetz immer weniger eingehalten. Die Prophezeiung des Jesajas bedeutete, daß der Messias ein Gnadenjahr des Herrn verkündigen würde, das endgültig wäre.
William: – Das heilige Jahr oder Jubeljahr besteht heute darin, daß die Leute nach Rom pilgern, um dort in den Kirchen zu beten und den päpstlichen Segen zu empfangen. Dabei müßte das heilige Jahr doch eigentlich die Agrarreform und die Sozialisierung aller Produktionsmittel sein!
Ein anderer: – In Kuba haben sie ein heiliges Jahr gefeiert ...

Und als er das Buch zutat, gab er es dem Diener und setzte sich. Und aller Augen in der Synagoge sahen auf ihn. Und er fing an zu sprechen: Heute ist dies Wort der Schrift erfüllt vor euren Ohren.

Pedro Rafael Gutiérrez: – Das ist klar. Mit der bloßen Ankündigung der Befreiung erfüllt Jesus diese Prophezeiung schon. Und indem er nur sagt: »Heute ist dieses Wort erfüllt«, kündigt er die Befreiung an.

William: – Die Schrift sagte, er würde diese Dinge verkünden. Er brauchte nur die Schrift zu lesen, um die Schrift zu erfüllen. Die Frohe Botschaft für die Armen war ein für allemal proklamiert.
Pedro Rafael: – Und er zeigt mehr als mit Worten mit seinen späteren Taten, daß er der Messias war, die angekündigte Befreiung. Dies war sein erstes politisches Manifest.
Olivia: – Aus seinem eigenen Mund hören wir, daß diese Prophezeiung auf ihn gemünzt ist. Und so erfüllt sie sich. Nicht nur diese eine Prophezeiung, die er dort in der Synagoge las, sondern auch

alle anderen der Heiligen Schrift. Darum sind sie heute noch so interessant für uns.
Natalia: – Und jetzt müssen wir diesen Worten auch folgen. Wahrscheinlich glaubten ihm nicht alle.
Und Teresita: – Diese Worte sind wie eine Einladung zur Freiheit.
William: – Ja, er sagt, er sei der Mann, den der Prophet meinte. Alle Worte dieser Prophezeiung zielen auf die Befreiung: Arme, Leidtragende, Blinde, Gefangene ...
Laureano: – Alle diese Leute, die Blinden, Gefangenen, Zerschlagenen, das sind alles die gleichen Armen.
Pedro Rafael: – Als Kontrast müssen wir auch den negativen Aspekt sehen: Den Reichen soll er keinerlei Botschaft bringen, sondern den Armen. Er kommt nicht, um denen zu helfen, die glücklich sind, sondern denen, die Probleme haben. Er kommt nicht, um sich mit denen zu verbünden, die die Menschen ins Gefängnis werfen, sondern um die Gefangenen zu befreien. Und er kommt nicht, um den Menschen die Augen zu verbinden, sondern um sie sehend zu machen. Er kommt auch nicht, um zu unterdrücken, sondern um mit aller Unterdrückung aufzuräumen und die totale Befreiung zu verkünden. Sie sollen diese Worte nicht falsch interpretieren, wie es so oft geschieht. Und es ist in der Kirche, wo er das sagt!
Cosme: – Wir sehen hier wieder ganz klar, was Marcelino neulich sagte, nämlich daß die Welt genau das Gegenteil von dem ist, was Christus will.
Und ich: – Ein Beispiel dafür, wie seine Worte oft verfälscht wurden, ist die Tatsache, daß anstatt »er kam, um den Armen eine fröhliche Nachricht zu bringen«, immer übersetzt wurde, »er kam, um die Armen zu evangelisieren«. Darunter verstehen die Leute nämlich etwas anderes.

Und sie wunderten sich, daß solche Worte der Gnade aus seinem Munde gingen und sprachen: Ist das nicht Josefs Sohn?

Felipe lacht und sagt: – Das ist so, als ob er der Sohn Octavios oder eines anderen hier gewesen wäre, irgendeines Bauern oder Arbeiters ...
– Und das ist auch ganz logisch – fügt der alte Tomás, der Analphabet ist, hinzu. – Das könnten die Leute hier auch sagen: Ist das nicht der Sohn vom alten Tomás?
Einer führt den Fall eines Nachbarn an, der nicht zu unseren Ver-

sammlungen kommen will, weil er meint, er könne gewiß nichts Neues lernen, wenn genauso ungebildete Bauern wie er selbst hier das Evangelium auslegten. »Ja, wenn das gebildete Leute wären«, habe er gesagt, »aber wenn ich mir da einen Marcelino, einen Alejandro oder einen Laureano anhören soll ...«
Ich sage: – Genau das sagten sie auch von Jesus. Die Frohe Botschaft ist für die Armen bestimmt, und es sind die Armen und nicht die großen Theologen, die sie am besten verstehen und am besten darüber sprechen können. Man müßte diesem Freund klarmachen, daß die Befreiung nur von den Armen kommen kann. Jesus dankte seinem Vater einmal dafür, daß er dies den Gebildeten verborgen und nur den Armen und Demütigen offenbart habe.

Er sprach zu ihnen: Ihr werdet freilich dieses Sprichwort zu mir sagen: »Arzt, hilf dir selber.«

Rebeca: – Weil er arm war! Er sollte sich lieber zuerst selbst befreien, ehe er die anderen befreite. Sie verstehen nicht, daß er arm sein mußte, um die Armen befreien zu können und daß er das als Reicher nicht gekonnt hätte.
Julio: – Das könnten sie auch heute zu uns in Solentiname sagen ...

Er fügte hinzu: Wahrlich, ich sage euch: Kein Prophet gilt etwas in seinem Vaterland.

Tomás: – Das ist klar, daß das so ist.
Pedro: – Das bestätigt sich auch sofort dort in Nazareth: sie führten ihn weg und wollten ihn töten.
Marcelino: – Jesus ist heute wieder wie damals in der Synagoge und verkündete die Frohe Botschaft, und er tut es durch den Mund dieser armen Gemeinde von Solentiname. Die Schrift, die wir jetzt gerade gelesen haben, hat sich genau hier an diesem Ort erfüllt.

Der Mann, der einen bösen Geist hatte

(Lukas 4, 31–37)

Jesus kam nach Kapernaum, einer Stadt Galiläas, und lehrte sie am Sabbat. Und sie wunderten sich über ihn, denn er predigte mit Vollmacht.

Ich sage: – Wir sehen hier, daß Jesus sein Dorf schließlich verlassen mußte, weil kein Prophet etwas in seinem Vaterland gilt. Er ging in ein anderes Dorf, Kapernaum, und trat auch dort in die Synagoge ein.
Félix sagt: – Sie wunderten sich, weil er genauso arm war wie sie und weil seine Kleider vielleicht auch nicht ganz sauber waren. Und die Lehren, die er predigte, konnten doch nicht gut von einem in schmutzigen Kleidern kommen! Vorigen Sonntag haben wir gelesen, wie sie in einer anderen Synagoge sagten: »Er ist der Sohn eines Arbeiters, eines Zimmermanns; wir kennen seinen Vater ganz genau.« Und hier wundern sie sich auch darüber, daß er mit so großer Vollmacht spricht. Ein Arbeiter mit Selbstbewußtsein!
Und der patriarchalische Tomás Peña mit seiner ruhigen Stimme: – Es scheint, daß Jesus jetzt anfängt, sein Evangelium zu predigen. Und es scheint auch, daß er ihnen von Anfang an zeigt, daß er mehr Macht und Autorität hat als alle anderen zusammen. Ein Mann wie alle anderen, aber mit einer Autorität, die die anderen nicht haben. Nicht nur die Reichen und Gebildeten können mit Autorität sprechen. Hier sehen wir einen Armen, der mit mehr Autorität spricht als die Reichen. Und er spricht sogar gegen die Reichen. Da wunderten sich die Leute. Sie waren erstaunt über alles, was er sie lehrte.

Und es war ein Mensch in der Synagoge, der war von einem Teufel oder unsauberen Geist besessen; der schrie laut: Halt, was willst du von uns, Jesus von Nazareth? Du bist gekommen, uns zu verderben. Ich weiß, wer du bist: der Heilige Gottes.

Oscar: – Vielleicht wollte er mehr Macht haben als Jesus, darum griff er ihn an. »Halt, geh weg!« sagte er zu ihm.

Adancito: – Ich möcht' mal eine Frage stellen: Wer sind die, die heutzutage Jesus Halt gebieten und ihn aus dem Weg haben wollen? Wer will heute nicht, daß die Botschaft des Evangeliums gepredigt wird? Wer glaubt, daß die Kirche ihm einen schlechten Dienst erweist, wenn sie den Armen und Ausgebeuteten klarmacht, daß die Frohe Botschaft für sie bestimmt ist?
Felipe Peña, der Sohn des alten Tomás: – Na, eben die Gegenseite, die Ausbeuter. Wenn Gott heute durch die Armen spricht, dann sind es die Ausbeuter, die sagen: Wir wollen dieses Wort Gottes nicht.
Ich sage: – Tatsächlich haben alle, die Ungerechtigkeiten begehen, guten Grund zu sagen, Jesus solle sich nicht einmischen. Und dieses Evangelium, das wir hier in Solentiname predigen, wird ihnen genauso auf die Nerven fallen wie damals die Worte Jesu diesem bösen Geist. – Es ist auch interessant, daß der Teufel Jesus den »Heiligen Gottes« nennt, was genauso viel wie Messias bedeutet. Er wußte genau, wer er war. Er wollte ihn darum aus dem Weg haben.
Und Julio, Oscars Bruder: – Wie jemand, der viel in der Bibel liest und die Botschaft Gottes genau kennt, sie aus Egoismus aber nicht annehmen will. Ihm selbst schadet sie nämlich. Der Teufel merkt, daß Jesus der Messias ist, der die Menschen befreien will, darum will er ihn aus dem Weg haben. Er greift Jesus nicht an, weil dieser schlecht ist, sondern weil er gut ist, der Heilige Gottes. Damit will er nichts zu tun haben.
Ein anderer: – Er war wenigstens ehrlich.
Eine der Frauen fügt hinzu: – Es gibt Reiche, die genau wissen, daß das Evangelium davon spricht, den Reichtum zu teilen. Darum wollen sie das Evangelium nicht hören. Darin sind sie auch ehrlich.

Und Jesus bedrohte ihn und sprach: Verstumme und fahre aus von diesem Menschen.

Teresita: – Das ist es, was man zu einem Menschen sagen muß, der die Unterdrückung verteidigt. So bringt man ihm zum Schweigen.

Laureano: – Gebot Jesus ihm nicht deshalb Schweigen, weil dieser böse Geist ihn praktisch anzeigte? Er nannte ihn den Heiligen Gottes, das heißt, Messias, Befreier. Und er schrie so laut, daß es alle Leute hören konnten. Das ist genauso, wie wenn jemand hier in

unsere Kirche käme und laut schrie: »Ihr seid alles Kommunisten!« Darum sagte Jesus zu ihm: »Sei still.«
José: – Eben wurde gesagt, daß Jesus mit großer Autorität sprach. Hier beweist er noch mehr Autorität, indem er den Teufel mit einem einzigen Wort zum Schweigen bringt. Er befreit auch den Mann von dem bösen Geist. »Sei still und laß diesen Menschen in Ruhe«, sagte er.

Und der böse Geist warf den Mann mitten unter sie und fuhr von ihm aus und tat ihm keinen Schaden. Und es kam eine Furcht über sie alle, und sie redeten miteinander und sprachen: Was ist das für ein Ding? Dieser Mann gebietet mit Vollmacht und Kraft den unsauberen Geistern, und sie fahren aus.

Oscar: – Sie waren erschrocken, weil sie vielleicht auf der Seite des Bösen standen und nun sahen, daß Jesus mehr Macht hatte als sie, das heißt als der Teufel. Und darum wunderten sie sich und fingen an, nachzudenken. Sie sagten sich: »Dieser Mann kann mehr als der Teufel.«
Eduardo: – Sie sahen, daß er die Menschen befreien konnte . . .
Maria: – Darum sagten sie: »Was ist das für ein Ding?« Sie hatten seine Worte ja schon gehört, alle seine Lehren von der Befreiung. Nun sahen sie, daß sie tatsächlich geschahen.
Tomás: – Auch hier geht der Teufel zwischen uns um und versucht uns in jedem Augenblick. Die einen mehr als die anderen. Er geht noch heute um, an einigen Orten mehr als an anderen.
Alejandro: – In Solentiname sicher weniger, in Managua mehr . . .
Félix: – Dort gibt es alle Arten von Unrecht, das von dem Bösen kommt.

Und man sprach von Jesus in allen Orten des umliegenden Landes.

Einer sagt: – So war die Obrigkeit schon über ihn informiert, schon von Anfang an, als er zu predigen begann. Der Teufel, der ein Spitzel war, hatte sie mit seinem Schreien auf ihn aufmerksam gemacht.
Ein anderer: – Jeder Spitzel ist ein Mensch mit einem bösen Geist, aber der böse Geist kann von ihm ausfahren, wie aus diesem Mann, der von ihm befreit wurde. So kann es auch mit diesem Spitzel Mario geschehen, den sie uns geschickt hatten und der gar nicht

Mario hieß. Dieses System, das wir hier haben, hatte ihm einen bösen Geist eingegeben, aber auch er kann eines Tages befreit werden.

Und Pedro: – Hatte das nicht noch einen zweiten Sinn, daß dieser Mensch mit dem bösen Geist, von dem das Evangelium erzählt, ausgerechnet in einer Kirche war?

Der wunderbare Fischzug

(Lukas 5, 1–11)

Wir haben die heilige Messe heute auf der Insel La Venada gefeiert und sind nun draußen vor der Hütte eines der Bauern versammelt. Vor uns liegt der tiefblaue See, unsere Boote sind ganz in der Nähe am Ufer verankert. Ein Junge von der Insel hat uns das Evangelium vorgelesen:

Jesus sah zwei Schiffe am See liegen; die Fischer aber waren ausgestiegen und wuschen ihre Netze.

Natalia sagt: – Als Jesus die Boote und die Netze am Strand sah, wollte er auch gerne fischen. So stieg er also in eins der Boote und begann von dort aus seine Gleichnisse zu predigen wie ein Fischer, der sein Netz auswirft. Als er alle die Menschen am Ufer zusammengedrängt sah, da fühlte er sich wie ein Menschenfischer. Und so kam er auf den Gedanken, die Besitzer dieser Boote einzuladen, auch Menschenfischer zu werden.
Don José Chavarría, der hier auf der Insel La Venada zu Hause ist: – Die Nachricht, daß er der Messias war, war schon überall durchgesickert, und nun kamen alle die Armen zu ihm, um sich von ihren Sorgen und Nöten befreien zu lassen. Sie taten ihm leid, und so stieg er in das Boot, um ihnen von dort aus seine Befreiungsbotschaft zu bringen. Und als er sah, daß es so viele waren und daß es auf dem ganzen Erdball noch viel mehr gab, da sagte er zu diesen Fischern dort: Gebt euren Beruf auf und helft mir, alle diese Leute zu befreien.

Und als er aufgehört hatte zu reden, sprach er zu Simon: Fahrt noch einmal aus und werft eure Netze aus, daß ihr einen Zug tut. Simon antwortete ihm: Meister, wir haben die ganze Nacht gearbeitet und nichts gefangen, aber auf dein Wort will ich das Netz auswerfen. Und als sie das taten, fingen sie eine so große Menge Fische, daß ihre Netze zu reißen begannen.

Tomás Peñna, der ein großer Fischer ist: – Vielleicht passierte das alles, weil das Wetter nicht günstig war. Sie hatten die ganze Nacht gefischt, ohne einen einzigen Fisch zu fangen. Es hatte keinen Zweck, das Netz noch einmal auszuwerfen. Aber da er es nun sagte ... Simon versuchte es noch einmal. Nur weil er an ihn glaubte. Er hatte sonst keinen anderen Grund, er wußte, daß das Wetter ungünstig war.

Ein anderer fügt hinzu: – Es war sein Glaube, der ihn die vielen Fische fangen ließ.

Und ein anderer: – Er nennt ihn Meister, weil er seinen Worten zugehört hatte. Er hatte nicht nur da gesessen und seine Netze gewaschen.

Felipe: – Ich glaube, er sah ihn als so eine Art Chef an, der ihnen etwas sehr Reales beibringen konnte.

Julio: – Obwohl er genau wie sie ein Arbeiter war. Simon wanderte damals noch nicht mit Jesus, er war nur der Besitzer dieses Bootes. Aber als er Jesus von seinem Boot aus zu den Leuten reden hört, da nennt er ihn Meister. Und als Jesus ihm rät, das Netz noch einmal auszuwerfen, da gehorcht er sofort. Er sagt: »Da du es bist, der mir das rät ...« Ob das wohl etwas mit unserem Leben zu tun hat?

– Natürlich – sagt Don José. Es zeigt uns, daß der Glaube alles ist. Ihm waren schon die Augen aufgegangen, obwohl er ein ungebildeter Fischer war. Er wußte schon, wer Jesus war und glaubte an ihn.

– Wer keinen Glauben hat, der hat überhaupt nichts! – ruft Natalia aus.

Ich sage: – Das ist eine ganz praktische Lehre für uns: mit dem Glauben können wir Wunder tun.

Tomás Peña: – Meiner Ansicht nach hatte Jesus ganz einfach Mitleid mit diesen Leuten und wollte ihnen helfen. Er dachte, ein Wunder würde da ganz gut sein. Er gibt ihnen aber keine Reichtümer, denn damit hätte er sie nicht gerettet, im Gegenteil, Reichtum hätte sie eher korrumpiert. Darum läßt er Petrus, Simon Petrus, ein bescheidenes Wunder tun: Fische fangen. Das war ein Wunder, das sie nicht reich machte, sondern bescheiden. Von diesen Fischen würde keiner reich werden, aber sie würden an seine Worte glauben. So soll keiner hier unter uns denken, er würde ein Wunder tun, wenn er Reichtümer schaffte. Um Wunder zu tun, muß man nämlich bescheiden sein.

Ich frage, ob nicht vielleicht noch eine weitere Lehre Jesu in diesem bescheidenen Wunder eines Netzes voller Fische verborgen sei.

Einer der Jungen von der Insel Fernando sagt: – Ich glaube, ich sehe da noch eine Lehre, Ernesto. Ich glaube, dieses Beispiel von dem Netz und den Fischen dient dazu, uns auf ein anderes Wunder hinzuweisen, das Jesus später tun würde. Also, dieses Fischwunder sahen wir zuerst nur wie eben Fische in einem Netz, aber jetzt sehen wir auch noch etwas anderes: das Netz könnte seine Lehre sein, und wir die Fische, die ihm ins Netz gehen.
Chael: – Erinnert ihr euch an dieses Lied, wie heißt es noch?
Mehrere beginnen zu singen: – *Wir müssen uns einfangen lassen ...*
Natalia: – Von Christus, ja. Wie Fische!
Felipe Peña: – Von Christus, ja. Aber nicht von anderen. Man muß wissen, von wem man sich einfangen läßt. Das bedeuten diese Fische im Netz. Der erste Gefischte war Petrus.

Als das Simon Petrus sah, fiel er Jesus zu Füßen und sprach: Herr, gehe von mir weg, denn ich bin ein sündiger Mensch.

Oscar: – Vielleicht hatte er eben das Gefühl, daß er ein Sünder war. Natürlich war er ein Sünder, wie jeder von uns, aber vorher hatte er das nicht gespürt. Und als er sich in dieses Wunder verwickelt sieht, da fühlte er sich schlecht, also wie vor den Kopf geschlagen, nicht?
Und einer der Altamiranos von der Insel La Venada, die sich auf den Fang von Schwertfischen spezialisiert haben: – Vielleicht hat das etwas mit dem fehlenden Glauben zu tun. Der Glaube an einen anderen, an alle anderen, nicht? Denn das trennt uns von den anderen. Einer, der an nichts glaubt, der ist von allen anderen isoliert. Der fehlende Glaube ist also eine Sünde. Petrus hatte nicht genug Glauben, darum sagte ihm der Meister, er solle das Netz auswerfen, nicht?
Julio Mairena: – Also, ich glaube, das ist so: Die Welt ist immer voller Komplexe. Die Armen haben einen Komplex vor den Gebildeten und vor den Reichen – das sind ja die Gebildeten. Petrus fühlte sich minderwertig so in der Gegenwart Gottes. Er wußte nicht, daß Jesus gerade für die Armen und die Sünder gekommen war. Und er dachte nicht daran, daß Jesus, so weise er auch war, gleichfalls zu den Armen gehörte. Er glaubte, sie könnten nicht zusammen sein.
Ich sage: – Vielleicht ist dieser Komplex, von dem Julio spricht,

das gleiche wie das, was im Evangelium als eine Art Angst beschrieben wird. Wir lesen in den folgenden Versen:

Denn er und alle, die mit ihm waren, erschraken über diesen Fischzug, den sie miteinander getan hatten. Auch Jakobus und Johannes, die Söhne des Zebedäus, Simons Kameraden, waren erschrocken.

Marcelino: – Ich glaube, diese Angst kommt bei den Armen immer vor. Von einem, der Geld hat, denken wir, er könnte sich auch in unsere Angelegenheiten mischen und wir könnten nichts dagegen tun. Und vor einem Gebildeten fühlen wir uns auch ganz klein und unbedeutend. Wir haben immer Angst, alle Reicheren und Gebildeteren könnten uns zurückweisen.

Aber Jesus sprach zu Simon: Fürchte dich nicht. Denn von nun an wirst du Menschen fangen.

Don Julio Guevara, der gleichfalls ein ausgezeichneter Fischer ist: – Er wollte ihm mit einem Wort sagen, daß er genau wie er sein sollte, stimmt das nicht? Jesus war ein Menschenfischer.
Einer der jungen Männer sagt: – Er suchte sich Fischer und andere Arbeiter, die ihm bei seiner Aufgabe helfen sollten, keine Aristokraten. Das tat er darum, weil es die Arbeiter sind, die wirklich die Welt verändern. Und sie sind auch dazu berufen, die Herren der Welt zu sein. Viele von ihnen wissen das nicht, aber Jesus wußte es.
Eins der jungen Mädchen: – Das ist klar, er konnte sich ja wohl keine Faulenzer suchen, keine Ausbeuter, die wie Schmarotzer sind. Er suchte sich Arbeiter, Leute mit einem Handwerk wie diese Fischer, die er zu Menschenfischern machte.
Und eine der Frauen: – Das tat er, damit sie ihrerseits auch die Armen suchen sollten, denen vorher nie jemand Beachtung geschenkt hatte. Die Leute, die nie etwas zählten. So wie er zu Petrus sagte, er solle das Netz dort auswerfen, wo es seiner Meinung nach keine Fische gab – und dann fand er doch ein ganzes Netz voll.
Olivia: – Wir müssen uns das einmal klarmachen: alle diese Leute, die da versammelt waren, die waren jeder für sich in ihren Egoismus und Individualismus verstrickt, genauso schlüpfrig und scheu wie die Fische ... Wir alle sind dieser wunderbare Fischfang.

Und sie führten die Schiffe ans Land und verließen alles und folgten ihm nach.

Der junge Julio: – Ja, sie gingen mit ihm, weil sie schon an ihn glaubten. Das einzige, was sie mitnahmen, war dieser wunderbare Glaube und dieses Vertrauen auf einen, der solche Wunder tun konnte ...
Natalia: – Sie ließen ihre Arbeit einfach liegen. Ja, sie ließen ihre Boote da und ihre Netze ...
Rodolfo: – Vielleicht waren es so schlechte Boote wie die von unserer Kooperative ...
Natalia: – Sie waren arm, aber sie hatten doch ihre paar Sachen. Wie sie die Armen eben haben. Aber sie ließen alles zurück, um Jesus zu folgen.
Doña Angela: – Sie ließen sich von ihm fangen.
Ein anderer der Jungen sagt: – Das war der wirkliche wunderbare Fischzug, und nicht die Mojarras, Laguneros, Robalos, Sabaletes, Guabinas und Guapotes, die sie aus dem Netz holten. Und später fischten sie dann uns, und darum sind wir hier versammelt, wie Doña Olivia sagt.
Marcelino: – Weil diese Fischer ihre Boote und alles dort einfach liegenließen, kam das Wort Gottes auf unsere Inseln. Vielleicht können wir dieses Wort später auch zu den gegenüberliegenden Küsten bringen. Nach Papaturra vielleicht, oder nach San Carlos, San Miguelito ...
Don Julio: – Bis jetzt fischten wir immer nur Fische aus dem See, aber nun wissen wir, daß wir auch Menschen fischen können – wenn wir nicht an unseren Habseligkeiten hängen ...
Felipe sagt: – Ja, darauf kommt es an, Ernesto. Ich glaube, daß wir als Fischer, die wir sind oder sein werden, genau aufpassen müssen, daß wir nicht nur für unsere persönlichen Interessen fischen. Es gibt viele, die zur christlichen Religion gehören und trotzdem nur darauf aus sind, sich die anderen zunutze zu machen. Aber der Fischfang Jesu ist zum Wohl der ganzen Menschheit. Es ist der Fischfang der Liebe.
Alejandro: – Es kann vorkommen, daß wir uns oft so fühlen wie einer, der die ganze Nacht gearbeitet hat, ohne etwas zu fangen. Er ist müde und hat keine Lust mehr weiterzumachen. Und dann sehen wir, daß es anderen in anderen Gegenden Nicaraguas und in anderen Ländern der Welt genauso geht: sie haben absolut nichts ge-

fangen. Aber das soll uns nicht entmutigen. Dies ist nämlich ein wunderbarer Fischfang, und wenn man am wenigsten daran denkt, hat man das Netz plötzlich voll.

Als wir auseinandergehen, weht eine frische Brise von Süden, und viele kleine Wellen kräuseln den blauen See.

Jesus lehrt uns beten

(Matthäus 6, 7–15)

Wir haben gelesen, wie Jesus seine Jünger das Beten lehrte, mit den Worten, die wir für gewöhnlich das *Vaterunser* nennen. Zuerst hatte er sie gewarnt:

Wenn ihr betet, dann sollt ihr nicht viel reden wie die Heiden, denn sie meinen, sie werden erhört, wenn sie viele Worte machen.

Ich sage, der richtige Ausdruck sei eigentlich »plappern«. Das griechische Wort, das Matthäus benutzt, sei nämlich *Battalogein,* was so viel bedeutet wie »bla-bla-bla vor sich hin plappern«.
William: – Wenn Christus ihnen sagt, sie sollten nicht wie die Heiden beten, dann bedeutet das meiner Meinung nach, daß die Juden tatsächlich wie die Heiden beteten. Auch an einer anderen Stelle beschuldigt Christus die Pharisäer, lange Gebete zu machen. Ich glaube, das gleiche könnte man auch von vielen Christen sagen, weil ihre Art zu beten genau wie die der Juden und der übrigen Religionen ist. Diese Kritik Jesu ist sehr schwerwiegend, weil sie die Art zu beten angreift, die in allen Religionen üblich ist. Er verwirft sie einfach als heidnisch. Und von den Leuten, die als sehr religiös angesehen wurden, sagt er, sie hätten keine Ahnung von Gott, was also heißt, sie wären Heiden. Und nun zeigt er ihnen eine ganz andere Art zu beten, die wirklich revolutionär ist.
Ich sage: – Nach dem heiligen Augustinus wollte Christus mit dem Vaterunser nicht eine Formel lehren, die man auswendig lernen müßte. Der Beweis dafür ist, daß bei Matthäus andere Worte stehen als bei Lukas. Wenn er sie eine Formel hätte lehren wollen, dann hätte er sicher gesagt, sie hätten sie nicht richtig auswendig gelernt.
Wir lesen die ersten Worte:

Vater unser, der du bist im Himmel.

Ich möchte noch einige Erklärungen geben: – Tatsächlich gebrauchte Jesus nicht das Wort »Vater«, sondern »Papa«. Markus schreibt, daß Jesus auf aramäisch (seiner Muttersprache) im Garten Gethsemane *Abbá* sagte, was soviel wie »Papa« bedeutet. Und dieses Wort benutzte er immer, wenn er mit Gott sprach.

»Der du bist im Himmel« ist eine jüdische Ausdrucksweise für den Namen Gottes. Aus Hochachtung benutzten die Juden nicht das Wort »Gott«, sondern umschrieben es mit »Himmel«.

So nennt Matthäus das Reich Gottes das »Himmelreich«. Die richtige Übersetzung lautet also eigentlich: »Unser Papa im Himmel«, was so viel heißt wie »Unser Papa Gott«.

Olivia: – Gott wird also ganz liebevoll angeredet, sodaß wir von Anfang an Vertrauen zu ihm haben können. Wenn wir Papa zu ihm sagen ... So bedeutet beten also nicht, Gebete herzusagen, sondern ganz einfach mit Gott sprechen.

Teresita: – Wenn wir Papa zu ihm sagen, dann brauchen wir keine Angst vor ihm zu haben. Wir sind ganz intim mit ihm.

William: – Die Tatsache, daß das Reich Gottes immer Himmelreich genannt wurde, hat eigentlich eine große Verwirrung gestiftet. Die Leute denken so, das Reich Gottes käme später, im Himmel, in einem anderen Leben. Aber Jesus meinte ein Reich hier auf der Erde. Auch daß man sagt: »Der du bist im Himmel«, hat in unseren Hirnen eine furchtbare Verwirrung angerichtet. Alle stellen sich Gott irgendwo im Himmel vor, wo die Astronauten herumschwirren, und nicht als einen, der in uns selbst und in allen unseren Brüdern ist.

Julio: – Wenn die Juden aus Respekt vor Gott seinen Namen nicht nannten, und wenn auch Christus selbst ihn nicht beim Namen nennt, wäre es dann nicht gut, wenn auch wir Gott nicht immer im Munde führten? Wir Christen sagen nämlich immer Gott, Gott, Gott, aber vielleicht ist das eine Blasphemie, weil wir uns Gott nämlich immer als eine Art Diktator vorstellen. Und dann gibt es andere, die vielleicht Atheisten sind, die aber ihren Bruder viel mehr lieben als wir Christen. Ich glaube, die haben viel mehr Respekt vor Gott.

Und Rebeca, Julios Mutter: – Aber Jesus sagt doch gerade, daß wir ihn Papa nennen sollen, damit wir uns nicht so entfernt von ihm fühlen. Und er sagt nicht *mein* Vater oder *mein* Papa, sondern *unser* Papa, weil er der Vater von uns allen ist. Wir sind alle seine Kinder, nicht nur Christus, sondern alle. Darum sind wir auch alle Geschwister.

Natalia: – Ja, Geschwister. Wenn wir so von Gott reden, erklären

wir uns alle als gleichwertig. Wenn wir den gleichen Papa haben, müssen wir uns auch alle wie Geschwister lieben. Und wenn einer dafür ist, daß es Ausbeuter gibt, dann kann er auch nicht so beten.
Marcelino, Rebecas Mann: – Das Vaterunser ist ein gemeinsames Gebet, ein Gebet von uns allen. Das kann man nicht allein beten, sondern nur in Gemeinschaft mit allen anderen. Und alles, um das wir bitten, ist für alle gedacht.

Dein Name werde geheiligt.

Ich erkläre, daß für die Juden Gott dasselbe bedeutete wie Heiligkeit oder Gerechtigkeit. Und die Heiligung seines Namens war das Offenbarwerden Gottes unter uns Menschen. Das Wort »Name« war für sie das gleiche wie »Person« oder »Persönlichkeit«. Diese Bitte: »Dein Name werde geheiligt«, könnte man so besser mit »Deine Person werde bekannt gemacht« oder »Du sollst anerkannt (Gerechtigkeit verbreitend) werden« übersetzen.

Felipe Peña: – Heiligen ist also nicht dasselbe wie Singen, Beten, Prozessionen machen oder die Bibel lesen. Den Namen Gottes heiligen bedeutet vielmehr, den Nächsten lieben und etwas für die anderen tun. Wenn wir Gott nur mit Gebeten und Prozessionen loben wie früher, dann heiligen wir seinen Namen absolut nicht. Mit anderen Worten bedeutet Liebe üben also dasselbe wie den Namen Gottes heiligen oder seine Persönlichkeit hier auf der Erde bekanntmachen, auch wenn man den Namen Gottes vielleicht gar nicht dabei erwähnt.
Alejandro: – Die Gerechtigkeit Gottes ist dasselbe wie seine Heiligkeit, und Gerechtigkeit üben, heißt Gott heiligen. Aber unter Gerechtigkeit darf man nicht die bürgerliche Gerechtigkeit verstehen. Gerechtigkeit ist dasselbe wie Befreiung, das Ende aller Ausbeutung. So macht man Gott also auf der Erde bekannt, indem man seine Gerechtigkeit unter uns Wirklichkeit werden läßt.

Dein Reich komme.

Laureano: – Dieses erwartete Reich ist da, wenn Gleichheit herrscht, wenn es Brüderlichkeit unter allen Menschen gibt. Wir hier wollen wirklich, daß dieses Reich komme. Wir sind dabei, es aufzubauen.

Tomás: – Wenn wir darum bitten, daß es kommen soll, dann ist es also noch nicht gekommen. Und wenn wir bitten, daß es kommen soll, dann muß es auch kommen. Und wenn es kommen muß, dann ist es nicht im Himmel oder in einem anderen Leben. Sonst bäten wir ja nicht, daß es kommen solle, sondern daß wir dorthin kämen. Das Reich Gottes ist also etwas, das auf die Erde kommen muß und noch nicht gekommen ist. So sehe ich das jedenfalls, mit meinem beschränkten Verstand.

Laureano: – Wenn wir dieses Reich erbitten, dann haben wir auch die Verpflichtung, alles zu tun, damit es sobald wie möglich kommt. Und alle, die gegen dieses Reich sind, die sich nicht dafür interessieren und nichts dafür tun, die haben auch kein Recht, so zu beten. Es handelt sich nämlich um ein Reich, das unter den Menschen und mit den Menschen gemacht wird, das heißt, es kommt von Gott, aber es kann nicht ohne uns aufgebaut werden.

Rosita: – Es ist die Liebe.

Elbis: – Und dies ist ein Gebet, das uns zum Handeln zwingt, wie Laureano schon sagte.

Ich füge hinzu: – Wir sehen also, daß diese Bitte in Wirklichkeit die gleiche ist wie die erste. – Und wir gehen zur nächsten über:

Dein Wille geschehe auf Erden wie im Himmel.

Olivia: – Im Himmel herrscht Liebe, dort gibt es keinen Egoismus. Und es gibt auch keine Ungerechtigkeit und keine Unterdrückung. Hier auf der Erde leben wir vollkommen anders. In diesem Gebet bitten wir darum, daß wir hier genauso leben möchten wie dort. Es fehlt uns noch viel, bis wir dieses Reich hier verwirklicht sehen. Hier verhungern die einen, und die anderen vergeuden das Essen. Die einen sind krank, ohne irgendeine Medizin, und die anderen haben mehr ärztliche Pflege, als sie brauchen. Die einen haben die Schränke voller Kleider, und die anderen noch nicht einmal etwas zum Wechseln ... Das heißt also, daß noch viel Arbeit getan werden muß, bis man dieses Reich endlich sieht. Es müßte ...

– Es müßte hier auf der Erde so gelebt werden wie im Himmel – unterbricht Teresita. – Man könnte auch sagen, den Himmel auf Erden schaffen.

– Der Wille Gottes ist die Liebe – sagt eins der Guevara-Mädchen.

Ich sage: – Wir sehen also, daß auch dies die gleiche Bitte ist wie

die anderen: daß sich die Liebe Gottes unter den Menschen verwirkliche, daß sein Reich, das ein Reich der Liebe ist, komme, daß sein Wille, der die Liebe ist, geschehe ...
Felipe: – »Dein Wille geschehe« heißt auch, daß seine Lehren in die Tat umgesetzt werden sollen. Daß also Gerechtigkeit geübt wird. Die Schaffung eines gerechten Systems der Gleichheit und der Brüderlichkeit und nicht der Ausbeutung. Mit einem Wort, das Wort Gottes soll ausgeführt werden. Dies ist die gleiche Bitte wie die Bitte um das Brot: alle sollen wir genug haben.
Manuel Alvarado: – Brot und auch alle die anderen Dinge, von denen Doña Olivia sprach: Kleidung, ärztliche Betreuung und alles andere, was wir brauchen. Das ist alles in dem Wort Brot enthalten.

Unser tägliches Brot gib uns heute.

Julio Mairena: – Betrachtete Christus nicht alles wie einen einzigen Tag? Er sagte, unser *tägliches* Brot, das Brot für diesen Tag. Waren für ihn alle Tage vielleicht wie ein einziger Tag?
Einige bitten Julio, das näher zu erklären, und er sagt: – Nicht wie wir »morgen« oder »übermorgen« sagen, sondern für ihn ist alles ein einziger Tag. Denn wenn wir die ganze Zeit um Brot bitten sollen, heute für heute und morgen für morgen ... Ich glaube, er meinte alle Tage.
Laureano, sein Vetter: – Willst du vielleicht um ganze Berge bitten, um alles zu horten, Mensch?
Julio lacht: – Weil es schlecht wird, nicht?
Olivia: – Paßt auf: ich glaube, wenn Gott mir große Mengen gäbe, dann dächte ich nicht mehr daran, daß mir etwas fehlen könnte, und dann dächte ich nicht mehr an Gott, weil ich voll bin, und ich dächte auch nicht mehr an die anderen und keiner interessierte mich. Man bittet jeden Tag um das tägliche Brot, weil man Gott wie einen Papa bittet, wie ein kleines Kind, das jeden Tag etwas braucht. Und man bittet um genügend Brot. Nicht, daß wir nur ein kleines Käntchen haben wollten ...
Julio: – Ich sehe das so, daß wir alle nur eine einzige Arbeit tun müssen: die Gesellschaft verändern. An dem Tag haben wir Brot. Für alle Zeiten. Für alle Tage. Ein für allemal. Das meine ich. Wenn wir unser ganzes Leben lang um ein bißchen Brot bitten müßten, heute und morgen und übermorgen ... auf diese Weise lebten wir immer im Elend. Nein, wir müssen diese eine Arbeit tun, und da-

nach werden wir immer etwas zu essen haben und etwas anzuziehen und alles übrige. Das meinte ich als ich sagte, Jesus spräche vielleicht nicht nur von einem einzigen Tag.
Rafael: – Ich finde das sehr richtig, was Julio sagt. Es soll für immer sein, nicht wahr? Aber es stimmt auch, daß es sich nicht darum handelt, alles anzuhäufen, wie Laureano sagte. Wir sollen nur um das bitten, was wir wirklich brauchen, und nicht auch das haben wollen, was vielleicht ein anderer braucht, seht ihr?
Und Rebeca, Oscars und Julios Mutter: – Ich sehe, daß Gott das Brot täglich gibt. Jeden Tag gibt er Brot für alle. Aber manchmal geschieht es auf der Erde, daß der eine alles für sich anhäufen will, und so muß der andere hungern. Aber Gott gibt Brot für alle, damit wir alle essen können, damit keiner hungrig bleibt.
Marcelino: – Wir bitten ja auch um *unser* Brot und nicht um *mein* Brot, genau wie wir eben Gott *unsern* Papa und nicht *meinen* Papa genannt haben. Um unser tägliches Brot bitten, das heißt, es für alle erbitten, damit keiner hungrig bleibt, weder heute noch morgen.
Ich sage: – So ist auch dies wieder die gleiche Bitte wie alle anderen: Es komme das Reich der Liebe und der Tag, an dem es genug Brot für alle gibt.
Natalia: – Ja, genug für alle, damit die einen nicht im Überfluß leben, während die anderen verhungern. Das ist das Reich Gottes.
Julio sagt lachend: – Dann bitten wir doch die darum, die alles gespeichert haben! Bitten wir die darum, die alles im Überfluß haben! Es ist unsere Aufgabe, ihnen ihren Überfluß wegzunehmen, weil sie etwas haben, das ihnen nicht zusteht. Was sie zuviel haben, gehört anderen Menschen, denen etwas fehlt.
Ich: – Man könnte also sagen, im Vaterunser bitten wir um die Veränderung der Gesellschaft. Wir bitten darum, daß der Tag komme, an dem wir nach den Bedürfnissen jedes einzelnen all das verteilen können, was jetzt einige für sich angehäuft haben. Und wir sehen, daß wir um diese Veränderung nicht nur bitten, sondern auch daran mitarbeiten sollen.
Rebeca: – Es ist die Befreiung, damit wir alle ganz gleich sind, damit es keine Armen und keine Reichen mehr gibt.
– Das Reich Gottes – fügt ein anderer hinzu.
Und Rebeca: – Das Reich Gottes, das die Befreiung ist.
Felipe: – Das Reich, in dem der Wille Gottes schon erfüllt wurde.
Oscar: – Wenn wir Gott um das Brot und alles Nötige bitten, Ernesto, dann müssen wir auch darum kämpfen, wie schon gesagt

wurde, nicht nur für uns, sondern auch für alle Brüder. Aber solange wir dieses Ziel nicht erreichen können, müssen wir uns zufrieden geben, weil dies im Augenblick vielleicht auch der Wille Gottes sein kann.

– Nein! – unterbricht Laureano. – Das ist Konformismus.

Und Oscars Mutter: – Das heißt: mit der Ausbeutung übereinstimmen.

Oscar fährt fort: – Nein, das heißt nicht mit der Ausbeutung übereinstimmen, sondern mit dem Willen Gottes. Ich verstehe das so: Wenn wir uns hier als Gruppe der Ungerechtigkeit widersetzen und kämpfen und doch nicht verwirklichen können, was wir wollen, wenn wir also diese Veränderung im Augenblick noch nicht erreichen können, also, dann geschehe sein Wille. Aber auch nicht einfach aufgeben! Wir müssen weiterkämpfen.

Ich sage zu Oscar, daß wir tatsächlich die Niederlagen, die nicht von uns selbst abhängen, annehmen müssen. Wir sollen uns nicht gegen das Unvermeidliche auflehnen, sondern nur gegen das Vermeidliche. Und manchmal kann aus einer Niederlage etwas Gutes entstehen; in diesem Sinne kann also eine Niederlage der Wille Gottes sein. Wir wollen uns daran erinnern, daß Jesus im Garten Gethsemane, als er sich vor seiner eigenen Niederlage sah, dasselbe Gebet sprach, das er früher seine Jünger gelehrt hatte. Nach Markus betete er: »Abba (Papa), dein Wille geschehe.«

Olivia: – Sein Wille wird letzten Endes sein, daß wir leben. Sein Wille kann nicht sein, uns alle Arten von Unheil zu wünschen, sondern unser Glück. In diesem Sinne können wir einverstanden sein mit unserem eigenen Leid oder Unglück sein, ja sogar glücklich darüber.

Vergib uns unsere Schuld, die wir vergeben unseren Schuldigern.

Olivia: – Hier ist es, wo wir diese Übereinstimmung zeigen sollen, von der Oscar spricht, denn wenn uns einer beleidigt, dann ist es aus Unwissenheit, und wir müssen ihm vergeben, anstatt ihn unsererseits auch zu beleidigen.

Ich: – Wir sollen keinen Haß und keine Rachsucht und überhaupt keine negativen Gefühle haben, ist es nicht so?

Rebeca: – Ich glaube, wir müssen Gott um die Vergebung unserer Sünden bitten, die nichts anderes als unser Egoismus sind. Aber es nützt gar nichts, ihn um Vergebung zu bitten, wenn wir weiter

Egoisten bleiben. Wir müssen uns ändern, damit er uns hört. Und darum sagen wir, er solle uns vergeben, wie wir auch vergeben.
William: – Wir haben gesehen, daß das Reich Gottes das Reich der Liebe ist. Solange es Egoismus gibt, ist dieses Reich noch nicht gekommen. Es wird auch kein Brot für alle geben, solange es Egoismus gibt, solange wir getrennt sind und uns nicht lieben. Und es würde gar nichts nützen, wenn wir Essen und Kleidung und alles Nötige hätten und gleichzeitig Haß und Rachsucht zwischen uns herrschte. Ist es nicht so? So muß es also zuerst Liebe zwischen allen geben.
Oscar: – Wenn es keine Liebe gibt, dann ist auch das Reich nicht da.
Felipe: – Und der Wille Gottes wird auch nicht erfüllt, und das ist es, was augenblicklich geschieht.
Cosme Canales: – Wir sollen unseren Schuldigern vergeben. Das kann irgendeine Beleidigung sein. Es können aber auch Geldschulden sein. Ich sage nicht, daß wir unser Geld nicht von einem zurückfordern sollen, der etwas hat, aber einem, der nichts hat, dem sollen wir auch diese Schuld vergeben. Für viele Reiche ist es leichter, eine Beleidigung zu vergeben als eine Geldschuld zu streichen.
Rosita: – Wann hat man je einen Reichen eine Geldschuld vergeben sehen!
Cosme fährt fort: – Und dann kann ein Reicher dieses Gebet auch nicht beten, wenn er nicht bereit ist, nicht nur die Beleidigungen, sondern auch die Schulden zu vergeben.
Chael: – Es ist doch klar, daß dieses Gebet nicht für die Reichen ist. Das Vaterunser ist nur für die Armen, die kein Brot haben.
Ich sage, bei der letzten Liturgiereform habe man die alte Übersetzung »Vergib uns unsere Schuld, wie wir vergeben unseren Schuldigern« in »Vergib uns unsere Beleidigungen, wie wir denen vergeben, die uns beleidigt haben« umgeändert. Die erste Version war aber richtiger, da Matthäus ein griechisches Wort gebrauchte, das genau »Geldschuld« bedeutete. Dieses Wort wird er früher oft in seinem Beruf als Zöllner oder Steuereinnehmer benutzt haben.

Und führe uns nicht in Versuchung, sondern erlöse uns von dem Bösen.

Julio Ramón: – Von wem sollen wir uns nicht in Versuchung führen lassen? Vom Teufel sicher, meine ich.
Adán Ortega: – Ich glaube, die Versuchung ist heute die Ausbeutung, der Kapitalismus.

Und der andere Julio: – Wir alle sprechen hier viel von der Veränderung der Gesellschaft. Vielleicht werden wir eines Tages in dieser Beziehung selbst einmal in Versuchung geführt werden, wenn wir einmal einige Macht haben sollten ... Das könnte dann eine sehr schwierige Probe für uns sein.

Tomasito (der sehr wenig spricht): – »Erlöse uns von dem Bösen«, das heißt, er soll uns vor der Ungerechtigkeit erlösen. Darum geht es, glaube ich ...

Felipe: – Mit anderen Worten, er soll uns vom Egoismus erlösen. Das größte Übel, das es unter uns geben kann, ist der Egoismus. Jeder, der andere beherrschen will, ist ein Egoist. Wer andere beraubt, ist auch ein Egoist. Darum müssen wir Gott bitten, er solle uns vom Egoismus erlösen. Das ist das Böse. Die Liebe ist das Gegenteil vom Bösen. Das Böse wird durch die Liebe vernichtet. Die Liebe ist das einzige, das stärker ist als das Böse.

Julio Mairena: – Jesus sagte, wir sollten nicht mit vielen Worten beten, weil Gott weiß, was wir brauchen. Dann dürfen wir auch nicht mit wenigen Worten beten – wenn er es doch schon weiß! Ich glaube, alle diese Gebete in den Kirchen sind heidnisch. Könnte es nicht sein, daß Gott überhaupt nicht will, daß wir beten, sondern daß wir handeln?

Ich antworte, Christus habe nicht gesagt, wir sollten überhaupt nicht beten, sondern wir sollten beim Beten nicht um viele Dinge bitten, wie es die Heiden tun, weil der Vater weiß, was wir benötigen. Jesus selbst betete, und Lukas erzählt uns, er habe dieses Gebet seine Jünger gelehrt, weil sie ihn beten gesehen hatten und auch beten lernen wollten wie er. Sicher betete Jesus mit den Worten des Vaterunsers, weil es dieses Gebet und kein anderes war, das er seine Jünger lehrte.

Laureano: – Ich glaube, diese wenigen Worte, also, die umfassen einfach alles, mehr Worte brauchen wir gar nicht zu machen. Darum sagte Jesus, wir sollten nicht bla-bla-bla wie die Heiden beten. Man braucht nicht extra um Hosen, Hemden, Schuhe und alles zu bitten, weil dies alles in dem Gebet um die Veränderung eingeschlossen ist.

Rebeca: – Wir beten darum, daß die Liebe herrschen soll. Damit verschwindet alles Böse.

Ich sage: – Wir sehen also, daß in Wirklichkeit alle Bitten ein einziges Gebet sind, das Gebet der Befreiung: sein Name, der diese Befreiung ist, werde auf der Erde bekanntgemacht; sein Reich der

Liebe komme; sein Wille, der die Liebe ist, geschehe; es gebe genug Brot für alle; er vergebe uns in unserer Vergebung den anderen gegenüber, da wir ihn in den anderen verletzt und beleidigt haben; und er befreie uns schließlich von aller Ungerechtigkeit.

Natalia: – Ein Reich der Brüderlichkeit, in dem es Gerechtigkeit, Brot, Vergebung und Liebe gibt. Damit ist alles gesagt.

Julio: – Heißt dann, viele Vaterunser beten, nicht wie die Heiden beten?

William sagt: – Wir bitten Gott, daß sein Name geheiligt werde, und es ist unsere Aufgabe, ihn zu heiligen. Wir bitten, daß sein Reich komme, und es ist unsere Aufgabe, es aufzubauen. Wir bitten, daß sein Wille auf Erden geschehe, und es ist unsere Aufgabe, ihn zu erfüllen. Wir bitten ihn um Brot, und es ist unsere Aufgabe, es zu schaffen und zu verteilen. Wir bitten ihn um Vergebung, die wir den anderen geben müssen. Wir bitten ihn, uns nicht in Versuchung zu führen, und es ist unsere Aufgabe, sie zu fliehen. Das ist das Interessante an diesem Gebet. Ich glaube, es gibt viele, die das Vaterunser nicht beten, wie es Che Guevara vielleicht nicht gebetet hat, die aber in ihrem Herzen dies alles wünschen.

Ich sage: – Das Vaterunser ist ein Gebet, das wir beten und auch tun müssen, es ist das Gebet, das Christus auf der Erde verwirklichte und das er nach Paulus immer weiter in unseren Herzen verwirklicht.

Als Abschluß lese ich aus dem Brief an die Galater (4, 6): »Weil wir seine Kinder sind, sandte Gott den Geist seines Sohnes in unsere Herzen, der zu ihm ruft: *Abba,* Papa!«

Die Hochzeit von Kana

(Johannes 2, 1–12)

Wir besprechen das Evangelium heute im Gemeinschaftshaus, nach einem gemeinsamen Mittagessen aus Reis, Bohnen und etwas Früchtebrot, das Octavio uns von der Insel La Cigüeña mitgebracht hatte. Wir haben gelesen, wie Jesus mit seiner Mutter und seinen Jüngern zu einer Hochzeit in einem kleinen Dorf eingeladen war.

Da es an Wein fehlte, sprach die Mutter Jesu zu ihm: Sie haben keinen Wein mehr. Jesus antwortete ihr: Was geht's dich an, was ich tue? Meine Stunde ist noch nicht gekommen. Seine Mutter aber sprach zu den Dienern: Was er euch sagt, das tut.

Ich sage: – Der Satz Jesu »Was geht's dich an« ist ein ziemlich harter Ausdruck, der an anderen Stellen der Bibel immer im Zusammenhang mit Streitigkeiten vorkommt. Wir würden heute etwa sagen: »Laß mich in Ruhe« oder »Misch dich nicht ein«.
Ich bin gespannt, die Kommentare dazu zu hören. Nach einem langen Schweigen sagt Olivia: – Seine Stunde, die noch nicht gekommen war, ist die Stunde seines Todes. Er durfte noch keine Wunder tun und sich den Leuten als der Messias zeigen, der die Menschen befreit, weil die Mächtigen ihn sonst getötet hätten. Darum sagte er: »Laß mich in Ruhe, meine Stunde ist noch nicht gekommen.«
Allen erscheint diese Erklärung sehr einleuchtend. Es entsteht wieder eine lange Pause.
Dann sagt Marcelino: – Nach dem, was Olivia gesagt hat, ist die Haltung Marias eigentlich ein sehr gutes Beispiel. Jesus kann Angst gehabt haben. Es ist nur natürlich, wenn ein Mensch Angst vor dem Tod hat. Als seine Stunde später kam, hatte er im Garten Gethsemane auch Angst. Es kann aber auch einfach Vorsicht gewesen sein, das ist im Grunde gleich. Auf jeden Fall scheint Maria hier keine Angst gehabt zu haben. Sie dachte auch nicht an Vorsicht, sondern ermunterte ihren Sohn, ein Wunder zu tun. Er wollte sich noch nicht in seine Aufgabe stürzen, aber sie gibt ihm einen Stoß. Es ist so, als ob sie gesagt hätte: »Es ist ganz gleich, was mit uns passiert.« Und dann ruft sie die Angestellten.

Alejandro: – So muß jede revolutionäre Mutter ihren revolutionären Sohn ermuntern. Anstatt ihm abzuraten und zu sagen: »Sei vorsichtig«, muß sie ihn dazu ermuntern, seine Mission zu erfüllen.
William: – Mich erinnert diese Geschichte an das, was die Mutter Camilo Torres' von ihrem Sohn erzählt. Als er anfing, sich mit Politik zu beschäftigen, sprachen sie ganz natürlich über das, was auf ihn zukommen würde. »Wenn sie mich töten, Mutter ...«, sagte er. Und sie: »Wenn sie dich töten, Sohn ...« Jesus sagt hier einfach zu seiner Mutter, daß er Schwierigkeiten haben wird. Das war eine Tatsache, die sie beide in aller Ruhe akzeptiert hatten.
Carlos Alberto: – Es waren gute Freunde, die sie eingeladen hatten und die nun in einer peinlichen Lage waren. Es blieb Jesus nichts anderes übrig, als ein Wunder zu tun. Mit diesem Wunder beginnt er sein öffentliches Leben, das heißt seinen Kampf, und damit setzt er sich auch schon der Verfolgung aus. Gleich nach diesem Kapitel beschreibt Johannes, wie Jesus die Händler aus dem Tempel wirft und wie er sofort danach auch von seinem Tod spricht. Man sieht also, daß sich nach diesem ersten Wunder die Ereignisse überstürzen.
Und Maria Victoria, die Frau Carlos Albertos: – Man sieht auch, daß Maria im Grunde wußte, daß ihr Sohn einverstanden war, denn sie antwortet ihm nicht, sondern ruft ganz einfach die Diener, damit er ihnen Wein gäbe.
Manuel: – Ist es nicht schön, daß Jesus sich zum ersten Mal auf einem Fest engagiert, indem er den Leuten Wein gibt, anstatt es für irgend etwas Ernsteres zu tun?
Angel: – Das tat er sicher, um uns zu zeigen, daß der Wein etwas Gutes ist, und daß es schön ist, ein Fest zu feiern. Man sieht, daß Jesus nicht wie die Protestanten von der Nazarenerkirche denkt, die sagen, Trinken, Rauchen, Tanzen und Singen wäre Sünde ...
Und Jesús Chavarría (Chuchú), ein junger Mann, der in Masaya studiert und im Augenblick eine Woche bei uns verbringt: – Aber vielleicht tat er dieses Wunder auch darum, weil er später den Wein in Blut verwandeln würde, in der Eucharistie.

Es waren da aber sechs steinerne Wasserkrüge, wie sie die Juden für ihre Reinigungszeremonien benutzten. In jeden Krug gingen ungefähr achtzig oder hundert Liter Wasser. Jesus sprach zu den Dienern: Füllt diese Krüge mit Wasser.

Pablo Hurtado: – Damit zeigte er, daß er keinerlei Respekt vor diesen Reinigungsriten hatte. Die Verwandlung dieses Reinigungswassers in Wein ist auch ein Gleichnis für die Verwandlung des legalistischen jüdischen Gesetzes in das Gesetz der Liebe. Wenn er all ihr Reinigungswasser in Wein verwandelte, wie sollten sie dann ihre Reinigungsriten ausführen? Sicher werden ihn einige gefragt haben: »Meister, wie soll ich mich nun reinigen?« Und er wird ihnen geantwortet haben: »Komm, trink erst einmal mit uns.«
Don Julio: – Ich sehe hier folgendes: In diese Krüge ging sehr viel Wasser. Das heißt, sie reinigten sich sehr viel. Sie waren übertrieben in ihren Riten. Und er übertrieb nun andersherum und gab ihnen sehr viel Wein.
Pablo: – Sechshundert Liter! Was die gesoffen haben ...
Ich sage: – Es gab viele, die keinen Wein tranken und viel fasteten, die Essener zum Beispiel ... die Jünger Johannes' des Täufers ... sehr glaubensstrenge Leute wie unsere protestantischen Brüder, die zur Nazarenerkirche auf der Insel La Carolina gehen. Sie alle werden wohl entsetzt gewesen sein, daß Jesus ein so profanes Wunder tat.

Der Speisemeister kostete diesen Wein, der Wasser gewesen war, ohne zu wissen, woher er kam; nur die Diener wußten es, die das Wasser geschöpft hatten.

Oscar: – Ich glaube, der Wein bedeutet Freude, ein Fest, lustig sein. Auch Liebe. Jesus wollte uns zeigen, daß er die Freude bringt, das große Fest.
Olivia: – Ja, die Freude. Und auch Gemeinsamkeit. Der Wein bringt die Menschen einander näher. Er brachte die Brüderlichkeit unter die Menschen. Es gibt aber auch einen Wein, der die Menschen zerstreitet, der Zankereien heraufbeschwört, Messerstiche ...
Angel: – Der Wein, den die Reichen auf ihren egoistischen Festen trinken, vereint auch nicht. Da gibt es keine Brüderlichkeit – wenigstens nicht mit den Armen, die von diesen Festen ausgeschlossen sind ...
Ich sage: – Im Alten Testament wird das messianische Zeitalter oft als eine Zeit beschrieben, in der großer Überfluß an Wein herrschen würde. Der Prophet Amos sagte, wenn der Messias käme, gäbe es reiche Trauben- und Weizenernten, und die Berge tropften vor Wein. Jesajas sagte, Gott würde ein großes Festmahl für alle

Völker bereiten, mit sehr gutem Fleisch und sehr gutem Wein. Gleichfalls hatte er den Messias als einen verkündigt, der »nicht traurig ist«. Mit diesem Wunder zeigt Christus also auch, daß er dieser angekündigte Messias ist.
Marcelino: – Wir sehen also, daß er die Gleichheit und Brüderlichkeit unter die Menschen brachte. Das ist in Wirklichkeit dieser Wein. Ohne Brüderlichkeit gibt es auch keine Freude. Ein Fest, bei dem die Menschen geteilt sind und nicht alles gemeinsam haben, ist ein Fest ohne Freude. Ein Geburtstag oder ein Namenstag ist kein fröhliches Fest, wenn Uneinigkeit zwischen den verschiedenen Gruppen herrscht ...
– Oder wenn sie mit Messerstechereien anfangen – sagt Andrea, Oscars Frau.
Marcelino fährt fort: – So kann eine uneinige Gesellschaft, eine Gesellschaft mit verschiedenen sozialen Klassen, auch kein wirkliches Festmahl zusammen halten, kein wirkliches Fest miteinander feiern.
William: – Das Fest wird das Reich Gottes sein, diese neue Gesellschaft, auf die wir warten. Und darum sagte Christus, als er sich beim letzten Abendmahl von seinen Jüngern verabschiedete, er würde von nun an nicht mehr vom Wein trinken, bis dieses Reich gekommen sei.
Carlos Alberto: – Er sprach auch von seiner Lehre als von einem Wein: der neue Wein, der die alten Schläuche zerbricht ...
Felipe: – Ich glaube, Jesus trank gerne. Sein erstes Wunder als Messias tat er mit dem Wein. Mit dem Wein setzte er auch seine Eucharistie ein. Man beschuldigte ihn, mit den Sündern zu trinken. Er sagte, in dem neuen Reich würde er sich mit uns zusammen betrinken (oder Wein mit uns trinken, was praktisch dasselbe ist). Eins aber wollte er nicht: allein trinken oder nur mit ein paar Freunden, wie es die Reichen tun, während ein großer Teil der Menschheit leidet. Nein, er wollte mit allen trinken, selbst mit den Ärmsten der Armen, und darum wird er mit uns allen im Himmelreich trinken. Dort wird es Wein im Überfluß geben, und nicht nur Wein, denn es gibt Länder, in denen etwas anderes getrunken wird: Bier, Rum, Chicha, Guaro oder Cuzuza. Und dort wird er nie an etwas zu trinken fehlen, weil er bei uns sein wird.
Pablo: – Erinnert ihr euch daran, wie er sagte, seine Jünger fasteten nicht wie die Jünger Johannes' des Täufers, weil sie ein Fest feierten, bei dem er der Bräutigam ist? Aber später, nach seinem

Tode, dann würden sie fasten? Das bedeutet, daß wir heute noch keine Feste und Vergnügungen haben dürfen wie die Reichen, weil Christus noch immer in den Armen gekreuzigt ist. Nicht, weil die Feste schlecht wären und das Fasten gut, sondern aus Solidarität mit den Armen.
José Alaniz, der Mann Olguitas: – Ich glaube, den Wein und die Vergnügungen müssen wir für alle erbitten, so wie Jesus es uns im Vaterunser auch mit dem Brot gezeigt hat. Brot und Wein sind beide gleich wichtig: Das Brot ist die tägliche Nahrung, und der Wein ist die Freude. Darum tat er ein Wunder mit dem Brot und ein anderes mit dem Wein. Denn es gibt so viele Arme, die keine Feste feiern können. Sie betrinken sich vielleicht, aber ohne Freude. Die Freude im Reich Gottes kommt erst dann, wenn alle Menschen sich lieben und gut Freund miteinander sind.
Teresita, Williams Frau: – Es war aber nicht irgendein Fest, auf dem Jesus dieses Wunder tat, sondern eine Hochzeit.
Olguita: – Die Hochzeit bedeutet, daß er die Liebe bringen würde.
Ich sage: – Das messianische Zeitalter wurde auch oft als eine Hochzeit mit Gott angekündigt. Jesajas hatte dem Volk Israel verkündigt: »Wie ein Jüngling eine Jungfrau freit, so wird dich dein Schöpfer freien, und wie sich ein Bräutigam über seine Braut freut, so wird sich dein Gott über dich freuen.« Auch im Hohenlied der Liebe wird von dieser Hochzeit gesprochen. Dort bittet die Braut ihren Bräutigam um einen Kuß und sagt, seine Zärtlichkeiten seien lieblicher als Wein. Er antwortet, ihre Augen seien wie zwei Tauben und ihre Brüste wie Gazellen, die unter Lilien weiden. Sie versichert, die Zeit der Lieder sei gekommen, die Regen haben nachgelassen, und die Weinberge seien voller Duft. Darauf sagt er, ihre Liebe sei besser als Wein, unter ihrer Zunge flösse Milch und Honig, und ihr Leib sei wie ein Weizenhaufen, umsteckt mit Lilien. Und sie antwortet, ihr Geliebter gehöre ihr und sie ihm. – Jesus will uns hier zeigen, daß mit ihm diese Hochzeit gekommen ist. Johannes der Täufer nannte ihn den Messias und den Bräutigam. Und auch Jesus selbst sagte zu seinen Jüngern, sie sollten nicht fasten, weil er der Bräutigam sei. In mehreren Gleichnissen spricht Jesus vom Himmelreich wie von einer Hochzeit oder einem Hochzeitsmahl, bei dem er der Bräutigam ist.
Felipe: – Dort wird es keine einsamen oder frustrierten Menschen mehr geben, nicht wahr? Die Liebe wird für alle sein, für absolut

alle. Keiner wird von dieser Hochzeit ausgeschlossen. Das wird die wirkliche soziale Gerechtigkeit sein.
José Alaniz: – Ja, das ist wahr. Der Mensch braucht nicht nur Brot und Wein und gute Ernten, er braucht auch Liebe. Diesen Hunger nach Liebe muß er stillen können.
Ich sage: – So ist es. Niemand wird von diesen Küssen ausgeschlossen, von diesem Wein des Hohenliedes der Liebe.
Olivia: – Wir alle, Männer, Frauen, Alte, Kinder, selbst Säuglinge, alle sind wir ein einziger Körper: die Menschheit, die geliebte Braut Gottes.
Laureano: – Besser gesagt, wir kämpfen darum, dieser Körper zu werden. Dieser Kampf ist die Revolution.
Alejandro: – Jetzt sehe ich noch klarer, warum wir uns alle lieben sollen, jetzt sehe ich es ganz klar: Die Menschheit – Frauen, Männer, Kinder, alle – ist etwas ganz Kostbares für Gott, da er doch in sie verliebt ist. Und wenn sie so kostbar für ihn ist, dann muß sie es auch für uns sein. Es ist also ganz wichtig, darum zu kämpfen, daß sie perfekt ist, daß sie heilig ist. Und das ist die Revolution.
Carlos Alberto: – Gott ist die Liebe. Die Menschheit wird eine Hochzeit mit der Liebe feiern.

Der Speisemeister rief den Bräutigam und sprach zu ihm: Jedermann gibt zuerst den guten Wein und erst wenn die Gäste genug getrunken haben den schlechteren. Du hast aber den guten Wein bis zuletzt gelassen.

Angel Mayorga: – Das ist klar. Zuerst serviert man Rum »Flor de Caña« oder Victoria-Bier, und wenn sie alle einen sitzen haben, holt man den Cuzuza hervor. (Alle lachen.)
Olivia: – Die Freuden der Welt sind zuerst schön, aber dann verwandeln sie sich in Enttäuschungen. Mit der Freude Gottes ist es genau umgekehrt.
Marcelino: – Ich glaube, die Freude der Brüderlichkeit, die Gott für die Menschen bereitet, ist das große Fest. Aber der beste Wein dieses Festes wird der sein, den wir zuletzt zu trinken bekommen: das ewige Leben.

Jesus heilt einen Aussätzigen

(Lukas 5, 12–16)

Wir haben gelesen, wie ein Leprakranker zu Jesus kam, vor ihm niederkniete und ihn bat:

Herr, wenn du willst, kannst du mich von meinem Aussatz reinigen.

Eins der Mädchen sagt: – Ich glaube, er war sicher, daß Jesus ihn heilen würde, auch wenn er sagte: »Wenn du willst.« Er wußte, daß Jesus alles konnte. Er bat ihn, wie man einen um einen Gefallen bittet, aber er war sicher, daß er ihn heilen würde.
Und Oscar: – Meiner Meinung nach sagte der Kranke dies »Wenn du willst«, weil er sich unwürdig fühlte. Er fühlte sich nicht wie einer, der etwas von Gott verlangen konnte. Er war ein Aussätziger, einer, der von den Menschen verachtet wurde. Darum sagte er: »Wenn du willst – und wenn nicht, dann ist es auch gut.« Und die Antwort Jesu war, daß er wollte. Dieser Mann war bescheiden, er wollte Jesus nicht drängen. So müssen wir Christen es machen: nichts von Gott mit Gewalt erzwingen wollen. Dieser Mann fühlte sich wegen seiner Krankheit verachtet, er war ein Aussätziger. Er fühlte sich nicht als Kind Gottes.
Ein anderer der jungen Männer: – Er wird auch so gesprochen haben, weil er schon wußte, daß er sich an einen wandte, der größer war als alle anderen. Darum fühlte er sich wie ein Sünder vor ihm. Er erkennt da eine göttliche Macht, die ihn nur durch ihr Wollen heilen kann.
Eine der Frauen: – Er dachte vielleicht an all die Fälle, die Gott nicht heilte. Es gibt viele Kranke, die krank sind, weil es Gottes Wille ist. Jesus heilte ja auch nicht alle Leute, sondern nur einige.
Pedro Rafael sagt: – In dem Augenblick, in dem der Kranke Jesus um diese Hilfe bat, glaubte er schon an ihn. Er wußte, daß Jesus der einzige war, der das Unheilbare heilen konnte, und darum war seine Bitte ein Akt des Glaubens.
William: – Er erkennt Jesus als den Befreier von allem Übel an, selbst von solchen Übeln wie Krankheit und Tod. Die Aussätzigen

waren damals wie Tote, sie durften in keine Stadt gehen und mußten sich von jedem Kontakt mit anderen Menschen fernhalten.
Eine andere der Frauen, Olivia: – Und hier erkennt dieser Mann an, daß Jesus heilen kann, wenn er nur will. Der Aussätzige erkennt an, das Jesus seine Krankheit heilen kann, wenn er will, und wenn er sie nicht heilt, dann darum, weil er nicht gewollt hat.
Natalia: – Man weiß eben nicht, warum Gott etwas tut, nicht wahr? Manchmal schickt er uns eine Krankheit, und man weiß nicht, warum.

Jesus streckte die Hand aus und rührte ihn an und sprach: Ich will's tun. Sei gereinigt. Als er dies sagte, wurde der Kranke von seinem Aussatz geheilt.

Oscar: – Der Aussätzige zwingt Jesus nicht. Er läßt alles in seiner Hand, Krankheit und Gesundheit. Und Jesus will, daß er gesund wird, und heilt ihn.
Félix Mayorga: – Wir sehen hier auch, daß Jesus nur die heilt, die ihn darum bitten. Wenn der Aussätzige nicht zu ihm gekommen wäre, hätte er ihn auch nicht geheilt. Aber er beachtet, daß Jesus nie sagte: »Ich will nicht«, wenn einer zu ihm kam. Er wollte immer, aber er wartete ...
Ich sage: – Auf so eine Bitte konnte er schlecht antworten: »Ich will nicht.«
Olivia: – Es gibt Christen, die Gott oder die Heiligen mit ihren Gebeten zwingen wollen. Sie legen sogar Gelübde ab, was sie alles tun wollen, wenn Gott sie erhört. Aber das ist, als ob sie Gott kaufen wollten.
Ich: – Die Worte des Aussätzigen zeigen uns, wie wir beten sollen: Gott soll mit uns tun, wie er es für richtig hält. Ob es nun Gesundheit, Krankheit oder Tod ist. Aber wir dürfen nur das, was nicht von uns selbst abhängt, als den Willen Gottes ansehen. Damals war der Aussatz unheilbar. Heute gibt es Leprakrankenhäuser, wo der Aussätzige hätte geheilt werden können. Die Krankheiten der Kinder von Solentiname können heute in den meisten Fällen geheilt werden. Wir dürfen also das Übel, dem wir selbst abhelfen können, nicht als den Willen Gottes ansehen.

Und Jesus gebot dem Aussätzigen, es keinem zu erzählen. Er sprach aber zu ihm: Gehe hin und stelle dich dem Priester vor und opfere für deine Reinigung, wie Mose geboten hat, damit alle wissen, daß du vom Aussatz rein bist.

Tomás: – Ich glaube, er sollte dieses Wunder nicht weitererzählen, weil er vielleicht etwas Falsches berichtet hätte. Aber der Kranke erzählte doch sofort davon. Er dachte sicher, ich bin ein interessanter Fall, das will ich sofort allen erzählen.
Donaldo: – Das ist doch eigentlich seltsam: Einerseits sagt Jesus zu ihm, er solle es nicht weitersagen, und andererseits schickt er ihn in den Tempel, um sich zu reinigen, damit alle Leute wissen, daß er gesund ist.
Elbis: – Ich glaube, Jesus wollte keine Reklame, weil er wußte, daß er eine Klasse gegen sich hatte. Da war jede Reklame gefährlich. Ich weiß nicht, was die anderen darüber denken.
Olivia: – Aber er hatte keine Angst, weil er wußte, daß sie ihn letzten Endes doch töten würden. Er wußte, daß seine Stunde kommen würde. Vorher hatte er gesagt: »Meine Stunde ist noch nicht gekommen.« Aber von Reklame wollte er tatsächlich nichts wissen. Wenn wir es schon nicht gern haben, daß man überall von uns erzählt – wieviel weniger er, der doch göttlich war! Die Leute würden nicht schweigen, jedoch nicht darum, weil er ihnen gesagt hätte, sie sollten alles verbreiten. Aber allein die Tatsache, daß ein Kranker plötzlich gesund war, bewirkte schon, daß alle Leute von dem Wunder erfuhren. Ich glaube, das geschieht immer: Jede Reklame ist unnötig, weil die Wahrheit sich von selbst durchsetzt.
Ich sage, beide Erklärungen schienen mir gleich richtig. Jesus wollte keine Propaganda, um seine Aufgabe in Ruhe erfüllen zu können, ohne daß ihn die Oberklasse daran hinderte. Und natürlich wollte er keine persönliche Propaganda; er war kein Führer, der Ruhm und Macht suchte, sondern er wollte nur seine Aufgabe erfüllen.
Don Julio Chavarría: – Ich glaube, daß Jesus den Aussätzigen nur bat, nicht zu erzählen, *wer* ihn geheilt hatte, aber *daß* er geheilt war, konnten ruhig alle Leute wissen. Deshalb schickte er ihn in den Tempel.
William: – Das geschah darum, damit die Leute ihn nicht länger verstoßen sollten. Lepra, Syphilis und andere Hautkrankheiten wurden damals als unrein angesehen. Ein Aussätziger war so etwas wie ein Exkommunizierter aus der menschlichen Gesellschaft, er durfte keinen Umgang mehr mit den anderen haben. Dieser Aussätzige übertrat schon ein Gesetz, indem er sich Jesu näherte, wie es

im Evangelium heißt. Jesus sagt, er solle das nicht erzählen, er solle nur ein Gesundheitszeugnis anfordern, damit er wieder in die menschliche Gemeinschaft aufgenommen würde.
Alejandro: – Das war sehr human von Jesus. Wenn einer die Möglichkeit hat, einem anderen, der am verhungern ist, zu helfen – ich sage das nur als Beispiel, nicht? –, also, dann soll er ihm helfen. Aber der Revolutionär hat eine andere Aufgabe. Für ihn handelt es sich nicht darum, ein paar Kranke zu heilen oder ein paar Leuten zu helfen, sondern *allen* Menschen, nicht? Darum will Jesus nicht, daß die Leute ihr Hauptaugenmerk auf solche Kleinigkeiten richten und groß davon erzählen. Was Jesus auf der Erde bewirken wollte, war etwas Größeres ...
Laureano unterbricht ihn: – Wie auch Che Guevara als Arzt, der er war, Kranke in der Sierra Maestra heilte, wenn sich gerade die Gelegenheit ergab ...
Alejandro fährt fort: – Diese Wunder tat er, weil er sie eben tun mußte. Wie sollte er den Menschen sagen, er wollte nicht! Aber das war nicht seine wirkliche Mission, darum sagte er zu diesem Mann, er sollte nicht darüber sprechen. Und er wollte auch diesen Ruf nicht, man sollte ihn nicht mit einem Wunderdoktor verwechseln ...
Manuel: – Wie wäre es wohl gewesen, wenn sie ihn für einen Nando gehalten hätten, diesen Kurpfuscher in Matagalpa, zu dem ganze Busse voller Menschen kommen! Aber weil die Lepra als eine unreine Krankheit angesehen wurde, gibt er mit dieser Heilung auch zu verstehen, was seine wirkliche Mission ist: die Menschheit von all ihren häßlichen Wunden zu heilen. Denn die Menschheit, die er vorfand, war wie ein Mensch voller Aussatz.
Felipe: – Ja, das sehe ich jetzt ganz klar: Er kam nicht, um sich mit diesen Kleinigkeiten zu beschäftigen. Wie wir, nicht wahr? Eine Gruppe von Revolutionären kann dem einen einen Bissen Brot geben, dem anderen ein Hemd, aber das ist nicht das, was wir wirklich wollen. Wir wollen das ganze Land befreien! So war es auch mit Christus – nebenbei mußte er sich auch mit diesen Dingen beschäftigen. Eine gute Lehre für uns.
Ich: – Er kam, um die wirkliche Krankheit zu heilen, nämlich den Egoismus. Wenn die Menschheit einmal vom Egoismus geheilt ist, dann befreit sie sich auch von den anderen Krankheiten, selbst vom Aussatz. In dieser Gesellschaft ohne Egoismus gibt es gute Ärzte, ärztliche Fürsorge für alle, Krankenhäuser, Mittel gegen die Lepra. Das Leprakrankenhaus in Managua dagegen ist so fürchterlich, daß

– wie ich gerade in der Zeitung gelesen habe – ausländische Spezialisten uns den Rat gaben, es zu schließen und die Kranken nach Hause zu schicken.
William: – Ich glaube, Jesus schickte den Mann nicht darum in den Tempel, weil er besonderen Wert auf diese religiösen Vorschriften legte. Er selbst erklärt den wahren Grund: »Damit alle wissen, daß du vom Aussatz rein bist.«
Tomás: – Weil er krank war, ließen sie ihn nicht mit anderen Menschen zusammen sein. Jetzt, wo er geheilt ist, sagt ihm Jesus, er solle in den Tempel gehen, damit alle wissen, daß er gesund ist. Also, damit sie sich nicht mehr vor ihm ekeln ...

Aber die Kunde von ihm breitete sich immer weiter aus, so daß sich viel Volk versammelte, um ihn zu hören und sich von seinen Krankheiten heilen zu lassen.

– Seht ihr, da wurde die Regierung sicher schon unruhig – bemerkt einer.

Aber Jesus zog sich in die Einsamkeit zurück, um zu beten.

Heute war ein Flüchtling aus El Salvador bei uns zu Besuch, ein Universitätsprofessor, der sein Land verließ, nachdem das Militär die Universität besetzt hatte. Er sagt: – Die Pharisäer benutzten den Tempel, das Haus Gottes, um dort ihre Geschäfte abzuwickeln. Wahrscheinlich ging Christus darum nicht in den Tempel, sondern zog sich an einen einsamen Ort zurück. Auch heute beten viele lieber zu Hause als in den zweckentfremdeten Tempeln.
Felipe: – Leute, die Geld mit der Religion machten, genau wie heute ...
Tomás: – Natürlich, wenn die Leute da ihre Geschäfte abwickelten, warum sollte er dann im Tempel beten? Dann ging er lieber in die Berge. Im Berg kann man sehr gut beten.
William: – Ich möchte noch etwas sagen, das sich aber auf den Anfang der Geschichte bezieht: Meiner Meinung nach ist es besonders bezeichnend, daß Jesus den Kranken berührte, als er ihn heilte. Damit räumte er mit dem Tabu auf, daß man die Leprakranken nicht berühren durfte. Er hätte ihn auch heilen können, ohne ihn zu berühren, aber er faßte ihn an. Er zeigt uns damit, daß wir Kontakt zu unserem Nächsten haben sollen, besonders zu allen, die leiden.

Und damit zeigt er uns auch, wie wir heilen sollen. Es gibt gute Ärzte, die herzlich und freundlich sind, so wie der Arzt Fernando Silva, der einem die Hand dahin legt, wo es einem wehtut. Und damit heilen sie auch wirklich, nicht nur mit den Medikamenten. Über andere Ärzte klagen die Leute dagegen: »Er hat mich noch nicht einmal angefaßt.« Die schreiben vielleicht ein Rezept aus, aber es ist keine Liebe dabei, kein menschlicher Kontakt zwischen Arzt und Kranken.

Ich sage: – Das nannte man in den Gemeinschaften der ersten Christen »dem Kranken die Hand auflegen«. Sie hatten also gut von Jesus gelernt. Später wurde das zu einem puren Ritus, aber damals war es eine wirkliche Heilbehandlung, wie wir in Williams Beispiel von Fernando Silva gesehen haben, eine Heilbehandlung, die Jesus seinen Jüngern vermacht hatte.

Felipe: – Es war sehr wichtig, daß Jesus diesen Kranken anfaßte. Wie wir uns heute davor ekeln, einen Schwindsüchtigen anzufassen ... Als ob durch die bloße Berührung sofort die Krankheit übertragen würde!

Pedro: – Um noch einmal auf das Gebet zurückzukommen: Christus war ein Mann, der sehr viel vom Beten hielt. Wenn er vom Tempel sprach, sagte er nicht, es wäre eine Kultstätte, sondern ein »Bethaus«. Er betete vor seinem Tod im Garten Gethsemane. Er lehrte uns, den gleichen Kontakt mit seinem Vater zu haben, wie er ihn hatte. Und er betete zu seinem Vater, als er mit dem Tode rang. Jesus war ein Mann des Gebets.

Ich sage: – Jesus sagte zu der Samariterin, später würde es keinen Tempel mehr geben, sondern man würde ohne Formeln und Riten Kontakt mit Gott haben können (»im Geist und in der Wahrheit«). Der wirkliche Tempel ist die Gemeinschaft, dort ist es, wo Gott gegenwärtig ist. Aber Jesus zeigt uns auch, daß wir Gott woanders finden können: Auch in der Einsamkeit ist Gott.

Die Seligpreisungen

(Matthäus 5, 1–12)

Wir haben gelesen, wie Jesus auf einen Berg stieg und zu seinen dort versammelten Jüngern sagte:

Selig sind, die geistlich arm sind, denn das Himmelreich ist ihrer.

Ich erkläre, daß in der Bibel die Armen oft *anawim* genannt werden, was hebräisch ist und soviel wie »die Armen Jahwes« bedeutet. Sie werden so genannt, weil sie die Armen der Befreiung Jahwes sind, die Menschen, die Gott durch den Messias befreien will. Es sind die gleichen wie die, die wir heute »Unterdrückte« nennen. In der Bibel wurden diese Armen gleichzeitig auch als gute, rechtschaffene, gütige und fromme Menschen angesehen, während ihre Gegenseite, die »Unterdrücker«, die Reichen, Stolzen und Gottlosen waren. Wahrscheinlich gebrauchte Jesus dieses Wort *anawim*. Im Griechischen gab es keinen gleichwertigen Ausdruck, und als das Evangelium des Matthäus ins Griechische übersetzt wurde, setzte man den Ausdruck »geistlich Arme« an seine Stelle. Lukas schreibt in seinen Seligpreisungen ganz einfach »die Armen«. Diese Formulierung des Matthäus stiftete eine große Verwirrung, so daß viele glaubten, es handele sich um eine geistliche Armut ...
Ich erzähle, daß ich einen Priester kannte, der davon überzeugt war, mit diesen »geistlich Armen« seien die frommen Reichen gemeint.
Olivia: – Die geistlich Armen oder die Armen Gottes sind ganz einfach die Armen, aber nur, wenn sie den Geist der Unterdrückten und nicht den der Unterdrücker haben, also wenn sie keine Unterdrücker im Geiste sind.
Tomás Peña: – Ja, denn wir Armen können genauso hochmütig sein wie die Reichen ...
Angel: – Auch die Armen können Ausbeuter sein.
Ich wiederhole noch einmal, was ich schon mehrmals über das Himmelreich gesagt habe: – Matthäus nennt das Reich Gottes »Himmelreich«, weil die Juden den Namen Gottes aus Ehrfurcht nicht aussprachen, was aber nicht bedeutet, daß dieses Reich Gottes »im

Himmel« ist. In den anderen Evangelien wird vom »Reich Gottes« gesprochen, aber Jesus wird dieses Reich genau wie Matthäus »Himmelreich« genannt haben, da er sich als guter Jude wahrscheinlich an den Brauch hielt, den Namen Gottes nicht auszusprechen. Dieser Ausdruck ist schuld daran, daß die Christen jahrhundertelang glaubten, es handele sich nur um ein Reich im Jenseits ...

Mariíta sagt: – Es ist ein Reich hier auf der Erde gemeint, aber auch ein Reich im Himmel, nach dem Tod ...

Ein anderer: – Ja, denn es gibt so viele Arme, die sterben, ohne das Glück kennengelernt zu haben; warum sollte man sie dann also glücklich preisen ...

Und noch ein anderer: – Wie der alte Don Chico, der von aller Welt verlassen starb. Als er gefunden wurde, hatten die Ameisen ihn schon halb gefressen.

Und Laureano, der jede Gelegenheit wahrnimmt, um von der Revolution zu sprechen: – Aber wir dürfen nicht vergessen, daß dieses Reich auch hier ist. Denn oft kämpfen die Armen nicht, nur weil sie auf ein besseres Leben im Himmel hoffen.

Oscar, sein Vetter: – Aber wenn sie hier nicht für ihre Brüder und ihre Kinder kämpfen, kommen sie auch nicht in dieses andere Reich nach dem Tod.

Und Oscars Mutter: – Ich glaube, das Reich Gottes ist die Liebe. Die Liebe hier in diesem Leben. Und der Himmel ist für die, die hier lieben, weil Gott die Liebe ist.

Felipe: – Ich glaube, Jesus pries die Armen selig, weil die Armen die Liebe eher in die Praxis umsetzen können, nicht? Diese Liebe ist das Reich, das Gott uns geben will. Darum nennt er die Armen selig, weil sie es sind, die diese neue Gesellschaft der Liebe aufbauen werden.

– Also, die Reichen können diese Liebe ja gar nicht praktizieren – sagt Julio.

Ich frage ihn: – Warum nicht?

Er antwortet: – Weil sie so egoistisch sind. Die Armen können viel leichter lieben, weil sie als Unterdrückte ja nicht ausbeuten und darum weniger egoistisch sind.

Ich sage: – Tatsächlich haben die Reichen auf die eine oder andere Weise ihren Reichtum immer auf Kosten der Armen erworben, in dem sie andere für sich arbeiten ließen. Und mit dem Geld aus dieser Arbeit verdienten sie noch mehr Geld auf Kosten von noch mehr Arbeit anderer für sie. Solange die Dinge so stehen, können sie

ihren Nächsten nicht lieben, wie Felipe ganz richtig sagt, es sei denn, sie verteilten ihren Reichtum und hörten mit der Ausbeutung auf.
Oscar: – Ich glaube auch, Ernesto, daß der Arme die Liebe viel ehrlicher praktizieren kann, ohne Angst vor dem Wort Gottes. Der Reiche dagegen nicht, denn damit schneidet er sich ja ins eigene Fleisch. Auch wenn er weiß, was gut ist, tut er es nicht, weil er dann ja nicht mehr ausbeuten könnte. Und darum glaube ich, daß der Reiche nicht aufrichtig sein kann, der Arme aber wohl. So sieht Gott diese Aufrichtigkeit im Armen und verspricht ihm das Reich Gottes.
Marcelino: – Was ich sehe, ist, daß einer, der viel Geld hat und Geschäfte macht, immer nur an seine Geschäfte denkt, ob er es nun nötig hat oder nicht. Der Arme sagt sich: Ich habe eine Tortilla, und der andere nicht, gut, gebe ich ihm ein Stück von meiner ab. Es liegt ein ganzer Abgrund zwischen dem Geist eines Mannes, der Geld hat, und dem eines anderen, der keins hat. Ich unterhielt mich mal mit einem dieser Leute und fragte ihn: »Wenn Sie ein Boot für tausend Pesos zu verkaufen hätten und ein anderer, der es sehr nötig hätte, hätte nicht genug Geld. Ließen Sie ihm das Boot dann für fünfhundert Pesos?« Darauf antwortete er mir ganz erstaunt: »Nein, wieso? Geschäft ist Geschäft.« Und das war ein reicher Mann.
– Gerade deswegen war er ein reicher Mann – antwortet einer.
Und Alejandro: – Wir sehen hier, daß es sich um zwei verschiedene Dinge handelt: Das eine ist das Reich Gotttes, das Reich der Liebe und der Gleichheit, in dem alle wie Brüder sind; und das andere ist die Gesellschaft, so wie sie ist, nicht erst seit heute, sondern schon seit vielen Jahrunderten, die Gesellschaft der Armen und Reichen, in der Geschäft eben Geschäft ist. Das sind also zwei sehr verschiedene Dinge, und darum muß die Gesellschaft verändert werden, wenn das Reich Gottes kommen soll. Und ich glaube, es ist klar, daß dieses Reich nur mit den Armen aufgebaut werden kann.
Pancho: – Mit allen, die sich untereinander lieben, denn die Reichen, die ihre Mitmenschen lieben, können auch an diesem Reich teilnehmen.
Mariíta: – Aber ein Reicher, der die Liebe mit den anderen teilt, muß auch sein Geld mit den anderen teilen. Nur damit zeigt er, daß er seine Mitmenschen wirklich liebt. Wenn er sagt, er liebt alle, aber dabei doch sein ganzes Geld für sich behält – wie sollen wir ihm dann glauben?

Rebeca: – Aber auch wenn wir arm sind, erben wir nicht ohne weiteres das Reich Gotttes, nämlich wenn wir arm sind und keine Liebe haben. Dagegen gibt es Reiche, die Liebe haben und darum auch am Reich Gottes teilnehmen.
Angel: – Darum müssen wir hier genau aufpassen und die Bibel richtig verstehen. Wir können nicht einfach sagen, wir sind arm, darum können wir tun, was wir wollen, das Reich Gottes ist sowieso unser ... während die Reichen von vornherein verurteilt sind, weil sie reich sind. Wir müssen hier also genau aufpassen. Wir dürfen nicht denken, nur weil wir arm sind, hätten wir schon das Reich Gottes.
Oscar: – Ich glaube, wir müssen da klar unterscheiden: Entweder liebt man Gott oder das Geld. Einer interessiert sich nur dafür, Geld zu verdienen? Also dann liebt er das Geld, das ist dann sein Gott. Ein anderer liebt Gott? Dann teilt er sein Geld und ist demzufolge arm. Der kann dann wirklich seinen Nächsten lieben.
Pancho: – Aber es gibt Reiche, die abgeben ...
Julio: – Ja, aber vielleicht nur ein bißchen ... Damit beruhigen sie ihr Gewissen. Oder sie geben vielleicht auch mehr, aber dann für die großen Tempel, was weiß ich, für die schönen Kirchen mit den wunderbaren Heiligenfiguren, und der Nächste ist ihnen egal, zum Teufel mit dem Nächsten. Für mich ist das keine Liebe, also, meiner Meinung nach nicht.
Ich fasse zusammen: – So ist uns wohl allen klar, was das Reich Gottes ist und warum Jesus die Armen selig nennt: Weil dieses Reich für sie bestimmt ist. Und es scheint mir, als ob die anderen Seligpreisungen mit anderen Worten noch einmal dasselbe sagten. Es sind immer die gleichen Armen unter einem anderen Namen, von denen Jesus spricht, und auch die Verheißungen sind immer die gleichen:

Selig sind, die Leid tragen, denn sie sollen getröstet werden.
Selig sind die Sanftmütigen, denn sie werden das Erdreich besitzen.
Selig sind, die hungert und dürstet nach der Gerechtigkeit, denn sie sollen satt werden.
Selig sind die Barmherzigen, denn sie werden Barmherzigkeit erlangen.
Selig sind, die reinen Herzens sind, denn sie werden Gott schauen.
Selig sind, die für den Frieden arbeiten, denn sie werden Gottes Kinder heißen.

Selig sind, die um der Gerechtigkeit willen verfolgt werden, denn das Himmelreich ist ihrer.

Zuerst sprechen wir von den Traurigen, die getröstet werden sollen.

Tomás Peña sagt mit seiner großen Einfachheit: – Ich verstehe das so, also, wie soll ich das sagen, daß die Armen eine große Erleichterung spürten, als Christus zu ihnen kam. Bis dahin fühlten sie sich im Stich gelassen: Die Reichen waren reich, sie aber waren arm und hatten keine Aussicht. Und so fühlten sie sich getröstet, als Christus kam. Je ärmer wir also sind und je mehr wir leiden, desto glücklicher müssen wir sein, weil wir für dieses Reich ausgewählt sind, meine ich, nicht wahr? Aber andere denken anders, und ich weiß nicht, ob das richtig ist. Nicht, daß wir dieses Buch hier verdrehen, nicht wahr?

Und Felipe, sein Sohn: – Gut, es kann ein Trost für die Armen sein, sich für das Reich Gottes auserwählt zu wissen. Aber wir dürfen auch nicht vergessen, daß Christus nicht will, daß die Menschen sich untereinander ausbeuten. Er ist gekommen, um die Menschen zu befreien, damit die Welt nicht weiter in Arme und Reiche aufgeteilt ist. Und er will auch nicht, daß wir alle arm sein sollen. Wir können uns also über dieses Versprechen, daß das Reich Gottes zu uns kommt, freuen, aber wir können nicht zufrieden sein, bis es wirklich da ist.

Rebeca: – Und er beglückwünscht auch die Sanftmütigen. Ich glaube, das sind die Armen, die vielleicht gedemütigt werden und trotzdem ihr Herz nicht verhärten. Die Armen wurden früher vielleicht noch mehr gedemütigt als heute, das stelle ich mir jedenfalls vor, und trotzdem waren sie für Gott die Würdigsten von allen. Wir sollen also nicht traurig sein, weil wir arm sind oder von anderen gedemütigt werden, denn diese Armen im Herzen führt Gott in das Gelobte Land, was dasselbe ist wie das Reich Gottes. Die Stolzen dagegen kommen nicht hinein.

Esperanza, ein junges Mädchen, fragt: – Kann es demütige Reiche geben?

Ihre Schwester Maria: – Nein, nur wenn sie ihren Reichtum verteilen.

Natalia: – Die ersten Christen teilten auch alles: Geld, Felder, Häuser, Boote.

Ich sage: – Es hat den Anschein, daß sich die ersten Christen, ehe sie so von den anderen genannt wurden, selbst den Namen *anawim* gegeben haben, weil sie sich als diese Armen der Seligpreisung verstanden. Und es gab keine Reichen unter ihnen, weil sie alles teilten, aber auch keinen, der Not litt.

Marcelino: – Jesus nennt auch die selig, die Hunger und Durst nach Gerechtigkeit haben. Hunger und Ungerechtigkeit sind praktisch dasselbe. Wer Hunger nach Essen hat, der hat auch Hunger nach Gerechtigkeit. Die Hungrigen, und nicht die Satten, werden die Gesellschaft verändern. Und dann werden sie von Brot und von sozialer Gerechtigkeit satt.

Der junge Julio: – Wenn in einem Land die Revolution gesiegt hat, brauchen die Armen keinen Hunger mehr zu leiden. Dann wird dieses Reich Gottes, von dem hier die Rede ist, unter ihnen aufgerichtet. Aber solange es noch Hunger, Krankheit, Ungerechtigkeit gibt, solange ist das Himmelreich noch weit weg.

Alejandro: – Gleichfalls werden die Barmherzigen genannt. Ich glaube, alle, die zu Revolutionären werden, werden es, weil sie Mitleid mit den anderen haben. Es gibt viele Arme oder Leute aus dem Mittelstand, also Angestellte, die ihr Gehalt verdienen, aber auch nicht reich sind, die den gleichen Ehrgeiz haben wie die Reichen. Und wenn mal einer von ihnen tatsächlich reich wird, dann wird er vielleicht gleichzeitig unbarmherzig. Rebeca machte uns eben klar, daß die Armen des Evangeliums die Menschen sind, die Liebe untereinander üben. Die Armen mit einer bourgeoisen Mentalität, also alle, die gegen eine revolutionäre Veränderung sind, haben kein mitleidiges Herz und sind darum auch nicht die Armen des Evangeliums.

Laureano: – Ein perfekter Kommunismus – das ist es, was das Evangelium will.

Der konservative Pancho sagt ärgerlich: – Willst du vielleicht behaupten, daß Jesus Kommunist war?

Julio antwortet: – Die Kommunisten predigen das gleiche, was auch das Evangelium predigt: Alle Menschen sollen gleich sein und wie Brüder leben. Laureano meint den Kommunismus des Evangeliums.

Und Pancho, immer noch ärgerlich: – Ich glaube, nicht einmal Laureano kann mir erklären, was der Kommunismus eigentlich ist. Bestimmt nicht.

Ich sage zu Pancho: – Ich glaube, Sie sehen den Kommunismus so, wie er in der Zeitung oder im Radio beschrieben wird, das heißt als eine Sache von Mördern und Banditen. Aber die Kommunisten wollen zu einer gerechten Gesellschaft gelangen, in der jeder mit seiner Arbeit seinen Beitrag leistet und dafür so viel bekommt, wie er braucht. Laureano glaubt, daß genau das gleiche auch schon im Evangelium gepredigt wurde. Sie können die Ideologie der Kommunisten ablehnen, aber Sie müssen akzeptieren, was hier im Evangelium steht. Mit diesem Kommunismus des Evangeliums müssen wir als Christen einverstanden sein.

Pancho: – Soll das etwa heißen, daß wir Kommunisten sind, wenn wir uns nach dem Evangelium richten?

Ich: – In gewissem Sinne schon, denn wir suchen auch diese perfekte Gesellschaft und sind dagegen, daß es Ausbeutung und Kapitalismus gibt.

Rebeca: – Wenn wir uns so zusammenschließen, wie Gott es will, ist es richtig. Eine kommunistische Gesellschaft ist eine Gesellschaft von Gleichen. »Kommunismus« kommt von »kommun«, was gemeinsam oder gemeinschaftlich bedeutet. Wenn wir uns also so zusammenschließen, wie Gott es will, und alles gemeinsam haben, sind wir auch Kommunisten.

William: – So lebten auch die ersten Christen, die alles gemeinsam besaßen.

Pancho: – Ich glaube, dieser Kommunismus scheitert . . .

Tomás: – Dieser Kommunismus, von dem die Zeitungen reden, ist eben etwas anderes. Aber der andere Kommunismus, also, daß wir uns alle lieben sollen . . .

Pancho: – Das ist genug . . .

Rebeca: – Das ist Gemeinschaft. Kommunismus ist dasselbe wie Gemeinschaft.

Tomás: – Dieser Kommunismus sagt uns: Liebe deinen Nächsten wie dich selbst.

Pancho: – Aber alle Kommunisten reden doch schlecht von den anderen. Dann lieben sie sich also auch nicht.

Elbis: – Nein, Mensch. Keiner redet schlecht. Wir haben hier doch Programme gehört . . . Das ist alles wirklich gut.

Felipe: – Das Evangelium nennt auch die Armen selig, die reinen Herzens sind. Tatsächlich sind nicht alle Armen reinen Herzens, denn viele von ihnen haben die gleiche Mentalität wie die Reichen. Vor allem, weil es die Reichen sind, von denen wir alles lernen: Durch ihre Radiosender, durch ihre Propaganda drängen sie uns ihre Mentalität auf, eine richtige Reichen-Mentalität.

William: Was Felipe sagt, stimmt ganz genau. Natürlich sehnt sich der Arme danach, aus seinem Elend herauszukommen. Aber die Propaganda gaukelt ihm falsche Vorstellungen vor und redet ihm falsche Bedürfnisse ein, so daß er sich das wünscht, was er eigentlich gar nicht braucht. Wenn man das Reich der Liebe – das Reich Gottes – aufbauen will, muß man von solchen Wünschen frei sein, das heißt, ein reines Herz haben.
Manuel Alvarado: – Ich glaube, aus diesen Wünschen und aus dem Ehrgeiz kommen alle Streitigkeiten und Kriege. Diese Armen werden selig genannt, weil sie keinem etwas wegnehmen wollen. Wenn der eine dem anderen sein Stück Land wegnehmen will, dann braucht er eine Waffe. Darum haben hier fast alle einen Revolver oder ein Gewehr. Und wenn ich einen Arbeiter beschäftige und ihm einen Lohn zahle, der nicht einmal fürs Essen reicht, dann suche ich nicht den Frieden, sondern den Krieg.
Oscar: – Und wenn ich dafür kämpfe, daß der eine den anderen nicht mehr ausbeutet, dann suche ich den Frieden. Hier steht, alle, die den Frieden suchen, sind Kinder Gottes. Sie suchen nämlich die Gemeinschaft: daß alle wie Brüder sind. Es ist logisch, daß das Reich Gottes nur für die Kinder Gottes ist.
Julio, sein Bruder: – Diese Friedfertigen wollen, daß die Klassenunterschiede, die die Menschheit teilen, aufgehoben werden. Dafür kämpfen sie, aber nicht, um dann ihrerseits die anderen zu unterdrücken, sondern damit keiner mehr einen anderen unterdrückt.
Alejandro: – Und hier steht auch, daß diese Friedfertigen verfolgt werden, weil sie für die Gerechtigkeit kämpfen. Es ist klar, daß alle, die das Reich Gottes suchen, verfolgt werden. Oder wenigstens schief angesehen ... Neulich sprachen wir davon, daß manche Angst haben, zu uns in die Kirche zu kommen, weil wir hier gegen das System reden. Sie haben Angst, daß etwas durchsickert oder daß ihnen was passiert, was weiß ich. Und wenn man diese Leute dann irgendwo trifft, dann sehen sie einen auf so besondere Art an ...
Ich sage: – Vor kurzem besuchte uns ein Junge aus dem Norden, aus Estelí, einem armen Dörfchen. Der erzählte mir, daß sie in seinem Dorf zuerst eine Erlaubnis von der Nationalgarde einholen müssen, ehe sie die Messe feiern können. Der Kommandant habe gesagt, diese Versammlungen seien gefährlich. Und da hat dieser Kommandant ganz recht, denn diese Menschen versammeln sich, um das Evangelium zu besprechen. Die Christen der ersten jüdi-

schen Gemeinschaften, die sich den Namen *anawim* gegeben hatten, nannten sich nicht nur so, weil sie arm, sondern auch, weil sie verfolgt waren. Denn die »Armen Jahwes« oder die »geistlich Armen«, wie sie in diesem Evangelium genannt werden, sind immer Verfolgte.

Toño: – Früher war das nicht so, weil die Messen auf lateinisch gelesen wurden. Der Pfarrer sprach die gleichen Worte wie heute, aber auf Lateinisch und ohne sie dem Volk zu erklären. Darum war das Evangelium damals keine Gefahr für die Reichen und für das Militär.

Und jetzt lesen wir die letzten Verse:

Selig seid ihr, wenn die Menschen euch um meinetwillen beleidigen und verfolgen und allerlei Lügen über euch erzählen. Seid fröhlich und zuversichtlich, denn es wird euch im Himmel belohnt werden. Denn auch die Propheten, die vor euch gelebt haben, wurden verfolgt.

Olivia: – Zuerst sprach Jesus von denen, die um der Gerechtigkeit willen verfolgt werden, und jetzt sagt er »um meinetwillen«. Damit will er uns zeigen, daß beides das gleiche ist. Jeder, der um der Gerechtigkeit willen verfolgt wird, wird um Jesu willen verfolgt. Hier ist die Rede von Beleidigungen und Verfolgungen, aber nicht vom Tod, wahrscheinlich darum, weil man nur in Ausnahmefällen um Jesu willen getötet wird – obwohl auch das geschehen kann. Beleidigungen und Verfolgungen gibt es dagegen häufiger. Hier sehen wir schon etwas davon: Die Leute nennen uns Kommunisten, was für sie soviel heißt wie Banditen, schlechte Menschen ... Später mißhandeln sie uns vielleicht.

Julio: – Aber wir müssen von der Ungerechtigkeit sprechen, auch wenn sie sagen, das wäre Kommunismus, und um unsere Kirche sollte man lieber einen Bogen machen. Diese Menschen entfernen sich vom wirklichen Evangelium, und so sondern sie sich ab. Aber ich glaube, dies ist etwas, worauf wir stolz sein können, denn wir stehen nicht auf seiten der Ausbeutung und der Schlechtigkeit, sondern auf seiten des wahren Evangeliums.

William: – Und Jesus vergleicht uns mit den Propheten. Die Propheten der Bibel waren nicht so sehr Menschen, die die Zukunft voraussagten, als vielmehr Leute, die die Übel der Gegenwart anklagten: Sie protestierten gegen die Feste in den Palästen, gegen die

Fälschungen von Maßen und Geldstücken, gegen die billigen Käufe, die auf Kosten der Arbeit der Armen gemacht wurden, gegen die Betrügereien an Witwen und Waisen, gegen die Ausschreitungen der Priester, gegen die Morde, gegen die Politik der Könige, die sie Prostitution nannten, gegen die Abhängigkeit vom Imperialismus des Auslandes ... Und gleichzeitig sagten sie auch die Zukunft voraus, die kommende Befreiung der Unterdrückten. Christus sagt hier, unser Schicksal müsse so ähnlich sein wie das der Propheten ...

Ein anderer (einer aus dem Jugendklub) fügt hinzu: – Etwas von dem, was Christus sagte, nämlich »sie erzählen allerlei Lügen über euch«, ist hier schon eingetroffen. Dieser Spitzel, den sie uns geschickt hatten, berichtete dem Sicherheitsbüro, ein Peruaner bereite das Volk für den Aufstand vor, und unsere Messen wären in Wirklichkeit subversive Versammlungen. Und dabei gab er sogar die Namen aller Bootsbesitzer an und die Anzahl der Leute auf jedem Boot und daß es besonders verdächtig wäre, daß so viele Jugendliche zur Messe gingen ... Diese Propheten waren große Männer, und ich glaube, es ist eine große Ehre für uns, mit ihnen verglichen zu werden. Darüber können wir uns also freuen und auch über diese Belohnung, die wir im Himmel erhalten sollen, womit meiner Meinung nach das gleiche Gottesreich gemeint ist, das er uns vorher schon gesprochen hat.

Marcelino: – Genau das ist die »Frohe Botschaft für die Armen«, die Botschaft, daß das Gottesreich für sie bestimmt ist.

Weh euch, ihr Reichen . . .

(Lukas 6, 24–26)

Am vorigen Sonntag haben wir von den Seligpreisungen der Armen nach dem Evangelium des Matthäus gelesen, und heute hören wir von der Verdammung der Reichen, die Lukas seinen Seligpreisungen folgen läßt.

Aber dagegen: Weh euch, ihr Reichen, denn ihr habt eure Freuden schon gehabt! Weh euch, die ihr hier satt seid, denn euch wird hungern! Weh euch, die ihr hier lacht, denn ihr werdet weinen!

Ich sage, es sei interessant zu beobachten, daß der Grund für diese angekündigte Bestrafung der Reichen einzig und allein darin liegt, daß sie reich sind und ihre Freuden schon gehabt haben. Es ist nicht die Rede davon, daß es »böse« Reiche gewesen wären.
Tomás Peña: – Vielleicht waren sie doch böse. Das sind Leute, die ihre Arbeiter schlecht behandeln. Oder sie kümmern sich nicht um Gott, weil sie schon alles haben. Unsereins hat nichts und denkt darum immer an Gott und wie man aus den Schwierigkeiten herauskommt. Aber sie geben nichts und nehmen nur. Vielleicht könnte es so sein . . .
Alejandro: – Es ist logisch, daß Lukas hier ein Gegenstück zu den Seligpreisungen der Armen bringt, weil man sonst denken könnte, es gäbe auch noch andere Seligpreisungen für die Reichen oder wenigstens für einige Reiche . . . Lukas zeigt uns hier, daß dies nicht so ist, sondern daß für Christus die Menschheit in zwei deutlich zu unterscheidende Klassen aufgeteilt ist. Er ist für die einen und gegen die anderen.
Laureano: – Das ist wirklich revolutionär. Christus sagt: Allen, denen es heute gut geht, wird es morgen schlecht gehen. Der Pfannekuchen wird umgedreht.
Olivia: – Ich glaube eher, daß Jesus hier die Gefühllosigkeit der Reichen verurteilt. Es braucht schon ein hartes Herz, um fröhlich zu sein, wenn die anderen leiden, oder um sich satt zu essen, wenn die anderen Hunger haben.

Marcelino: – Es ist nicht nur Gefühllosigkeit. Das wäre vielleicht nicht so schlimm, wenn ihnen der Reichtum vom Himmel gefallen wäre. Aber er stammt ja aus der Arbeit anderer. Ein Mann hat zum Beispiel ein Baumwollfeld von tausend Hektar; es ist aber nicht er selbst, der es bearbeitet, es sind andere. Und wenn er ein Fest feiert, so tut er das mit dem Produkt dieser Arbeit der anderen. Anstatt zu geben, nehmen die Reichen nur, wie Don Tomás schon sagte.

William: – Die Propheten des Alten Testaments sagten die Errettung der Unterdrückten und den Untergang der Unterdrücker voraus. Diese beiden Dinge gehen Hand in Hand. Sie konnten nicht von der Errettung aller reden. Christus predigt in der gleichen Linie weiter.

Felipe: – Ich glaube, hier stellt sich Christus ganz klar auf die Seite der Armen. Aber das Evangelium kann auch die Befreiung der Reichen sein. Denn diese Veränderung zwingt sie dazu, nach dem Evangelium zu leben, ob sie nun wollen oder nicht. Aber wir Christen dürfen nicht darauf warten, daß Gott allein diese Veränderung herbeiführt, sondern wir müssen daran mitarbeiten. Meiner Meinung nach haben wir die Pflicht, für die Befreiung der Reichen zu arbeiten. Manche sagen, das geht uns nichts an, laßt die Reichen, wie sie sind, sie haben ja schon ihre Freuden. Aber ich glaube, wir Christen müssen ihnen diese Veränderung predigen. Christus tat es auch. An dieser Stelle der Bibel sehen wir, daß er Reiche vor sich hatte, da er sich ja an sie wendet: »Wehe euch, ihr Reichen.«

Alejandro: – Aber die Revolution will ja nicht, daß die Reichen dann ihrerseits Hunger leiden oder im Elend sitzen sollen. Wenn die Revolution siegt, gibt es kein Elend mehr. Alle sollen gleich sein. Aber wenn die Reichen ihre Besitzungen verlieren, werden sie sich arm vorkommen, genauso wie es vielen von denen ging, die Kuba verließen. Sie werden Hunger haben, aber keinen wirklichen Hunger, sondern nur den Hunger ihrer Besitzgier.

Olivia: – Ich glaube, dies alles bezieht sich auch auf das andere Leben. Denn diese Reichen, zu denen Christus sprach, mußten weder aus Kuba emigrieren, noch passierte ihnen sonstwas. Sie waren die ganze Zeit satt. Wenn sich diese Voraussagen also nicht in einem anderen Leben erfüllen, haben die Worte Jesu keinen Sinn.

Ich sage: – Ja, ich glaube auch, daß diese soziale Veränderung in diesem, aber gleichzeitig auch im anderen Leben stattfindet.

Wir gehen zum letzten Vers über:

Weh euch, wenn alle gut von euch sprechen, denn das gleiche taten ihre Vorfahren auch den falschen Propheten gegenüber.

Ich sage: – Es hat immer meine Aufmerksamkeit erregt, daß es für Christus schlecht war, wenn *alle* gut über sie redeten. Er zieht nicht in Betracht, daß die Meinungen geteilt sein können, daß zum Beispiel die Schlechten gut reden und die Guten schlecht oder umgekehrt.
Chael: – Vielleicht weil es so wenig Gute waren?

Tomás Peña: – Oder viele, aber eben arm. Und manche können nicht lesen, wie es mein Fall ist, und noch viel weniger schreiben. So wird die Meinung der Armen überhaupt nicht in Betracht gezogen. Wenn Jesus sagt, »wenn alle gut von euch sprechen« oder »wenn alle schlecht von euch sprechen«, so meint er sicher diejenigen, die überhaupt sprechen. Also die, denen Zeitungen und Radiosender zur Verfügung stehen, zum Beispiel ...
Laureano: – Ja, das kann stimmen. Von den Priestern, die sich gut mit dem Regime stellen, sprechen alle gut im Radio. Und von denen, die gegen etwas protestieren, sprechen alle schlecht. Alle Radiosender sprechen schlecht von den revolutionären Priestern.
Ich sage: – Da hast du ganz recht. Manche hier waren schockiert, daß im Radio schlecht über mich gesprochen wurde. Aber das braucht keinen zu schockieren. Das Evangelium sagt: Weh uns, wenn alle gut über uns sprechen. Das gleiche passierte auch mit den falschen Propheten. In der Bibel traten gleichzeitig mit den wirklichen Propheten oft auch falsche Propheten auf; das waren die Handlanger der Könige, die ihre Politik verteidigten, das Gewissen der Reichen beruhigten und das Volk verwirrten. Sie wollten von der Verkündigung einer Veränderung nichts wissen und prophezeiten nur, daß alles immer so weiterginge, daß der Status quo erhalten bliebe. Nach den Worten des Jesaja lautete ihre Botschaft: »Das Morgen wird sein wie das Heute.« Es ist interessant, daß Jesus von diesen falschen Propheten sagt, *alle* hätten gut von ihnen gesprochen. Denn das war tatsächlich so: Alle, selbst die Geschichtsschreiber, standen immer auf seiten des Systems der Ausbeutung. Das einzige Buch, das etwas dagegen sagte, war die Bibel.
Toño: – Diese falschen Propheten sagten nur Gutes für die voraus, die an der Macht saßen. Genau wie die Journalisten, die heute in Somozas Zeitung »Novedades« schreiben.

Tomás Peña: – Oder wie wir hier sagen: die ihr Boot nach dem Wind richteten.
Und ich: – Sie richteten ihr Boot nach dem Wind, wie Tomás sagt, das heißt nach der Macht und dem Status quo. Christus dagegen sagt: Weh euch, wenn ihr euer Boot nach dem Wind richtet.

Von den Beleidigungen

(Matthäus 5, 21–26)

Ihr habt gehört, daß zu euren Vorfahren gesagt wurde: »Du sollst nicht töten, denn wer tötet, der soll gerichtet werden.« Ich aber sage euch: Wer mit seinem Bruder zürnt, der soll gerichtet werden.

Nachdem wir diesen Vers gelesen haben, entsteht eine tiefe Stille.
Da keiner spricht, frage ich Tomás Peña: – Was meinen Sie dazu?
Er antwortet: – Ich denke noch darüber nach.
Nach einer weiteren langen Pause sagt er: – Ich sehe hier zwei Gebote in einem. Zuerst hieß es nur, man solle nicht töten. Aber jetzt sind es zwei Gebote in einem: nicht töten, aber seinen Bruder auch nicht hassen. Beides soll man nicht tun. Und ich finde, das ist besser als nur dieses erste Gebot, das sie hatten. Denn Jesus will damit sagen, man soll mit keinem in Feindschaft leben, sondern in Frieden und Freundschaft. Einer soll dem anderen helfen, nicht wahr? Und damit ist auch aller Haß vorbei.
Ich antworte: – Es ist also nicht genug, daß wir nicht töten, nicht wahr? Um glücklich sein zu können, müssen wir wie Brüder leben, wie Tomás sagt.
Tomás: – Alle, die hassen, haben keinen Frieden; sie leben ständig in Streit und haben eine lange Liste von Feinden. Und wer haßt, der wird auch wiedergehaßt. Und wenn es Streit gibt, kann es auch zu Mord kommen. So will Jesus das Übel von vornherein an der Wurzel packen.
Manuel: – Also, mir kommt dieses Gebot viel vertrackter vor. Das Gesetz des Mose verbot nur das Töten. Jetzt wird nicht nur der gerichtet, der tötet, sondern auch der, der sich mit seinem Bruder überwirft. Das macht die Sache viel komplizierter.
Olivia: – Aber auch schöner. Wir müssen dieses neue Gesetz nur richtig verstehen. Denn es ist besser für uns. Es ist nicht vertrackter, sondern besser. Es gibt Leute, die denken: »Ich habe keinen getötet, also habe ich auch keine Sünde.« Aber es gibt so viele Ungerechtigkeiten gegen den Nächsten, die genauso schlimm sind wie Töten. Und die Wurzel dieser Ungerechtigkeiten liegt in der fehlenden

Liebe zum Nächsten. Darum ist das Gesetz Jesu das Gesetz der Liebe. Also, ich finde es nicht komplizierter.
Manuel: – Natürlich ist es besser, aber auch viel schwieriger einzuhalten.
Olivia: – Vielleicht weil wir nicht wollen. Aber wenn wir intelligent sind, können wir ein Leben voller Liebe und ohne Haß führen. Wenn wir wollen, meine ich.
Manuel: – Und wer wollte nicht! Es ist bloß ... also, das Schwierige ist bloß, daß man so einen vertrackten Charakter hat.
Olivia: – Wenn man Gott liebt, ist alles leicht. Ich glaube nicht, daß es ein schwieriges Gebot ist. Ich finde es nicht schwierig. Nur wenn wir Egoisten sind, finden wir es schwierig. Aber wenn wir es nicht sind, ist es ganz leicht, anderen zu helfen. Leicht und sogar schön. Und es ist auch leicht, anderen zu vergeben. Oder sie zu verstehen. Es ist eine ganz logische Art und Weise, sich wie unter Brüdern zu verhalten ...
Ich sage: – Israel kannte das Gebot »Du sollst nicht töten«. Und doch gab es viel Mord und Totschlag im Land, weil es eine Gesellschaft voller Ungerechtigkeit und Unterdrückung war. Jesus will eine Gesellschaft, in der es weder Haß noch Verachtung, noch Ungerechtigkeit gibt. Das heißt, nur wenn es keine Ungerechtigkeit gibt, können wir eine Gesellschaft ohne Verbrechen haben. Aus dem gleichen Grund sagt später Johannes, wer seinen Bruder hasse, der sei ein Mörder. (Damals bezeichnete man den, der Ungerechtigkeiten begeht, als Mörder.)
Tomás: – Das liegt alles daran, daß wir uns nicht verstehen. Vielleicht sagen wir uns in vernünftigen Augenblicken, wir sind Brüder, wir wollen uns nicht wehtun. Und vielleicht lieben wir uns auch wirklich. Doch dann kann einem der Alkohol den Kopf verdrehen, und dann fängt das Theater an. Vielleicht will man gar nicht, aber der Guaro macht, daß man alles verkehrt versteht und dann Streit anfängt.
Einer der Jungen sagt: – Aber doch wahrscheinlich darum, weil man schon vorher Haß im Herzen hatte.
Tomás: – Das kann sein und auch nicht sein. Ich habe nämlich beobachtet, daß manche wirklich gute Freunde sind, der eine teilt seine Zigaretten mit dem anderen, tut ihm diesen und jenen Gefallen, nicht wahr? Aber wenn sie einmal etwas getrunken haben, dann braucht es nur ein Wort, und schon ...
Ein anderer der Jungen: – Vielleicht falsche Freunde, Don Tomás?

Tomás: – Nein, nein, das habe ich oft beobachtet. Sie haben sich wirklich gern. Aber wenn sie einmal einen hinter der Binde haben, also, dann gibt ein Wort das andere ... Das erste Wort schluckt man vielleicht noch herunter und denkt, na, der andere hat vielleicht recht. Aber dann trinkt man noch ein Glas und noch eins, und dann kann man sich nicht mehr beherrschen, und der Krach geht los. Ich glaube, der Guaro ist das Schlimmste, was es gibt für unsereinen, für die Menschen auf der Erde.
Eins der Mädchen: – Für die Armen. Wir wollen mal sagen, für die Armen. Denn die Reichen haben ihre eigene Art, ihrem Nächsten das Leben schwerzumachen.
Tomás: – Ja, aber letzten Endes haben sie es doch leichter. Wenn einer von denen ein Verbrechen begeht, zahlt er, und schon ist er frei. Bei uns ist das anders. Wenn zum Beispiel bei einer Prügelei der eine dem anderen eins auf den Kopf gibt, ist der Geprügelte vielleicht verletzt und hat kein Geld, zum Arzt zu gehen, und der Prügler sitzt im Gefängnis und hat kein Geld, sich freizukaufen. Egal wie, aber verlieren tun immer beide.

Wer aber seinen Bruder beleidigt, der soll vom obersten Gerichtshof gerichtet werden; und wer seinen Bruder einen Idioten nennt, der ist des höllischen Feuers schuldig.

Ich erkläre, daß der Oberste Gerichtshof oder *Sanhedrin* die höchste Autorität der Juden war. Was hier »höllisches Feuer« genannt wird, hieß in der Sprache Jesu *»Gehena* des Feuers«. *Gehena* war der Schuttabladeplatz von Jerusalem, wo die Abfälle verbrannt wurden. Zur Zeit Christi verstand man unter *Gehena* aber bereits gleichzeitig einen Ort der Strafe, also das, was wir heute »Hölle« nennen. Wir wissen nicht genau, ob Jesus hier wirklich die »Hölle« meint oder ob das nur die damalige Art zu reden war.
Oscar sagt: – Ich stelle mir vor, daß hier ein symbolisches Jerusalem gemeint ist, eine Stadt der Liebe, in der für einen, der haßt, kein Platz ist. Wer nicht in Frieden mit seinem Bruder zusammenleben kann, wird ausgestoßen in dieses Geh ..., wie hieß es noch? Also, wie Abfall, der zu nichts nütze ist.
– Und das Feuer verbrennt alles, was zu nichts nütze ist – fügt seine Frau Andrea hinzu.
Tomás: – Vielleicht ist der, der seinen Bruder einen Idioten nennt, ein viel größerer Idiot als der andere, nicht wahr, weil er ihn nicht

versteht. Ich glaube auch, wer einen anderen »Idiot« nennt, ist sich nicht darüber klar, was für eine Beleidigung dieses Wort ist, und darum ist er selbst ein Dummkopf, wenn er so redet.
Ich sage: – Aber die schlimmste Beleidigung, die man einem Bruder antun kann, ist die Ausbeutung: wenn man Menschen absichtlich und aus Eigennutz auf einer niedrigen sozialen Stufe hält...
Felipe fügt hinzu: – Sie halten die Armen für Idioten und behandeln sie wie Idioten und geben ihnen keinerlei Möglichkeit, sich zu bilden.
Daniel: – Der Patron schnauzt seine Arbeiter immer an und nennt sie Idioten. Und die Arbeiter müssen sich das gefallen lassen.
Rosita: – Aber dieses Wort »Idiot« gebraucht man doch auch manchmal zu Hause oder unter Freunden, ohne es so schlimm zu meinen.
Daniel: – Christus meint eine andere Art, dieses Wort zu gebrauchen. Es ist so, wie wenn der Patron zu seinem Arbeiter sagt: »Du Schwachkopf, was hast du da wieder für Mist gemacht.« Aber nicht, wie man das Wort manchmal unter Freunden gebraucht.
Ich sage: – Jesus bezieht sich hier auf jede Art von Beleidigungen und nimmt dieses Wort nur als Beispiel. Aber er meint damit nicht, daß wir es überhaupt nicht gebrauchen sollen oder nur freundschaftlich. Er selbst gebrauchte den Pharisäern gegenüber oft ähnliche Worte. Er nannte sie »dumm und blind« – abgesehen von »Heuchler« und »Schlangengezücht«.

Wenn du also deine Gabe auf dem Altar opferst und dir dort einfällt, daß dein Bruder etwas gegen dich hat, so lasse deine Gabe vor dem Altar liegen und versöhne dich zuvor mit deinem Bruder. Erst dann komme zurück und opfere deine Gabe.

Tomás: – Ich glaube, diese Gaben, die man im Tempel darbrachte, waren so etwas wie ein Geschenk, um Gott eine Freude zu machen. Wenn einer also in den Tempel geht, nehmen wir mal als Beispiel, und mit einem anderen Christen, der da sitzt, verfeindet ist, dann nützt ihm sein Geschenk überhaupt nichts. Das ist dann wie ein Pflichtgeschenk, das man ohne Liebe macht. Ich glaube, so müssen wir diese Stelle mit den Opfergaben verstehen.
Olivia: – Diese Gaben wurden vielleicht dargebracht, um Vergebung für seine Sünden zu erlangen. Aber Jesus sagt, zuerst muß man den um Vergebung bitten, den man beleidigt hat. Oder viel-

leicht wurden sie auch dargebracht, um sich gut mit Gott zu stellen. Aber Gott dankt einem das gar nicht, wenn man gleichzeitig Haß im Herzen hat. Die Liebe zu unserem Nächsten ist die beste Gabe, die wir Gott darbringen können.

Ich sage: – Die Juden glaubten an diese Opfergaben, und Jesus verbietet sie ihnen hier nicht; er sagt nur, sie sollten zuerst Liebe untereinander üben. Aber später erklärt er ihnen, daß diese Opfer nicht nötig sind und daß das einzige Opfer, das Gott wohlgefällt, die Liebe zum Nächsten ist. Seine Jünger heben dann diesen Brauch vollkommen auf. Paulus sagt, den anderen dienen und alles mit ihnen teilen sei das einzige Opfer, das man Gott darbringen soll.

Julio Ramón: – Was wäre dann über alle diese Feierlichkeiten zu sagen, die in den Kirchen abgehalten werden? Ich nehme an, sie müßten abgeschafft werden, weil Gott sich für so etwas nicht interessiert.

Adán: – Ehe alle Ausbeutung und alle Aufteilung in Klassen nicht abgeschafft ist, kann Gott kein wahres Opfer dargebracht werden, ist es nicht so?

Tomás: – Ja.

Ich: – Darum glaubte Camilo Torres, um ein wirkliches Meßopfer feiern zu können, müsse er zuerst für die Veränderung der Gesellschaft kämpfen.

Felipe: – Für die Gütergemeinschaft aller mit allen.

Wenn dich jemand verklagt und vor den Richter bringen will, so versöhne dich mit ihm auf dem Wege, damit er dich nicht dem Richter übergebe und dieser der Polizei, die dich ins Gefängnis wirft. Denn du wirst dort nicht eher herauskommen, als bis du den letzten Pfennig bezahlt hast.

Manuel: – Das ist auch über die Versöhnung.

Olivia: – Es ist so, wie Tomás schon sagte: wenn sich zwei Arme streiten, dann ist das immer ein Geschäft für die Obrigkeit. Beide verlieren. Das heißt also, daß die Liebe, das Gut-miteinander-Auskommen, auch nützlich für die Armen ist. Jeder Prozeß kostet Geld, »bis zum letzten Pfennig«, wie hier steht. Was man auf der einen Seite eintreiben will, wird einem auf der anderen wieder abgenommen.

Tomás: – Und wenn einer kein Geld hat, dann muß er sich welches besorgen, vielleicht Schulden beim Patron machen. Dem geht es

dann wirklich schlecht: Er kommt nicht ins Gefängnis, aber er muß sehen, wie er das Geld zusammenkriegt. Letzten Endes geht es dem dann vielleicht schlechter als dem anderen, der im Gefängnis sitzt.
Raúl: – Jesus sagt hier, wir sollen nicht dumm sein. Wenn die Gesetze repressiv sind, sollen wir uns lieber untereinander einigen, um nicht unter die Fuchtel der Obrigkeit zu fallen.
Ich: – Dies alles läßt sich gut auf die Realität unseres gegenwärtigen Systems anwenden und hatte wahrscheinlich auch zur Zeit Jesu seine Gültigkeit. Aber ich glaube, an dieser Stelle ist nicht diese Realität gemeint. Ich glaube, es handelt sich vielmehr um ein Gleichnis.
Raúl: – Aber hier ist doch von Gerichten, von der Polizei und vom Gefängnis die Rede ...
Donald, ein junger Mann, der in Costa Rica studiert und der augenblicklich in den Ferien zu Hause ist: – In einem revolutionären System gibt es auch Richter und Polizisten und Gefängnisse.
Olivia: – Ach so, jetzt verstehe ich, wie das gemeint ist.
Raúl: – Ich glaube, ich auch.
Olivia: – Jetzt verstehe ich es ganz genau.
Raúl: – Jesus wendet sich hier an die Ausbeuter. Die sollen sich lieber mit den anderen einigen, ehe sie vor ein Revolutionsgericht gestellt werden.
Felipe: – Jedem Ungerechten sagt Jesus, er solle sich lieber im Guten versöhnen.
Raúl: – Wenn dieser Rat, den er hier gibt, von allen befolgt würde, brauchte es also keine Revolutionsgerichte zu geben.
Julio Ramón: – Dann brauchte man keine Polizei und keine Richter und nichts.
Manuel: – Nein, das wäre dann alles nicht nötig. In einer gerechten Gesellschaft braucht es keine Repression zu geben.
Ich sage: – Dann gäbe es nur brüderliche Liebe unter den Menschen. Aber vorher hatte Jesus gesagt, jede Beleidigung würde genauso bestraft werden, wie nach dem Gesetz des Mose der Mord bestraft wurde. (Mit den Beleidigungen meinte er Haß und Verachtung dem Nächsten gegenüber.) Zum Schluß rät er den Unterdrükkern, sich beizeiten mit ihren Opfern zu einigen, zumindest in dem Augenblick, in dem sie sie verklagen wollen.
Raúl: – Um zu verhindern, daß sie vor die Wand gestellt werden.
Ich: – Vor die Wand oder in die Hölle. Jesus läßt hier unklar, ob

es sich um ein irdisches oder ein jenseitiges Gericht handelt. Zuerst spricht er von dem Gericht des *Sanhedrin,* einem irdischen Gericht, und später von der *Gehena,* was eher einen außerirdischen Sinn hatte. Vielleicht wollte er diese Frage offenlassen, damit wir sie so interpretieren können, wie wir wollen. Oder vielleicht meinte er auch beide Gerichte gleichzeitig.

Donald: – Ich weiß nicht, dieses Bezahlen »bis zum letzten Pfennig« klingt mir eher danach, daß auch im anderen Leben noch bezahlt werden muß.

Gloria: – Wenn die Kapitalisten täten, was Jesus hier sagt, brauchte es nicht zu einer gewaltsamen Revolution zu kommen.

Adán: – Aber diese Versöhnung mit den Armen muß wirklich ehrlich gemeint sein.

Raúl: – Also eine Entschädigung des Opfers voller Liebe und Verständnis, nicht wahr?

Seht die Lilien auf dem Felde

(Matthäus 6, 24–34)

Wir befinden uns in unserer kleinen Kirche, die nur einen Lehmfußboden hat. Heute haben wir die Dichter José Coronel Urtecho und Pablo Antonio Cuadra zu Besuch, die einige Tage auf unserer Insel verbringen. Gleichfalls kamen unser Freund Samuel (ein Maler, der sich vor kurzem in einen Finanzmann verwandelt hat) und ein südamerikanischer Bekannter von ihm, der in New York das Amt eines Vizepräsidenten der Interamerikanischen Entwicklungsbank (BID) innehat, für einige Stunden mit einem Sportflugzeug aus Managua zu uns. Das Evangelium dieses Sonntags handelt von den Lilien auf dem Felde ...

Niemand kann zwei Herren dienen: entweder wird er den einen hassen und den anderen lieben, oder er wird dem einen treu sein und den anderen verachten. Ihr könnt nicht Gott und dem Geld dienen.

Rebeca: – Weil das Geld hart und egoistisch macht und uns am Lieben hindert.
Die junge Gloria: – Das Geld isoliert den Menschen. Es trennt ihn von seinem Nächsten. Die Liebe zum Geld, versteht sich.
Und José Espinoza, ein älterer Bauer: – Die Liebe zum Geld macht einen auch stolz. Man will etwas Besseres sein als die anderen, und eben aus diesem Grunde sind die Menschen in Klassen aufgeteilt.
Ich frage: – So kann man also nach diesem Bibelabschnitt nicht gleichzeitig reich und ein Christ sein?
Der junge Laureano mit seinen radikalen Antworten: – Nein, hier werden die Reichen vollkommen verurteilt.
Der alte Tomás, sehr bedächtig: – Es scheint tatsächlich so zu sein. Wenn Jesus so spricht, dann meint er, daß man nicht gleichzeitig beides sein kann.
Don Chon: – Ich glaube auch, er verurteilt die Reichen. Ja, denn wir können nicht viel geben; wir haben selbst kaum genug. Und wenn wir anderen etwas abgeben, dann kann es nur eine Kleinig-

keit sein, weil ja nicht mehr da ist. Aber die Reichen, die haben genug.
Und Félix, der die Reichen oft verteidigt, wenn sie angegriffen werden (obwohl er selbst genauso arm ist wie alle anderen): – Hier steht »dem Geld dienen« und nicht »reich sein«. Es gibt Reiche, die dem Geld nicht dienen, sondern es dazu benutzen, Gutes zu tun – obwohl die natürlich in der Minderzahl sind.
Cosme Canales, der Bootsmann: – Die sind dann nicht mehr reich. Sie waren reich und sind jetzt arm, weil sie ihr Geld dazu benutzten, dem Nächsten zu dienen.
Olivia: – Die Reichen werden gerettet, wenn sie nicht mehr reich sind.
Oscar: – Also, ich denke folgendes: Wer sein Geld dazu benutzt, anderen zu helfen, der kann sehr wohl ein Christ sein. Aber nicht, wenn er es nur anhäuft. Das Geld an sich ist ja nicht schlecht, sondern auch nützlich, nämlich wenn man es zu etwas Nützlichem benutzt. Obwohl das Geld einfach als Geld natürlich keinen Wert hat. Für Gott hat das Geld keinen Wert, wenn es als Kapital angehäuft ist, aber es hat auch für Gott einen Wert, wenn man es zu etwas Nützlichem gebraucht.
Ich: – Im Evangelium heißt es: »dem Geld dienen ...«
Oscar fährt fort: – Ich glaube, damit meint Jesus, es anhäufen und vermehren, also sein Kapital vergrößern.
Laureano: – Genau das tun ja die Reichen. Es gibt keinen Reichen, der sein Geld einfach verschenkt, weil er dann ja arm würde.
Gloria: – Das beste wäre, es gäbe überhaupt keine Reichen.
Eduardo (zu Oscar): – Das sagst du jetzt so, aber wenn du wirklich Geld hättest, wolltest du auch mehr, und wenn du mehr hättest, noch mehr ...
Oscar: – Ich glaube, es gibt Leute, die Geld haben und trotzdem gut sind, Menschen mit dem Herzen in der Hand, wie man so sagt. Und das sind auch Christen, aber nicht die, die nur das abgeben, was sie sowieso nicht mehr brauchen.
Mariíta: – Ich glaube, man ist kein Christ, wenn man von der Liebe zum Geld beherrscht wird. Aber wenn man das Geld nicht so wichtig nimmt, ist man auch ein Christ. Das bedeutet dieser Satz, daß man nicht zwei Herren dienen kann. Jeder Millionär kann ein Christ sein, aber nur dann, wenn er sein Geld mit vollen Händen verteilt, weil sein Herz nicht daran hängt.
William: – Dem Geld dienen, bedeutet das Geld lieben, und Chri-

stus sagt, man könne nicht gleichzeitig Gott und das Geld lieben. Denn Gott ist Liebe, und die Liebe zum Geld ist Egoismus.
Félix: – So verwirft Jesus nicht nur die Reichen, sondern auch alle die, die gern reich sein möchten und nur ans Geld denken, selbst wenn sie ganz arm sind.
– Natürlich.
– Und an dem Tag, an dem es keine Reichen, aber auch keine Armen, die gern reich sein möchten, mehr gibt, an dem Tag dienen alle Menschen Gott – fügt Doña Angela hinzu.
Ich sage: – Das Wort, das Jesus an dieser Stelle für den Ausdruck »Geld« benutzte, war das aramäische Wort *Mammon.* Der *Mammon* war der Gott des Reichtums, also ein Götze, und hiermit zeigt er uns, daß die Liebe zum Reichtum eine Art Götzendienst ist.
Der Dichter Pablo Antonio Cuadra sagt: – Auch die Griechen machten das Geld zu einem Gott und gaben ihm den Namen Pluton. Ich glaube, dieser Kult besteht, seit das Geld erfunden wurde. Aber heute ist der Gott Geld mehr Gott denn je.
Der Dichter José Coronel Urtecho: – Und die Banken sind seine Tempel ... Und er fügt zum Vizepräsidenten der BID gewandt hinzu: – Schon immer erregte die Architektur der Banken meine Aufmerksamkeit: Es ist eine Architektur wie von Tempeln ...
Der Vizepräsident: – Müssen die Worte Jesu nicht innerhalb des Zusammenhangs des Wirtschaftssystems der damaligen Zeit verstanden werden? Es handelte sich ja um ein Sklavensystem, darum spricht er auch von zwei *Herren,* um sich besser verständlich zu machen.
Coronel Urtecho: – Aber solange wir unter der Herrschaft des Geldes stehen, leben wir ja noch immer in einem Sklavensystem, auch wenn das Verhältnis zwischen Herren und Sklaven heute einen anderen Namen hat. Das Sklavensystem befindet sich heute in seiner kapitalistischen Phase, aber die Sklaverei ist darum nur noch viel riesiger und umfassender. Ich stelle mir das Geld, das von Hand zu Hand geht, immer wie eine unendlich lange Kette vor, die sich allen um den Hals schlingt, um schließlich in Wall Street zu enden, dort, wo letzten Endes alles Geld landet, wie Sie wissen. Die Pesos, die man in der Tasche trägt (ich habe im Augenblick keinen einzigen – glücklicherweise), gehören einem in Wirklichkeit gar nicht; sie gehören Wall Street. Man denkt vielleicht, man hätte sie sauer verdient und darum gehörten sie einem auch. Aber sie gehen von Hand zu Hand, bis sie schließlich in Wall Street anlan-

gen. Es ist genauso, wie es uns hier diese revolutionären Christen von Solentiname vor Augen geführt haben: Dem Geld dienen, heißt der Sklaverei dienen, während dem entgegengesetzten Herren dienen, frei sein heißt.

Oscar sagt: – Es ist also klar, daß einer, der einen Haufen Geld hat, keine Liebe haben kann.

Und William: – Man kann nicht gleichzeitig lieben und egoistisch sein, darum sind Gott und das Geld unvereinbar.

Felipe: – Es ist klar, daß sich einer, der dem Nächsten dienen will, nicht groß um Geld kümmert. Und einer, den das Geld interessiert, denkt nicht besonders daran, seinem Nächsten zu dienen. Darum heißt es in der Bibel, wer den einen liebt, verachtet den anderen. Mit einem Wort: Die Liebe zum Geld ist mit der Liebe zum Nächsten unvereinbar.

Darum sage ich euch: Sorgt euch nicht um euer Leben, was ihr essen und trinken und womit ihr euch kleiden werdet. Ist das Leben nicht mehr wert als die Speise und der Leib mehr als die Kleidung? Seht die Vögel unter dem Himmel an: sie säen nicht und ernten nicht und sammeln auch nicht in die Scheunen; und euer himmlischer Vater ernährt sie doch. Seid ihr nicht viel mehr wert als sie? Und wer von euch könnte seiner Körpergröße einen halben Meter zusetzen, soviel er sich auch darum sorgte?

Adán: – Er sagt, wir sollten uns die Vögel ansehen. Was wir auf jeden Fall von ihnen lernen können, ist, daß sie nicht ausbeuten. Sie kennen keine sozialen Klassen, es gibt keine Armen und Reichen unter ihnen.

Julio Mairena: – Und gleichfalls sollen wir von ihnen lernen, uns nicht um die Zukunft zu sorgen. Jesus will, daß wir frei und sorglos leben wie die Vögel. Die Vögel sind sogar ohne Ernten frei und sorglos, wieviel mehr müßten wir es sein mit unseren Ernten und allem, was wir hervorbringen und herstellen. Wenn sich die Vögel, die doch nur Tiere sind, keine Sorgen machen, so haben wir als Kinder Gottes noch viel weniger Grund dazu.

Durch die Tür und die zwei Fenster auf der einen Seite der Kirche sieht man den nördlichen Teil des Sees, und durch die andere Tür und die anderen beiden Fenster auf der gegenüberliegenden Seite seinen südlichen Teil. Durch die offene Vorderseite, die noch immer nicht zugemauert ist, erblicken wir ein grünes Feld voller Bäume.

Ich sage: – Christus lädt uns ein, uns die Natur, die uns von allen Seiten umgibt, gut anzuschauen, um zu sehen, wie sie von Nahrung überfließt: die Fische im Wasser, die Reiher an den Ufern, die Leguane auf den Bäumen, die Spatzen, die Gräser – alle Wesen finden genug Nahrung und dienen ihrerseits als Nahrung für andere. Für viele Menschen bedeutet dies nichts anderes als die blinde Kraft der Natur. Christus aber will uns klarmachen, daß es eine große Liebe gibt, die für uns alle sorgt.

Eine Frau, die von der gegenüberliegenden Küste, aus dem Tal von Guadalupe kommt, sagt: – Also ich muß sagen, daß ich als Mutter von neun Kindern immer mit diesem Vertrauen gelebt habe. Wir hatten nie Geld, aber es fehlte auch nie am Nötigsten. Irgendwie renkte sich immer alles ein. Ich habe dieses Evangelium noch nie gehört, aber es klingt mir so bekannt, als ob es sich um unser tägliches Leben handelte.

Rebeca: – Gott tut immer Wunder.

Doña Chica: – Dieses Evangelium wendet sich an Leute mit Schwierigkeiten, an die Armen.

Felipe: – Ich frage mich nur, ob dieses Evangelium die Armen nicht noch mehr entfremdet. Nehmen wir mal als Beispiel, ich gehe zu einer Marktfrau, zu einer dieser Frauen, die mit ihren Kindern auf dem Markt sitzt, um eine Handvoll Gemüse aus ihrem Garten zu verkaufen, und sage zu ihr: »Gute Frau, machen Sie sich keine Sorgen, vielleicht verkaufen Sie morgen Ihre Zwiebeln, haben Sie nur festen Glauben . . .«

Gustavo: – So ist das ja auch nicht gemeint. Nehmen wir mal an, du gehst also zu dieser Frau und sagst zu ihr: »Kommen Sie mit, wir wollen zusammen etwas unternehmen, um dieses System zu verändern«, und sie antwortet dir: »Nein, das geht nicht, ich habe hier ein paar Zwiebeln gepflanzt, die ich verkaufen muß.« Würdest du ihr dann etwa sagen: »Sind Ihre Zwiebeln vielleicht wichtiger als die Veränderung der ganzen Welt?« Nein, nicht wahr? Man muß vielmehr sagen: »Machen Sie sich keine Sorgen um Ihre Zwiebeln, das werden wir schon irgendwie hinkriegen, kämpfen wir erst einmal um eine Veränderung der augenblicklichen Zustände.« Siehst du, das ist so ungefähr der Unterschied. Stimmt das nicht?

Felipe: – Ja, in diesem Sinne, ja.

Alejandro: – Ich weiß nicht, ich glaube zwar an Wunder und all das, aber wenn das Evangelium uns zu dieser Sorglosigkeit auffordert, dann ist eher eine soziale Veränderung damit gemeint. Und das bedeutet nicht, daß wir uns einfach hinsetzen sollen und auf ein Wunder warten. Ein Dieb stiehlt oft nur darum, weil seine Familie Hunger leidet. Das ist seine Hauptsorge. Und ein Reicher denkt nur daran, wie er sein Geld am besten anlegt. So haben beide ihre Sorgen. Ich glaube, in einem anderen sozialen System brauchte es weder die eine noch die andere Sorge zu geben. Es muß mich nicht mehr kümmern, ob ich vielleicht meine Arbeit verliere, ob ich weniger als der andere habe, ob ich krank werde oder wovon ich leben soll, wenn ich alt bin. In diesem anderen System hätte jeder das Lebensnotwendige, das ihm keiner wegnehmen kann. Er könnte in Ruhe arbeiten oder studieren oder beides, aber ohne sich Tag und Nacht den Kopf zerbrechen zu müssen. Eben wie die Vögel unter dem Himmel.

Gustavo: – Ich glaube, auf dem Weg zu diesem System, der wahrscheinlich ein langer Weg ist, hat man diese Sorglosigkeit mehr denn je nötig. Denn wenn man für die anderen arbeitet, findet man vielleicht keinerlei Unterstützung, man hängt in der Luft und traut sich nicht, den nächsten Schritt zu tun. Dafür braucht man dann dieses Vertrauen, von dem Jesus spricht. Sonst gibt man alles auf und kehrt zu seinen persönlichen Interessen und zu seinen egoistischen Sorgen zurück. Genau das passiert mit den Bourgeois. Deren Sorgen sind immer dumm, weil sie irreal sind wie dieses Beispiel von dem halben Meter, den man größer sein möchte. Und sie sind nicht nur irreal, sondern auch unsinnig, denn was hat man schon davon, wenn man einen halben Meter größer ist als die anderen?

Und warum sorgt ihr euch um die Kleidung? Seht die Lilien auf dem Felde, wie sie wachsen: sie arbeiten nicht, und sie spinnen nicht. Ich sage euch, daß Salomon in all seiner Herrlichkeit nicht gekleidet war wie eine von ihnen. Wenn also Gott das Gras so kleidet, das doch heute steht und morgen abgemäht wird: sollte er nicht viel mehr für euch tun, ihr Kleingläubigen?

Einer der Jungen sagt: – Man soll das anziehen, was man gerade hat, und sich nicht den Kopf über die Mode zerbrechen. Ich glaube, das will Jesus damit sagen.

Ein anderer der Jungen (Laureano): – Aber wenn man nicht anständig angezogen ist, interessieren sich die Mädchen nicht für einen.

Die Mädchen kichern und flüstern untereinander.

Dann sagt Gloria: – Hier sieht man, daß der Reichtum der Könige

überhaupt keinen Eindruck auf Jesus machte. Dieser Salomon hatte die schönsten Kleider, aber Jesus zieht eine einfache Blume all diesem Luxus vor.
Und Alexander: – Wenn das neue soziale System kommt, kleiden wir uns alle besser als Salomon, nämlich einfach und schön. Denn dieser ganze Luxus gefällt uns in Wirklichkeit ja gar nicht, wir finden nicht, daß man mit eleganten Kleidern schön angezogen ist.
Olivia: – Das Gras und die Blumen sind schön, aber vergänglich, während der Mensch für das ewige Leben bestimmt ist. Gerade darum sind alle diese materiellen Dinge wichtig, sogar die Kleidung, wie Laureano sagt. Aber sich nur um diese Dinge zu sorgen bedeutet, nicht richtig an das Reich Gottes zu glauben. Christus sagt nicht, wir sollten nicht spinnen oder nicht ernten ... Wir sollen es nur nicht für uns allein tun, sondern für alle.
Julio: – »Seht die Blumen und die Vögel«, sagt Jesus. Der Mensch kann nämlich viele falsche Vorstellungen haben, weil er die Dinge der materiellen Welt nicht richtig beachtet.

Darum sollt ihr nicht sorgen und sagen: Was werden wir essen? Was werden wir trinken? Womit werden wir uns kleiden? Nach all diesem trachten die Heiden, doch ihr habt einen himmlischen Vater, der weiß, daß ihr dies alles braucht.

Ich sage: – Man darf nicht vergessen, daß diese Heiden, von denen Christus spricht, sehr religöse Menschen waren. Ihre Religiosität bestand gerade darin, um Regen, um Fruchtbarkeit oder um gute Ernten zu bitten. Genauso wie es auch bei uns eine volkstümliche Religiosität gibt, die nicht viel anders ist. Ich glaube, Christus will hier sagen, wir brauchten keine Religion, um um diese Dinge zu bitten, weil der himmlische Vater sowieso weiß, was wir brauchen.
William: – An einer anderen Stelle des Evangeliums sagt Jesus, Gott ließe es über Gerechte und Ungerechte regnen. Mit noch größerem Recht kann man sagen, daß er es über die, die beten, und über die, die nicht beten, regnen läßt. Aber es gibt eine Liebe, die das Weltall regiert; das ist sehr wichtig, daß wir das wissen.
Marcelino: – Es handelt sich nicht darum, nicht zu arbeiten, sondern darum, sich keine Sorgen zu machen. Die Pflanze arbeitet, indem sie den Saft aus der Erde zieht und wächst. Sie schläft nicht. So sollen wir dem Beispiel der Blumen auf dem Feld folgen, die arbeiten, oder dem Mais, der arbeitet. Der Mais, den wir säen,

sagt nicht: »Ich habe keine Lust zu wachsen, ich will lieber nichts tun«.

Francisco: – Es gibt viel Egoismus unter den Armen. Ich glaube, wir sind arm, weil wir so egoistisch sind.

José Espinoza: – Nein, die Ausbeuter sind Egoisten. Wir sind arm, *obwohl* wir arbeiten. Ich zum Beispiel habe ein Feld Reis gepflanzt, und die Ernte war gut. Aber die Preise sind schlecht. Die Händler in San Carlos setzen für alles, was wir verkaufen, die Preise fest. Auch für alles, was wir kaufen.

Pablo Antonio: – Und ihnen schreiben wiederum andere die Preise vor, das ist die ewige Kette ...

Manuel: – Wir haben einen Hektar Reis gepflanzt und nur den Preis für einen halben Hektar dafür bekommen. Und das nicht, weil wir nicht gearbeitet hätten: Wir haben hart gearbeitet. Man rackert sich ab, aber für nichts und wieder nichts.

Félix: – Wir müssen uns in den Willen Gottes fügen. Der Reis bringt uns wenig ein: Es ist der Wille Gottes, daß wir wenig haben. Wir werden schlecht bezahlt in San Carlos: Es ist der Wille Gottes, daß wir arm sind.

José Espinoza: – Nein, der Wille Gottes ist, daß wir kämpfen.

Marcelino: – Hier kommt die Stelle, nach der wir zuerst das Reich Gottes und seine Gerechtigkeit suchen sollen.

Der Mann von der Entwicklungsbank: – Ich bin der Vizepräsident einer ausländischen Bank, die viel Geld hat, und ich habe mir alles, was Sie sagten, mit großem Interesse angehört. Was glauben Sie, was nach diesem Evangelium meine Bank mit ihrem Geld tun müßte?

Marcelino: – Es verteilen natürlich.

Der Vizepräsident: – Es verteilen? Das ist leicht gesagt. Aber dann ist kein Geld mehr da, um es an diejenigen, die es brauchen, zu verleihen.

Marcelino: – Das Geld muß richtig verteilt werden. Nicht erst geben und dann wieder wegnehmen. Alle, die Geld haben, können etwas davon abgeben. Aber weil sie so mächtig sind, können sie es auch wieder wegnehmen. Und sie fordern mehr zurück, als sie gegeben haben, so daß die Armen schließlich ärmer sind, als sie vorher waren. Aber wenn die Reichen einfach geben und nicht wieder nehmen, gibt es keine Armen mehr.

Der Dichter Pablo Antonio Cuadra sagt: – Lassen wir uns nicht täuschen: Es ist Christus, der hier durch den Mund der Bauern von

Solentiname spricht. Diese Stelle von den Lilien auf dem Feld spricht eine sehr bäuerliche Sprache. Ich stelle mir vor, Christus sprach diese Worte mitten auf einem Feld, vielleicht neben einem See wie dem unseren hier. Und er wandte sich an Bauern, die sehr ähnliche wirtschaftliche Probleme hatten wie hier die Bauern von Solentiname. Er war selbst ein Bauer. Er sprach mit der einfachen und poetischen Sprache der Bauern von Galiläa. Heute spricht er mit der einfachen und poetischen Sprache der Bauern von Solentiname zu uns.

Und unser Freund Samuel, der den Bankpräsidenten mitgebracht hat: – Ja, diese Worte sind sehr poetisch, sie können aber auch Haltungen hervorrufen, die man eher als rückschrittlich bezeichnen muß. Wenn wir in unserer heutigen Welt die wirtschaftlichen Sorgen abschaffen, schaffen wir damit gleichzeitig auch den Fortschritt ab. Wollen wir denn zur Ökonomie des primitiven Menschen zurückkehren? Dieser Mensch war vielleicht glücklich, aber die wirtschaftlichen Sorgen, das heißt der Wettbewerb, der richtig verstandene Ehrgeiz (den ich lieber Initiative nennen möchte), sind einfach nötig für den Fortschritt.

Marcelino: – Die Initiative, etwas aufzubauen, das der Allgemeinheit nützt und nicht nur einem selbst, ist gut. Und auch der Ehrgeiz, daß alle genug haben und keinem etwas fehlt. Und der Wettbewerb in dem Sinne, daß du mir gibst und ich dir gebe. Also in dem Sinne, daß ich dir Essen gebe und du mir Kleidung oder Schuhe, damit sich keiner von uns Sorgen machen muß, was er essen oder womit er sich kleiden soll.

Coronel Urtecho (zu Samuel): – Du verteidigst ein modernes System, das aber neben einem anderen, noch moderneren schon wieder rückschrittlich ist. Ich meine das ökonomische System des Evangeliums und des Sozialismus. Beide sind moderner als der Kapitalismus. Es handelt sich darum, zum Glück und zur Sorglosigkeit des primitiven Menschen zurückzukehren, aber natürlich ohne die Unannehmlichkeiten, die der primitive Mensch als solcher wahrscheinlich hatte. Abgesehen davon, war der primitive Mensch gar nicht so primitiv, wie man uns immer vormachen will: Vergessen wir nicht die Malereien in den Höhlen von Altamira. Und hier auf diesen Inseln haben wir die primitiven Malereien von Solentiname, die wir heute morgen alle bewundert haben. Alles in allem läßt sich hier, unter diesen primitiven und armen Bedingungen von Solentiname, schon der neue Mensch vorausahnen ...

Samuel: – Ich bin nicht gegen dieses Evangelium, im Gegenteil, ich sagte, in fände es sehr schön. Ich fürchte nur, daß die gesamte Wirtschaft zusammenbricht, wenn wir uns tatsächlich daran halten.
Pablo Antonio Cuadra (zu Samuel): – Kapitalist!
Und Coronel Urtecho: – Diese schönen Worte werden eine sehr schöne Ökonomie hervorbringen.
Pablo Antonio sagt lächelnd zu Samuel und seinem Freund von der Entwicklungsbank: – Es gäbe keine Banken mehr ...
Coronel Urtecho: – Und Sie wissen genauso gut wie wir, daß die Banken eine große Scheiße sind.

Trachtet also zuerst nach dem Reich Gottes und seiner Gerechtigkeit, dann wird euch alles andere von selbst zufallen.

Oscar: – Ich glaube, das Reich Gottes ist eine Gemeinschaft, so wie wir sie hier haben. Und die Freude daran. Was will man mehr? Ich bin sehr glücklich, wenn ich hier mit allen zusammen bin. Für mich ist dies das Reich Gottes.
Marcelino: – Das Reich Gottes ist die Liebe. Und die Gerechtigkeit, was im Grunde dasselbe ist. Wenn wir uns alle darum bemühen, diese auf Liebe und Gerechtigkeit fußende Gesellschaft zu verwirklichen, dann gibt es keine Ausbeutung mehr, sondern Überfluß für alle. Dann werden wir nicht nur Essen und Kleidung haben, sondern auch Schulen, Krankenhäuser, Polikliniken, anständige Wohnungen ... alles, was der Mensch braucht.
Manuel: – Dazu möchte ich ein Beispiel anführen: Man könnte hier auf dem Land wunderschöne Schulen bauen, und es käme doch kein einziges Kind. Warum nicht? Weil die Kinder ihren Eltern bei der Arbeit helfen müssen, weil sie den Haushalt versorgen müssen und auf ihre kleinen Geschwister aufpassen. Wenn es dagegen soziale Gerechtigkeit gäbe, würden die Schulen sozusagen wie von selbst aus dem Boden schießen, weil die Kinder dann frei wären und lernen könnten. Mit anderen Worten: Wenn wir nach dieser neuen Gesellschaft trachten, wird uns alles andere wie von selbst zufallen.
Felipe: – Gott gibt den Menschen alles Nötige, sogar mehr als den Vögeln unter dem Himmel. Er hat uns die Erde gegeben, die uns alles schenkt, was wir brauchen, um bequem leben zu können. Aber die Menschen nehmen sich die Erde gegenseitig weg, so daß die einen viel und die anderen wenig haben. Darum suchen wir dieses

Reich der Brüderlichkeit und der Gerechtigkeit, damit wir all das, was Gott uns gibt, gemeinsam benutzen können.
Gustavo: – Wir könnten dieses Reich schon haben, wenn sich die Menschen nicht immer zuerst um ihre eigene wirtschaftliche Sicherheit sorgten.
William: – Der Wohlstand und alle materiellen Dinge sind zweitrangig. Wenn wir dieses Reich der Liebe haben, kommt alles andere von selbst.
Pablo Antonio: – Viele glauben, das Problem der sozialen Gerechtigkeit würde sich von selbst lösen, wenn erst einmal das Problem der wirtschaftlichen Entwicklung gelöst wäre. Nach den Worten Jesu ist es genau umgekehrt.
Ich sage: – Viele meinen auch, innerhalb der Kirche müßten wir zuerst das Herz des Menschen verändern, ehe wir die sozialen Strukturen verändern können. Christus dagegen sagt, das Wichtigste sei das Reich Gottes und seine Gerechtigkeit oder das Reich der Gerechtigkeit, was genau dasselbe ist. Er sagt nicht, wir sollten zuerst nach einer religiösen Bekehrung trachten, alles andere würde uns von selbst zufallen. Es ist nämlich eine geschichtliche Tatsache, daß religiöse Bekehrungen keineswegs das System der Ausbeutung abschaffen. Im Gegenteil, die Religion hat nur allzuoft dazu beigetragen, daß noch mehr ausgebeutet wurde.
Und Laureano: – Das Reich Gottes ist die Gerechtigkeit. Das bedeutet, daß wir uns um nichts anderes als um die Gerechtigkeit kümmern sollen. Und das ist die Revolution.
Coronel Urtecho sagt: – Das Reich Gottes *auf Erden,* versteht sich, denn wir dürfen nicht vergessen, daß es auch einen Himmel gibt, ein Leben jenseits des Todes. Wenn wir das nicht in Betracht ziehen, sind wir kurzsichtig; wir sehen nicht weit genug. Die Lehre von der Auferstehung des Fleisches bedeutet, daß die Revolution in dieser Welt nicht zu Ende ist. Der Kommunismus geht nach dem Tode weiter.
Unser Dialog ist zu Ende. Pablo Antonio Cuadra sagt leise zu Coronel Urtecho, der neben ihm sitzt: – So eine Messe würde selbst Fidel Castro akzeptieren ... Und Che Guevara hätte sie auch gefallen.

Nicht Perlen vor die Säue werfen

(Matthäus 7, 6–12)

Ihr sollt das Heilige nicht den Hunden geben, damit sie sich nicht gegen euch wenden und euch zerreißen. Werft auch eure Perlen nicht vor die Säue, damit sie sie nicht zertreten.

Manuel sagt: – Ich glaube, mit dem Heiligen ist die Eucharistie gemeint. Es gibt Leute, die heilige Dinge annehmen, ohne sie wirklich zu achten. Denen soll man sie nicht geben.
Jorge: – Und diese Leute können einen dann angreifen. Wenn man einem Schwein Perlen vorwirft anstatt Mais, wird es wild.
Laureano: – Bist jetzt habe ich überhaupt nichts verstanden.
Quique: – Vielleicht bezieht sich Jesus hier auf die, die denken, jede Regierung wäre heilig. Sie geben denen, die die Macht haben, das, was eigentlich Gott gehört, und diese wenden sich mit dieser Macht dann gegen das Volk.
Laureano (der angeblich nichts verstanden hat): – Jeder Mensch ist heilig ... Dann heißt das also, man soll andre nicht ausbeuten und auf ihre Kosten leben.
Donald: – Ich wollte etwas Ähnliches sagen wie Laureano: Es gibt Menschen, die die Macht haben, andere auszubeuten. Diesen Ausgebeuteten geht es jeden Tag schlechter; sie sind für die anderen wie Ausgestoßene, wie Abfall. So sind die Schweine also die Reichen, die die Perlen, das heißt ihre Arbeiter, zertreten.
Oscar: – Es kann sich auch um die Liebe handeln, die Jesus auf die Erde brachte: Das ist das Heilige und auch die Perlen. Und es gibt welche, die sind wie Hunde oder Schweine und wissen nichts damit anzufangen.
Donald: – Ja, das ist einleuchtend, denn wer auf anderen Menschen herumtrampelt, der trampelt auf der Liebe herum.
Felipe: – Ich glaube, Jesus nennt diejenigen Hunde, die das Evangelium immer nur so auslegen, daß es ihren eigenen Interessen nützt, nicht aber den Interessen ihres Nächsten. Denen darf man das Evangelium nicht geben, weil sie es nur dazu benutzen, andere auszubeuten.
Quique: – Indem sie zum Beispiel sagen, mit dem Reich Gottes

wäre nur das Jenseits gemeint, auf das wir schön ruhig warten sollen.

Ich sage: – Es scheint also, daß nach Jesu Worten die Botschaft des Evangeliums nicht für alle bestimmt ist.

Felipe: – Ich glaube, so ist es. Alle Armen müssen mit dem Evangelium einverstanden sein, weil es die Befreiung für sie bedeutet. Nicht so die Reichen, weil es gegen ihre Interessen ist.

Manuel: – Aber man muß doch erst einmal versuchen, sie aufzuklären, ihnen alles klarzumachen.

Felipe: – Wie soll man einem die Befreiung predigen, der nichts von ihr wissen will, weil er ja gerade selbst der Unterdrücker ist? Es hat gar keinen Zweck, dem etwas klarmachen zu wollen.

Olivia: – Es ist besser, wenn die Ausbeuter nichts von dem allen hören, das Evangelium würde sie nur wütend machen. Und das wußte Jesus schon, darum warnt er uns davor, ihnen etwas davon zu erzählen.

Bittet, so wird euch gegeben; suchet, so werdet ihr finden; klopfet an, so wird euch aufgetan.

Laureano: – Ich glaube, hier ist die Rede von der Befreiung und von der Verwirklichung der Liebe unter den Menschen. Darum müssen wir bitten, und nicht nur bitten ... Denn Jesus spricht auch von Suchen und Anklopfen.

Manuel: – Er will damit nicht sagen, wir sollten beim Beten um alles mögliche bitten, Gott würde es uns schon geben. Wenn ich zum Beispiel um etwas bitte, das mir nicht zusteht, weil es einem anderen gehört, dann wird er es mir ganz gewiß nicht geben.

Welcher von euch Menschen gäbe seinem Sohn einen Stein, wenn er ihn um Brot bittet? Oder eine Schlange, wenn er ihn um einen Fisch bittet?

Jorge sagt: – Jesus spricht hier von den guten Dingen. Er meint nicht das Geld. Denn wer Gott um Geld bittet, ist ein Egoist. Gott läßt sich auf so etwas nicht ein.

Ich sage: – Das wäre dann ein Sohn, der seinen Vater um eine Schlange bittet.

Felipe: – Ich glaube, die guten Dinge, um die wir Gott bitten dürfen, sind gute Gedanken, gute Gefühle dem Nächsten gegenüber, die Fähigkeit zu lieben ... Diese Dinge gibt Gott uns immer, wenn wir ihn darum bitten.

Alles nun, was ihr wollt, daß euch die anderen tun sollen, das tut den anderen auch. Das ist das Gesetz des Mose und der Propheten.

Felipe: – Mit anderen Worten: Wenn wir sollen, daß die anderen uns lieben, müssen wir auch die anderen lieben. Und gleichfalls kann es bedeuten, daß unsere Befreiung in der Befreiung der anderen besteht.
Quique: – Das gehört auch zu den guten Dingen, von denen Jesus sagt, Gott würde sie uns geben, wenn wir ihn darum bitten.
Ich sage: – Jesus predigt hier etwas sehr Revolutionäres, das selbst viele religöse Menschen schockiert. Mit dem Ausdruck »das Gesetz und die Propheten« meint er die ganze Bibel, womit er also im Grunde sagt, daß die ganze Bibel von nichts anderem handelt als von der Liebe zum Nächsten. Er spricht nicht von Gottesdienst und Gottesliebe, sondern nur davon, dem Nächsten das zu tun, was wir wollen, daß der Nächste uns tue. Man könnte fast sagen, es handelt sich um eine atheistische Interpretation der Bibel.
Quique: – Er will damit sagen, daß der, der so an seinem Nächsten handelt, bereits alle Vorschriften der Bibel erfüllt, selbst wenn er nicht religiös ist oder behauptet, nicht an Gott zu glauben. Es gibt immer noch viele Menschen, die denken, die Bibel handele hauptsächlich vom Verhältnis zwischen Gott und Mensch. Jesus sagt, daß dies nicht so ist. Er nimmt die Religion aus der Bibel heraus und reduziert sie auf das bloße Verhältnis zwischen Mensch und Mensch.
Ich sage, hierbei gäbe es allerdings eine Schwierigkeit. An einer anderen Stelle des Matthäusevangeliums (Kap. 22) fragten die Pharisäer Jesus nach dem wichtigsten Gebot, woraufhin er ihnen antwortet, das wichtigste Gebot sei die Liebe zu Gott. Erst danach fügt er hinzu, ein anderes sei diesem Gebot gleich, nämlich seinen Nächsten zu lieben wie sich selbst. Diese beiden Gebote seien die Grundlage des ganzen Gesetzes und der Propheten. Hier an dieser Stelle spricht er dagegen nicht von der Liebe zu Gott, sondern nur von der Liebe zum Nächsten.
Manuel: – Mensch, das ist doch klar: Gott ist die Liebe; wer also Gott liebt, liebt die Liebe und damit auch seinen Nächsten. Das ist doch alles eins.
Jorge: – Gott ist in der ganzen Menschheit vertreten.

Laureano: – Beide Gebote meinen das gleiche: Gott lieben und seinen Nächsten wie sich selbst. An den anderen so zu handeln, wie man selbst möchte, daß die anderen an einem handeln, bedeutet, den anderen Gutes zu tun, was dasselbe ist, wie Gott lieben. Das kommt alles auf das gleiche heraus . . .

Manuel unterbricht ihn: – Den Nächsten zu lieben ist überhaupt die einzige Art, wie wir Gott lieben können.

Ich sage: – Auch Paulus sagt in seinem Brief an die Galater, das ganze Gesetz sei in diesem einen Gebot »Liebe deinen Nächsten wie dich selbst« enthalten, obwohl Christus vorher von zwei Geboten gesprochen hatte. Und tatsächlich ist die Liebe zu Gott das gleiche wie die Liebe zum Nächsten. Wer seinen Nächsten liebt, der liebt auch Gott. Andersherum kann man dagegen nicht behaupten, daß der, der Gott liebt, auch seinen Nächsten liebe. Johannes sagt, wer Gott liebe, ohne auch seinen Nächsten zu lieben, der liebe Gott in Wirklichkeit gar nicht.

Laureano unterbricht mich: – Das ist der Fall bei den Ausbeutern, die jeden Sonntag zur Messe gehen und der Kirche großartige Stiftungen machen und immer schön beten und dieses ganze Theater mit Gott aufziehen. Aber der Nächste ist ihnen egal, den beuten sie nur aus.

Quique: – Diese Leute haben im Grunde überhaupt keine Beziehung zu Gott. Sie treiben Kult mit einem Gott, der gar nicht existiert.

Felipe: – Nur der liebt Gott, der das Volk liebt. Das Volk liebt man mit Taten und nicht mit schönen Worten.

Ich: – Wenn also die Liebe zu Gott ohne die Liebe zum Nächsten keine Liebe zu Gott ist, aber umgekehrt die Liebe zum Nächsten ohne die Liebe zu Gott doch Liebe zu Gott, so ist das einzige, was zählt, die Liebe zum Nächsten.

Jorge: – Wenn dies der ganze Inhalt der Bibel ist, dann ist im Grunde nicht die Bibel wichtig, sondern die Liebe zum Nächsten. Und das ist es, um das wir Gott bitten und das wir suchen sollen.

Manuel: – Also, den Nächsten lieben und auch etwas für ihn tun, meine ich, denn verflixt! – wenn ich meinen Nächsten bloß liebe, dann hat er noch gar nichts davon.

Ich sage: – Es handelt sich darum, das für den Nächsten zu tun, was wir möchten, daß der Nächste auch für uns tun soll, und nicht um schöne Gefühle. Wir sollen uns so in den Nächsten versetzen, als ob es sich um uns selbst handelte; wir sollen die Sache des ganzen

unterdrückten Volkes so betrachten, als ob es unsere eigene Sache wäre. In Wirklichkeit bilden alle Menschen einen einzigen Organismus: Alle zusammen sind wir wie ein einziges Ich. Darum soll jeder von uns den anderen so lieben, als ob er ein Stück seines eigenen Ichs wäre. Wenn wir es nicht tun, dann gehören wir nicht zu diesem einen Organismus, diesem vollständigen Menschen, sondern sind abgesondert von der Menschheit.
Gloria: – Und diese Abgesonderten sind wie Hunde oder Schweine, sie gehören nicht zur Menschheit. Und darum kann man ihnen diese Wahrheiten auch nicht klarmachen, weil sie sie nicht verstehen und sich gegen uns wenden.

Vor wem wir uns fürchten sollen

(Matthäus 10, 26–31)

Darum fürchtet euch nicht vor den Menschen, denn es ist nichts so verborgen, daß es nicht entdeckt würde, und nichts so geheim, daß es nicht ans Licht käme. Was ich euch in der Dunkelheit sage, das sagt in vollem Tageslicht, und was ich euch im geheimen ins Ohr sage, das predigt von den Dächern. Fürchtet euch nicht vor denen, die den Leib töten, der Seele jedoch nichts anhaben können, aber fürchtet euch vor dem, der Leib und Seele verderben kann in der Hölle.

Zuerst spricht Tomás Peña: – Wir sollen uns vor dem Bösen fürchten, weil das Böse ein Geist ist wie Gott. Dieser Geist war einmal bei Gott und lernte allerhand von ihm. Weil er aber böse ist, kann er uns auch Böses tun.

Felipe, Tomás' Sohn, sagt: – Das Böse ist der Geist, der die Menschen unterwirft, und dieser böse Geist wirkt durch die Menschen, die ihm gehorchen. Wir sollen also Angst vor den Menschen haben, die im Geist des Bösen handeln und nicht im Geist der Liebe.

Oscar: – Ich glaube, hier bezieht sich Jesus auch auf die Heuchelei der Menschen. Wir tun manchmal etwas im geheimen und denken vielleicht: »Ich verschaffe mir heimlich diesen oder jenen Vorteil, davon brauchen die anderen nichts zu wissen.« Aber hier sagt Jesus, es ist nichts so geheim, daß es nicht doch entdeckt würde.

Laureano: – Ich glaube folgendes: Hier wird gesagt, wir sollten diesen bösen Geist fürchten ... aber ich meine, wir sollen nichts und niemand fürchten, sondern überall, wo wir können, gegen die Ungerechtigkeit kämpfen. Wir sollen es von den Dächern schreien, wird hier gesagt. Ich glaube, damit ist vor allem der Kampf gegen die Ungerechtigkeit gemeint.

Alejandro: – Wenigstens ein Satz ist hier völlig klar: »Habt keine Angst vor den Menschen.« Damit ist die Angst gemeint, daß sie einem etwas antun könnten. Und wann können sie einem etwas antun? Wenn man gegen gewisse Systeme ist, gegen gewisse Ungerechtigkeiten ... Jesus verbietet uns hier also ganz klar, Angst davor zu haben, die Wahrheit zu sagen, selbst wenn wir unser Leben

damit aufs Spiel setzen. Für die Gerechtigkeit müssen wir alles aufs Spiel setzen. Den Körper können sie töten, aber die Sache, für die wir kämpfen, können sie nicht töten.
Ein anderer der Jungen: – Da stimme ich mit dir überein, Alejandro: Unser Regime hier in Nicaragua macht mit uns, mit dem Volk, was es will, und wir halten aus Angst den Mund und kämpfen nicht gegen diese Ungerechtigkeit. Hier wird uns gesagt, wir sollten keine Angst haben, sondern gegen alle Ungerechtigkeit kämpfen. Was macht es schon, wenn wir dabei sterben? Sie können uns den Körper nehmen, aber nicht die Seele. Ich glaube also, hier wird uns gesagt, daß wir kämpfen sollen, kämpfen und uns nicht einfach unterordnen.
Armando: – Ich sehe hier noch etwas Wichtiges: Die einen können den Körper verlieren, die anderen aber den Körper und die Seele gleichzeitig. Wer sich auf die Seite der Ausbeuter stellt, verliert beides, den Körper und die Seele.
Ich sage: – Ich glaube, aus dem letzten Satz geht eher hervor, daß Jesus die Seele dem Körper nicht gegenüberstellt, in dem Sinne, daß es nicht wichtig sei, den Körper zu verlieren, wenn man nur die unsterbliche Seele rette. Für Jesus bezieht sich die Rettung oder die Verderbnis auf Leib und Seele gleichzeitig, das heißt, er meint den ganzen Menschen. Er gebrauchte nämlich nicht direkt das Wort »Seele«, so wie wir es heute verstehen, weil den Juden dieser Begriff ganz unbekannt war. Das Wort, das er benutzte, hatte eher den Sinn von »Leben«. Was er damit sagen wollte, ist, daß es einen Tod gibt, der den Menschen nicht vernichtet und den man darum nicht fürchten soll. Dagegen gibt es einen anderen Tod, der den vollständigen Menschen vernichtet.
Alejandro: – Es ist also klar, daß das Evangelium uns befiehlt, keine Angst vor den Menschen zu haben. Wir sollen frei reden und frei gegen die Ungerechtigkeit kämpfen. Was mir allerdings nicht klar ist, ist diese Sache mit dem Geheimnis. Das Evangelium ist doch kein Geheimnis?
Olivia: – Ich glaube doch, denn die Worte des Evangeliums sind nicht ohne weiteres verständlich, sie sind ein Geheimnis. Und das ist etwas, das nicht aller Welt klar ist: Es sind nur einige wenige, die dieses Geheimnis verstehen. Das hat nichts mit dem Verstand zu tun, denn es ist in der Tiefe unseres Herzens, wo wir diese geheimen Worte Jesu hören. Aber wir müssen dies alles, was uns Jesus sozusagen privat klargemacht hat, weitergeben, damit es immer größere

Kreise zieht und schließlich sogar die Politik beeinflußt und die gesamte Gesellschaft verändert.
Julio Mairena sagt: – Das ist so wie damals, als Ernesto sich öffentlich als Sozialist erklärte: Es war ein Geheimnis, das nicht geheim bleiben durfte, sondern verbreitet werden mußte.
Ich sage: – Jesus konnte seine Botschaft nur wenigen verkünden, und die historischen Gegebenheiten jener Zeit ließen es nicht zu, daß sie irgendeinen Einfluß auf die Politik hatte. Bis vor kurzem wurde das Evangelium daher nur im persönlichen Bereich oder in kleinen Gemeinschaften wie in Klöstern oder ähnlichen Einrichtungen praktiziert. Aber heute sehen wir, daß die Zeit gekommen ist, es *öffentlich* zu machen: im politischen und im sozialen Bereich. Heute sind die historischen Bedingungen so, daß die Sinnesänderung, die das Evangelium predigt, die gesamte Gesellschaft umfassen kann.
Armando: – Und die Ungerechtigkeit und die Ausbeutung können nicht mehr länger geheimgehalten werden. Früher wurden die Armen für dumm verkauft; man machte sie glauben, ihr Schicksal sei der Wille Gottes, oder sie hätten eben Pech gehabt im Leben. Heute werden sich die Unterdrückten langsam ihrer Ausbeutung bewußt. Wahrscheinlich beziehen sich die Worte Jesu, nichts sei so versteckt, daß es nicht eines Tages doch ans Licht käme, vor allem auf diese Tatsache. Und die Revolution muß von allen Dächern ausgerufen werden.
Antenor: – Jesus war kein Werbefachmann, ihm stand keins der modernen Massenmedien zur Verfügung. Er schrieb noch nicht einmal ein Buch. Darum sagte er, er spräche seinen Jüngern ins Ohr. Aber heute sollen wir alle seine Worte verbreiten, ohne jede Angst.

Kauft man nicht zwei Sperlinge für einen Pfennig? Und doch fällt keiner von ihnen zur Erde, wenn es euer Vater nicht will. So sind auch die Haare auf eurem Kopf alle gezählt.

Laureano: – Ich glaube, hiermit will uns Jesus gleichfalls sagen, daß wir keine Angst haben sollen. Wenn Gott sogar auf die Sperlinge aufpaßt, damit sie nicht fallen, so paßt er erst recht auf uns auf. Wir fallen nur, wenn er es will, das heißt, wenn unser Fallen zu irgend etwas nütze ist – und das ist dann im Grunde gar kein Fallen.
Manuel: – Jesus will uns klarmachen, was für eine große Bedeu-

tung das Volk für Gott hat: Sogar die Haare auf unseren Köpfen wurden von ihm gezählt. Wir sollen uns also unseres Wertes vor Gott bewußt sein.
Ein anderer fügt hinzu: – Er will sagen, daß jeder einzelne von uns ungeheuer wichtig für Gott ist.
Und Olivia: – Ich glaube auch, daß das Evangelium uns hier klarmachen will, wieviel wir wert sind, wie Manuelito sagt. Denn der Mensch ist für Gott die schönste und geliebteste Kreatur der ganzen Schöpfung. Gott liebt uns so sehr und sorgt so sehr für uns, daß wir nicht einmal tot sind, wenn wir sterben, sondern weiterleben. Darum sollen wir vor nichts Angst haben.
Ich sage, wir sollen nicht darum keine Angst haben, weil uns nichts geschehen könnte, sondern darum, weil uns nichts geschehen kann, was nicht der Wille Gottes wäre. Aber das ist im Grunde das gleiche: Uns kann nichts wirklich Böses geschehen, weil Gott die Kontrolle über das ganze Universum hat. Selbst mit dem Flug eines Vogels hat er etwas zu tun; seine Liebe lenkt das gesamte Universum.
Armando: – Auch wenn der Kaufwert für einen Vogel auf dem Markt sehr gering ist, so ist der Vogel doch sehr viel für Gott wert. Einen noch viel größeren Wert haben für ihn die Menschen, obwohl sie für einen Ausbeuter sehr wenig wert sind und er sie billig kaufen kann.
– Dieser Vergleich mit den Vögeln ist sehr schön – sagt eins der Mädchen.

Jesus sagt Verfolgungen voraus

(Matthäus 10, 16–25)

Seht, ich sende dich wie Schafe mitten unter die Wölfe.

Zuerst spricht Olivia: – Ich glaube, Jesus drückt sich hier so aus, weil diejenigen, die seine Botschaft predigen, voller Liebe in eine Welt des Hasses gehen. Sie sind wie Schafe unter Wölfen. Und alle, die diese Botschaft nicht annehmen wollen, können sie töten.
Tomás Peña: – Ich kann nur sagen, daß alles, was Olivia sagt, sehr richtig ist.
Und Teresita: – Es besteht ein großer Unterschied zwischen denen, die zu Jesus gehören, und denen, die nicht zu ihm gehören. Ein so großer Unterschied wie zwischen Liebe und Haß.
Ich: – Man gebraucht heute das Wort Wolf, wenn man von der Ausbeutung des Menschen durch den Menschen spricht: der Mensch als Verschlinger seines Bruders. Es besteht also tatsächlich ein großer Unterschied zwischen den einen und den anderen, so als ob es sich um zwei verschiedene Gattungen handelte, die der Wölfe und die der Schafe, obwohl wir doch alle zu ein und derselben Gattung Mensch gehören.
Oscar: – Und diese Gattung muß so sein wie die der Schafe. Wir sollen einig und friedfertig sein wie Schafe, meine ich.

Darum seid klug wie die Schlangen, aber ohne Falsch wie die Tauben.

Laureano: – Jesus sagt, wir sollen gleichzeitig aggressiv und friedfertig sein. Ich verstehe das so: Wenn es nicht ohne Gewalt geht, so muß man eben Gewalt anwenden, aber wenn sich die Dinge im Guten regeln lassen, so muß man eine friedliche Lösung suchen. Eine Frage der Taktik, meine ich.
Alejandro: – Meiner Meinung nach wird hier zwischen gut und einfältig unterschieden. Jesus sagt uns hier, wir sollen gut, aber nicht dumm sein. Keiner soll uns etwas vormachen können. Klug sollen wir sein, die Interessen des Volkes verteidigen, ohne uns von den Ausbeutern Sand in die Augen streuen zu lassen. Das bedeutet

klug und wachsam sein wie eine Schlange. Und das kann man auch mit den Methoden des gewaltfreien Widerstands in Einklang bringen.
William: – Wir sollen so wachsam sein wie eine Schlange, aber nicht so giftig. Mit anderen Worten: Wir sollen genauso schlau sein wie unsere Gegner, aber nicht so schlecht und so falsch. Darin müssen wir uns von unserem Feind unterscheiden, nämlich daß wir ohne Falsch sind wie die Tauben.

Hütet euch vor den Menschen, denn sie werden euch den Gerichten überliefern und euch in den Synagogen geißeln lassen. Selbst vor Herrscher und Könige wird man euch führen um meinetwillen.

Jemand sagt: – Das sehen wir heute ganz deutlich. Wenn heute jemand in Nicaragua die Botschaft Jesu ganz unverfälscht verkündigt, so wird er fast automatisch verfolgt. Er kann ins Gefängnis kommen oder sogar umgebracht werden.
Ein anderer fügt hinzu: – Jesus sagt, man würde uns um seiner Sache willen verfolgen. Seine Sache, das ist der Kampf für eine soziale Veränderung, der Kampf für all das, was er predigte, auch wenn man seinen Namen dabei gar nicht erwähnt. Es gibt nämlich viele, die seinen Namen immerzu im Munde führen, aber absolut nicht für seine Sache kämpfen. Und denen passiert überhaupt nichts.
Ein anderer: – Das ist ganz klar. Jesus spricht hier von der Regierung, und er meint damit, wir würden wegen politischer Delikte angeklagt werden: weil wir uns in die Politik einmischen, weil wir subversiv sind, weil wir agitieren. Im übertragenden Sinn: weil wir von den Dächern schreien: »Jesus liebt uns.«

Wenn sie euch aber den Gerichten übergeben, so sorgt euch nicht darum, was oder wie ihr antworten werdet, denn in dem Augenblick, in dem ihr aussagen sollt, wird Gott euch die richtigen Worte eingeben. Denn es seid nicht ihr, die da sprechen werdet, sondern der Geist eures Vaters wird durch euch sprechen.

Einer der Jungen sagt: – Wenn jemand um einer gerechten Sache willen verhaftet wird, dann handelt es sich für gewöhnlich um einen sehr bewußten Menschen, der genau weiß, was er tut. Seine Ankläger dagegen sind meistens ziemlich dumm. Nein, nicht nur

meistens, sie sind immer dumm, denn eine totalitäre Regierung, so wie wir sie in Nicaragua haben, kann nicht anders als dumm sein. Und so kann man sie auch immer mit Worten besiegen. Man braucht gar nicht viel nachzudenken, der Heilige Geist spricht durch einen, das heißt die Überzeugung, die man hat, der Glaube an das, was man tut. Das will Jesus hier sagen.
Der alte Tomás Peña: – Derjenige, der genau weiß, was richtig ist, also der Christ, der dem Evangelium folgt, ist dem Unwissenden immer überlegen. Und das kann diesen Unwissenden so wütend machen, daß er den anderen umbringt.
Und der junge Laureano: – Dafür haben wir ein Beispiel: Als Fidel Castro nach dem Überfall auf die Moncada-Kaserne vor Gericht gestellt wurde, legte er ihnen eine Rede hin, daß sie Mund und Augen aufsperrten. Sie wußten überhaupt nichts zu antworten. Er drehte den Spieß um und klagte sie an ...
Ein anderer: – So geht es immer, wenn die Ungerechtigkeit die Gerechtigkeit verfolgt.

Es wird aber ein Bruder den anderen verraten; die Eltern werden sich gegen ihre Kinder wenden und die Kinder gegen ihre Eltern, so daß einer den anderen dem Henker überliefert.

Tomás Peña: – Das müssen wir verstehen lernen, denn hier in der Bibel wird es uns erklärt. Wir müssen es verstehen, aber nicht tun. Wir dürfen nicht in den Fehler verfallen, auch Verfolger der anderen zu sein. Nein, wir müssen Christen sein, das heißt: nicht Verfolger, sondern Verfolgte.
Der junge Alejandro: – Das muß man mal ganz praktisch sehen. Nicht bei der Theorie stehenbleiben. Wir wollen uns mal ganz praktisch vor Augen halten, wenn dies alles in Solentiname passiert, diese Teilung um des Evangeliums willen. Ich will keine Namen nennen, aber es gibt viele Jugendliche, die Schwierigkeiten mit ihren Eltern haben, wenn sie hierher zur Messe kommen. Mit ihren Eltern oder älteren Geschwistern und sogar mit Freunden in ihrem eigenen Alter. Freunde, die sie früher hatten und die dann nichts mehr von ihnen wissen wollen und über sie flüstern. Und diese ganzen Probleme kommen daher, weil die einen auf seiten des Evangeliums stehen und die anderen nicht. Die anderen stehen auf seiten des Systems.
Der alte Tomás: – Tatsächlich, selbst innerhalb der gleichen Fa-

milie ... Vielleicht sind es nur drei Personen, und der eine folgt dem Evangelium und die anderen beiden nicht. Und er kann sie auch nicht überzeugen. Daher kommt dann die Teilung.
Wieder spricht Alejandro: – Wir könnten Fälle nennen ... solche Fälle sind vorgekommen, hier bei uns in Solentiname.
Olivia, Alejandros Mutter: – Auch in den Städten kommt das vor. Uns besuchten Jugendliche, Jungen und Mädchen, die später Schwierigkeiten zu Hause hatten, weil sie hier in Solentiname gewesen waren. Edga war eins der Mädchen, das Schwierigkeiten mit seinen Eltern hatte, weil es in Solentiname gewesen war und weil es dem Evangelium folgen wollte.

Ihr werdet von allen gehaßt werden um meines Namens willen. Wer aber aushält bis zum Ende, der wird gerettet werden.

Alejandro: – Auch das passiert heute. Es gibt Leute, von denen man einfach nicht verstehen kann, daß sie die hassen, die dem Evangelium folgen, denn das Evangelium hält ja gerade zu ihnen. Aber diese Leute sind von der Regierungspropaganda beeinflußt. Die überzeugen sie so, daß sie gegen ihre eigenen Interessen sind, gegen ihre eigene Klasse. Und wenn ein Prophet unter ihnen aufsteht, einer, der sie befreien will, dann sind sie die ersten, die Steine auf ihn werfen. Von den Kapitalisten kann man sich das erklären, weil das Evangelium gegen die Kapitalisten ist. Aber oft setzen die Armen selbst, zusammen mit den Kapitalisten, ihrer Befreiung Widerstand entgegen.
Tomás: – Manchmal stellen sich die Armen für ein paar Centavos, die ihnen die Mächtigen anbieten, auf die Seite der Mächtigen.
Pancho: – Wer das Evangelium predigt, hat sie alle gegen sich, Reiche und Arme.
Oscar: – Und das sieht man auch hier auf diesen Inseln von Solentiname, obwohl wir doch so wenige sind. Wie oft kritisieren wir Armen die, die versuchen, uns zu helfen. Wir kritisieren diese Gruppen, die dafür kämpfen, uns von der Ausbeutung, in der wir alle leben, zu befreien.
Ein anderer fügt hinzu: – Genauso ist es auch mit den Spitzeln, die oft genauso arm sind wie alle anderen und aus Unwissenheit, aus purer Dummheit, der Ausbeutung in die Hände spielen. Gegen ihre eigenen Interessen, gegen ihre eigenen Brüder!

Wenn sie euch aber in einer Stadt verfolgen, so flieht in eine andere. Wahrlich ich sage euch: Ihr werdet mit den Städten Israels nicht zu Ende kommen, bis der Menschen Sohn kommt.

Ich sage, dies sei eine sehr seltsame Stelle, ich selber sei mir nicht klar, was sie zu bedeuten habe. Wir wollen einen Augenblick still meditieren, um die richtige Auslegung zu finden.
Es entsteht eine lange Stille. Danach sagt Elbis: – Es scheint so, daß noch nicht alle Völker befreit sein werden, wenn er wiederkommt. Meint er das vielleicht damit?
Olivia sagt: – Ich glaube, hier wird gesagt, daß einer, der das Evangelium predigt, auch das Recht hat, sein Leben zu schützen. Wenn er in einer Stadt verfolgt wird, soll er in eine andere gehen, anstatt sich töten zu lassen, ohne vorher irgend jemand befreit zu haben. Wenn es an einem Ort nicht möglich ist, dann soll man es an einem anderen versuchen. Jesus sagt hier, sie würden nicht mit allen Städten fertig werden, ehe er wiederkäme. Die Befreiung geht eben sehr langsam vor sich, weil es so schwierig ist, gegen die Masse zu kämpfen. Und wenn dann die besten Führer auch noch getötet werden, wie es fast immer geschieht, so geht die Befreiung nur ganz langsam voran, Schritt für Schritt. Aber seine Wiederkehr kommt so oder so ...
Tomás: – Ohne daß wir mit allen Orten fertig geworden wären. Wer weiß, an welcher Stelle wir gerade angelangt sind, wenn er kommt ...
Jemand sagt: – Sehr gut, sehr klar ...
Alejandro: – Klar schon, aber nicht gut.
Ein anderer: – Er will sagen, daß der Kampf lang sein wird und daß noch nicht alle Völker befreit sein werden, wenn er kommt. Aber den Rest wird er besorgen, dann wird alles geregelt.

Kein Schüler ist mehr als sein Lehrer und kein Diener mehr als sein Herr. Es ist genug, wenn der Schüler so viel ist wie sein Lehrer und der Diener so viel wie sein Herr. Wenn sie den Hausherrn Beelzebub nennen, wieviel mehr werden sie seine Hausgenossen so rufen?

Ich sage: – Beelzebub, einer der Namen, die man dem Teufel gab, bedeutet »Herr des Hauses«, und wenn Jesus hier davon spricht, daß sie den Hausherrn Beelzebub nennen, so macht er damit ein Wortspiel. Das ist ein Zeichen dafür, daß Jesus Humor hatte. Ob-

wohl er gerade von Verfolgungen gesprochen hat, macht er nun einen Witz. Auch die Juden gebrauchten dieses Wort Beelzebub manchmal als Wortspiel, indem sie es gegen ein ähnlich klingendes austauschten, das so viel wie »Herr des Unrats« bedeutete.
Einer sagt: – Manchmal ist der Schüler doch mehr als sein Lehrer: wenn sie ihn anstatt Beelzebub Exzellenz nennen ... (Das ist eine Anspielung auf den Präsidenten und Diktator Somoza von Nicaragua.)
Ein anderer: – Wenn der Schüler nicht mehr sein kann als sein Lehrer, dann müssen auch wir uns auf allerhand Angriffe und Verfolgungen gefaßt machen.
Tomás: – Ohne den Mut zu verlieren.

Jesus als Grund für Uneinigkeit

(Matthäus 10, 34–37)

Bevor wir mit dem Lesen des Bibeltextes beginnen, den wir heute besprechen wollen, wirft Oscar einen Blick auf die Überschrift und ruft aus: – Das verstehe ich nicht! Jesus wollte doch die Einigkeit unter die Menschen bringen und nicht die Uneinigkeit. Wenn er doch die Liebe ist!
Ich sage: – Wir wollen zuerst den Text lesen.
Wir lesen die angegebenen vier Verse des Matthäusevangeliums und beginnen dann mit der Auslegung:

Glaubt nicht, ich sei gekommen, Frieden auf die Erde zu bringen. Ich bringe nicht Frieden, sondern das Schwert.

Antenor sagt: – Immer hatte die Ungerechtigkeit auf der Erde geherrscht, und er kam, um mit diesem Zustand aufzuräumen. Und das bedeutet Kampf. Er kämpft aber nicht allein, sondern mit uns allen.
Marcelino: – Er brachte ein scharfes Schwert mit, das ist sein Wort. Und dieses Schwert empfangen wir, indem wir das Evangelium hören.
Ein anderer: – Jesus ist gegen den Konformismus, darum sagt er, er wäre nicht gekommen, Frieden zu bringen.
Noch ein anderer: – Viele wollen lieber in Frieden leben, keine Probleme haben ...
Der junge Armando: – Es gibt zwei Arten von Frieden. Die eine Art bedeutet, einfach alles hinzunehmen, sich um Ungerechtigkeit und Ausbeutung nicht zu kümmern. Die andere Art Frieden erlangen wir erst, wenn die Gerechtigkeit gesiegt hat, wenn die Dinge ins Lot gekommen sind.
Laureano: – Ich glaube, Jesus will hier sagen, daß sich die Dinge nicht einfach verändern, nur weil er Jesus ist: Schwupp! schon ist alles verteilt und die Gesellschaft gerecht. Nein, wir selbst müssen versuchen, diesen Frieden zu erreichen.
– Und das geht nicht ohne Kampf, nicht wahr? – wirft Armando dazwischen.

Laureano fährt fort: – Ja, in allen Ländern muß darum gekämpft werden, daß in der ganzen Welt Gerechtigkeit herrscht.
Alejandro sagt: – Ich sehe auch, daß man keinen Frieden haben kann, wenn man seinen Nächsten wirklich liebt. Selbst wenn Frieden in einer Gemeinschaft herrscht, so wie hier in Solentiname, wo das Leben friedlich und einfach ist, weil wir uns alle verstehen, selbst hier spürt man immer diese Unruhe, diese ... Weil man die Ungerechtigkeit klarer erkennt ... Ich glaube, der Grund für diese Unruhe ist die Liebe. Man kann nicht in Frieden leben, wenn man weiß, daß es anderen schlecht geht. Und es wäre auch schlimm, wenn wir hier alle ganz ruhig vor uns hinlebten.
Ein anderer sagt: – Da Jesus kam, um die Dinge zu verändern, brachte er nicht den Frieden, sondern die Revolution.
Ich: – Solange es eine unterdrückende und eine unterdrückte Klasse gibt, kann man nicht wollen, daß Frieden zwischen beiden herrscht, weil das die Unterdrückung bejahen hieße. Wenn wir aber wollen, daß sich die unterdrückte Klasse befreit, damit es keine Unterdrücker und keine Unterdrückten mehr gibt, dann wollen wir den Frieden.
Und Oscar: – Ah, jetzt verstehe ich. Jesus ist gerade darum der Grund für Uneinigkeit, weil er der Grund für die Einigkeit ist, die nicht alle wollen.

Ich bin gekommen, den Sohn gegen seinen Vater zu stellen, die Tochter gegen ihre Mutter und die Schwiegertochter gegen ihre Schwiegermutter. So wird der Mensch seine eigenen Hausgenossen zu Feinden haben.

Laureano: – Auf den ersten Blick scheint dies alles gegen die Liebe zu sprechen, aber in Wirklichkeit bedeutet es, daß man nicht nur an seiner eigenen Familie hängen darf und nur für seine eigenen Leute sorgen. Nein, wir sollen für alle da sein, für unsere leiblichen Brüder wie für unsere nichtleiblichen, denn auch die sind unsere Brüder.
Ein anderer der Jungen sagt: – Es kann vorkommen, daß der Vater ein Ausbeuter ist. Dann muß der Sohn gegen ihn sein.
Antenor: – Diese Teilung in den Familien kommt oft vor. Und fast immer, wenn neue Ideen aufkommen, die gegen das Althergebrachte sind, verteidigen die Eltern das Althergebrachte, und die neuen Ideen sind gegen sie.

Laureano: – Jesus stellt hier die Jungen den Alten gegenüber: den Sohn dem Vater, die Tochter der Mutter. Es scheint so, als ob er schon vorausgesehen hätte, daß diese Teilung, die er verursachen würde, hauptsächlich eine Teilung zwischen den Generationen ist. Es ist fast immer die Jugend, die auf seiten der Revolution steht, und die Alten sind dagegen.
Ich sage: – Diese Teilung, von der Christus hier spricht, hat man ganz klar in Kuba gesehen. Viele Familien zerbrachen, weil die einen auf seiten der Revolution standen und die anderen nicht. In jeder Revolution gibt es diese Teilung.
Leonel: – Aber wie lange? Bis sich schließlich doch alle einig sind, nicht wahr? Denn diese Trennung kann nicht ewig dauern, sie existiert nur, solange die Einheit nicht erreicht ist, solange es keinen endgültigen Frieden gibt.
Armando: – Aber im Augenblick zerstört Jesus diese Einheit der Familie, die immer als etwas Heiliges angesehen wurde. Und da die Familie die Basis der Gesellschaft ist, bringt er damit die ganze Gesellschaft durcheinander. Er nennt sich hier öffentlich einen Zerstörer des sozialen Friedens.
Antenor: – Ich sehe dieses Beispiel mit der Familie auch als eine symbolische Art, vom Klassenkampf zu sprechen.

Wer seinen Vater oder seine Mutter mehr liebt als mich, der ist meiner nicht wert; und wer seinen Sohn oder seine Tochter mehr liebt als mich, der ist meiner nicht wert.

Einer der Jungen sagt: – Hier gibt es welche, die viel zu sehr an ihrer Familie hängen.
Und Olivia, die heute noch nicht gesprochen hat: – Jesus sagt hier nicht, wir sollten nur Gott im Himmel lieben und die Menschen darüber vergessen. Aber so hat es die traditionelle Religion bisher immmer verstanden. Jemand vermacht zum Beispiel sein Vermögen »Gott«, wie er sich ausdrückt, weil er es lieber der Kirche gibt als den Armen. Nein, ich glaube, wenn Jesus uns befiehlt, ihn mehr als alles andere zu lieben, so setzt er sich an die Stelle der Armen, an die Stelle der ganzen Menschheit. Er will also sagen, wir sollen alle Menschen lieben und nicht nur die eigene Familie.
Einer fügt hinzu: – Gott lieben, bedeutet seinen Bruder lieben.
Und Laureano: – Aber nicht nur den Bruder, der der Sohn meiner Eltern ist, sondern auch den Bruder, der alle Welt ist.

Felipe: – Manche glauben, sie lobten Gott mit Gebeten und Liedern, während das wirkliche Gotteslob die Liebe zum Nächsten ist.
Eines der Mädchen: – Es ist viel leichter, seine Familie und seine Freunde zu lieben als irgendeinen Fremden, aber wir sollen alle gleich lieben.
Armando: – Um noch einmal auf den Gott im Himmel, von dem eben die Rede war, zurückzukommen: Dieser Gott existiert nicht, oder zumindest können wir ihn nicht anders erkennen als in seiner Verkörperung in der Menschheit.
– Wer seinen Nächsten liebt, der kennt ja Gott praktisch schon – sagt Felipe.
Ich sage, Johannes habe genau das gleiche gesagt.
Und Alejandreo: – Gott ist die Liebe. Wer liebt, der kennt Gott, weil er die Liebe kennt.
Julio: – Das Schwert teilt und trennt. Ich sehe ganz klar, warum Jesus gesagt hat, er brächte das Schwert.
Gloria: – Aber es ist ein Schwert der Liebe.

Kommt her zu mir ...

(Matthäus 11, 25–30)

Heute feiern wir die Messe auf der gegenüberliegenden Seite des Sees, in einem Dörfchen namens Papaturro, das fast an der Grenze zu Costa Rica, an einem unserer typischen Tropenflüsse liegt. Eine kleine Gruppe von Gemeindemitgliedern aus Solentiname hat mich begleitet, und wir besprechen nun in der winzigen, von Kakaobäumen umgebenen Kirche den folgenden Text:

Zu jener Zeit sprach Jesus: Ich preise dich, Vater, Herr des Himmels und der Erde, daß du dies alles den Weisen und Klugen verborgen, den einfachen Menschen aber klargemacht hast. Ja, Vater, denn so hast du es gewollt.

Ich frage: – Was sagst du dazu, Olivia?
Olivia antwortet: – Ich glaube, Jesus will hier sagen, daß die weltliche Weisheit für Gott nicht viel wert ist. In den Augen Gottes bedeutet sie nicht viel. Ich glaube nämlich, daß diese Art Weisheit ihren Ursprung im Geld hat. Wer kein Geld hat, der kann nur eine andere Weisheit haben ... eine innere Weisheit. Aber das Geld ist die Grundlage der weltlichen Weisheit, und darum steht diese Weisheit im Widerspruch zur Gleichheit, das heißt zur Liebe.
Ich sage, da habe Olivia vollkommen recht. Hier ist von einer ungerechten Weisheit die Rede, die ein Produkt der wirtschaftlichen Ungleichheit ist und immer neue wirtschaftliche Ungleichheit hervorruft. In unserem System ist Bildung ein Monopol der Reichen. Hier in diesem Dorf zum Beispiel wohnen nur einfache Menschen, die nie eine Gelegenheit hatten, sich zu bilden. Aber das System Gottes funktioniert genau umgekehrt wie das unsere: Seine Weisheit ist die der einfachen Menschen, und diese Weisheit ist den Gebildeten verborgen. Jesus preist hier den Vater, weil diese Weisheit ein Akt der Gerechtigkeit ist.
Felipe: – Ich bin der gleichen Meinung wie Doña Olivia. Alle, die sich für klug und gebildet halten, gehören zur Oberschicht. Sie können es sich leisten, klug zu sein, das Abitur zu machen, zu studieren, Ingenieur zu werden – was weiß ich. Aber in Wirklichkeit nützt

ihre Weisheit nur ihren Geschäften. Sie ist der Grund für die herrschende Ungleichheit.

Ich sage: – Zur Zeit Jesu war es genauso. Die Weisen und Gebildeten gehörten der Oberschicht an, die ihn nicht anerkannte. Alle, die ihm folgten, waren dagegen einfache Menschen, die weder lesen noch schreiben konnten. Aber sie verstanden seine Botschaft.

Felipe: – Da war zum Beispiel der König Herodes, einer der Klugen und Mächtigen seiner Zeit. Der wollte Jesus schon töten, als er ihn überhaupt noch nicht kannte. Und auch die Weisen und Schriftgelehrten, die er rufen ließ, um von ihnen den Geburtsort des Messias zu erfahren, waren der Weisheit Gottes gegenüber blind. Aber den armen Hirten wurde sie von Gott geoffenbart.

Ich sage: – Einige Kapitel vorher erzählt uns Matthäus, daß Jesus seine Jünger hinausgeschickt hatte, um das Reich Gottes zu verkünden. Jetzt scheint er bereits festgestellt zu haben, daß seine Botschaft bei der Oberschicht keinen Erfolg hat. Nur die einfachen Leute hören ihn an und folgen ihm. Das sieht er aber nicht als einen Mißerfolg an, ganz im Gegenteil, er lobt seinen Vater, daß er es so beschlossen hat.

Laureano: – Genau wie heute: Die Armen sind die Revolutionäre.

Alejandro: – Ich glaube, ein Diplom oder ein Doktorgrad ist in Wirklichkeit gar nicht so etwas Großes, denn derjenige, der es erhält, weiß letzten Endes nur etwas über sein Gebiet. Der Arzt über Medizin, der Ingenieur über Technik. Ihre Wissenschaft füllt alles aus, sie ist ihr ganzes Leben. Aber der einfache Mensch ist für tausend Dinge offen, nicht nur für ein einziges Gebiet. Er denkt nach . . . Die Frau, die im Fluß ihre Wäsche wäscht, also, die denkt über alles mögliche nach bei ihrer Arbeit. Wenn man auf dem Feld arbeitet, ist es genauso . . . Man ist einfacher und denkt mit größerer Aufrichtigkeit über alles nach.

– Das ist die Weisheit, die die Arbeit verleiht – sage ich.

Der Lehrer der kleinen Dorfschule: – Ich glaube, die wirkliche Weisheit ist die Liebe zu Gott, nicht wahr? Auch die Arbeit ist Liebe zu Gott. Mit unserer Arbeit verbessern wir etwas oder schaffen etwas Neues, das vorher nicht da war. Wir sind nützlich. Und das ist der Grund dafür, daß der Arbeiter eine Weisheit hat, die einer, der nicht arbeitet, sondern nur die Arbeit der anderen ausbeutet, nicht besitzt. Ich glaube, in dieser Welt müssen wir alle arbeiten und etwas Nützliches schaffen, um so unsere Liebe zu Gott auszudrücken.

Felipe: – Die wirkliche Weisheit, das ist, wenn einer gelernt hat, seinen Nächsten zu lieben, wenn er gelernt hat, mit ihm zu teilen. Alles, materielle und auch geistige Güter. Die falsche Weisheit besteht darin, nur für sich und seine persönlichen Interessen zu lernen.
Ein alter Mann aus Papaturro: – Das ist die Weisheit des Egoismus, nicht wahr?
Ich sage: – In unserem System ist Bildung ein Privileg einiger weniger. Gebildet sein ist gleichbedeutend mit Kapital haben, weil die Bildung genau wie das Kapital dazu benutzt wird, diejenigen auszubeuten, die beides nicht haben. In Wirklichkeit ist es aber die ungebildete Masse, die mit ihrer Arbeit die Bildung dieser wenigen bezahlt hat.
Elbis: – Aber wir anderen, die wir das Privileg haben, diese andere Weisheit erhalten zu haben, sind manchmal auch egoistisch und teilen sie nicht mit den anderen. Meiner Meinung nach müssen wir sie mit allen anderen teilen und dafür sorgen, daß alle etwas davon abbekommen.
Ein anderer der Jungen aus Solentiname: – Darum ist es gut, wenn wir Brüder von Solentiname zu unseren Brüdern von Papaturro kommen und wenn die Brüder von Papaturro die Brüder von Solentiname besuchen.

Alle Dinge sind mir übergeben von meinem Vater. Niemand kennt den Sohn als nur der Vater; und niemand kennt den Vater als nur der Sohn und alle die, denen es der Sohn offenbaren will.

Olivia: – Ich glaube, jeder, der seinen Nächsten liebt, liebt Gott. Wir kennen Gott nicht in dem Sinne, daß wir ihn sehen können. Wir sehen weder den Vater noch den Sohn so, wie wir unsere Mitmenschen sehen. Wir können nicht sagen: »Wir wollen diese fünf Pesos Gott schenken.« Aber wenn wir unseren Nächsten wirklich lieben, dann sehen wir Gott, weil Jesus ihn uns so zu erkennen gibt.
Ich sage: – Mit dem Ausspruch, alle Dinge seien ihm vom Vater übergeben worden, scheint Jesus sagen zu wollen, der Vater habe ihm all sein Wissen übermittelt. Da es zu jener Zeit keine Schulen gab, lernte man, indem man als Lehrling bei einem Meister arbeitete; am häufigsten aber lernte man von seinem Vater. Jesus lernte von Josef das Zimmermannshandwerk. Von seinem Vater im Him-

mel lernte er all das, was er später den anderen weitergab. Er lehrte die Menschen, daß Gott die Liebe ist und daß seinen Bruder lieben Gott erkennen heißt. In der Sprache der Bibel bedeutet erkennen das gleiche wie lieben. Selbst der Liebesakt wird »den anderen erkennen« genannt. So hat Olivia ganz recht, wenn sie sagt, seinen Nächsten lieben sei das gleiche wie Gott lieben und erkennen. Die Lehre, die Jesus uns bringt und die er wie ein Lehrling von seinem Vater gelernt hat, ist die Liebe.
– Und diese Lehre offenbart er vor allem den Armen und Unterdrückten – sagt einer aus Papaturro.

Kommt her zu mir alle, die ihr mühselig und beladen seid; ihr sollt Ruhe bei mir finden.

Felipe: – Ich glaube, hier hat er vor allem die Leiden des Volkes im Sinn, die Last des ausgebeuteten Volkes ... Ich glaube, es ist hauptsächlich diese Mühe und Last, von der Jesus hier spricht und von der er uns befreien will.
Der Lehrer: – Ganz ohne Zweifel ruft er nicht die Reichen und Mächtigen zu sich, sondern alle, die eine Last tragen. Es ist ein Ruf an alle Ausgebeuteten der Welt, weil er sieht, daß sie ihrer Arbeit müde sind. Zu jener Zeit war die Welt voller Sklaven, und auch heute ist es nicht viel anders, obwohl die Sklaven heute Arbeiter heißen. Sie alle sollen sich bei ihm ausruhen.
Carlos: – Aber dieses Ausruhen ist nicht für morgen, also in einem anderen Leben, sondern für heute gemeint. Das soll nicht heißen, daß die Armen wie Reiche leben sollen, nein, es handelt sich um einen ganz neuen Sinn des Lebens, den alle, die an ihrem Reichtum hängen, nicht kennen.
Alvaro Guzmán: – Jesus kam, um alle Beladenen zu befreien, alle, die unter dem Gewicht der Diktaturen der ganzen Welt stöhnen. Er brachte die Liebe, damit die Welt und das Leben der Menschen von nun an von ihr regiert und organisiert würden. Das bedeutet, daß alle Ausbeutung abgeschafft wird und wir bei ihm von aller Ungerechtigkeit ausruhen können.

Nehmt mein Joch auf euch und lernt von mir, denn ich bin sanftmütig und von Herzen demütig. So werdet ihr Ruhe finden für eure Seelen.

Felipe: – Ich glaube, mit dem Joch meint er die Liebe, das Joch, alle Menschen zu lieben.
Ich sage: – Ja. Zu jener Zeit sprach man viel von dem »Joch des Gesetzes«. Wenn Jesus von einem Joch spricht, so meint er damit sein Gesetz, das Gesetz der Liebe.
Felipe: – Er sagt auch, wir sollen von ihm lernen. Das heißt, wir sollen seinem Beispiel folgen und für die Befreiung des Volkes kämpfen. Denn er starb, weil er gegen die Mächtigen und für die Armen und Demütigen war.
Der Lehrer: – Und er sagt, er wäre sanftmütig und von Herzen demütig, aber nicht darum, weil er sich der Unterdrückung angepaßt hätte, sondern weil er diesen Kampf aushielt und von ganzem Herzen immer auf seiten der Demütigen und Armen stand und nicht auf seiten der Stolzen und Reichen. Und wir sollen von ihm lernen, weil er will, daß wir in diesem Kampf seine Schüler sind und von ihm die nötige Geduld lernen, alle Leiden und Demütigungen auf uns zu nehmen.
Ein anderer aus Papaturro: – Unser ganzes Leben ist eine einzige Demütigung, aber wir sollen dagegen kämpfen, so wie er es uns lehrte. Dann erreichen wir das Glück und den Frieden für uns alle, das heißt die Ruhe für unsere Seelen.

Denn mein Joch ist sanft und meine Last ist leicht.

Alvaro: – Sein Joch ist das einzige Joch, das nicht Sklaverei bedeutet, sondern Befreiung ist: Befreiung von der Sünde, Befreiung von der Unterdrückung, Befreiung von der Ungerechtigkeit. Wir sprachen hier eben von den Armen, von den einfachen Leuten, von den Demütigen: Alle diese Menschen, die ihrer Last müde sind, ruft Jesus, damit sie sich in ihm »ausruhen« sollen. Damit meint er die Lösung all ihrer Probleme.
Julio: – Das Joch, das er hier allen anbietet, ist ein neues soziales System, das sich auf der Liebe aufbaut. Und seine Last ist das Zusammenleben aller in einer Gemeinschaft der Liebe, und diese Last ist leicht zu tragen. Er sagt in Wirklichkeit: »Nehmt meine Befreiung an.«

Die Ähren und der Sabbat

(Matthäus 12, 1–8)

Wir feiern die Sonntagsmesse in der Kirche. Wir haben gelesen, wie Jesus an einem Sabbat durch ein Kornfeld ging, und wie die Jünger Ähren auszuraufen begannen, weil sie hungrig waren. Daraufhin kritisierten die Pharisäer Jesus, den Ruhetag verletzt zu haben.
Jesus antwortete ihnen:

Habt ihr nicht gelesen, was David tat, als er und seine Begleiter hungrig waren. Er ging in das Gotteshaus und aß die geweihten Brote, die weder er noch seine Begleiter essen durften, sondern nur die Priester.

Quique (der Jurastudent aus Puerto Rico): – Jesus macht ihnen klar, daß die Gesetze, auch die religiösen, dazu da sind, um den Menschen zu dienen, und nicht, um sie zu unterdrücken. Wenn ein Gesetz bewirkt, daß die Menschen Hunger leiden müssen, so ist es ein schlechtes Gesetz, das nicht eingehalten zu werden braucht. Diese Stelle handelt aber nicht nur von der Einhaltung des Sabbats. Es gibt eine ungeheure Menge von Gesetzen, die bewirken, daß Menschen Hunger leiden. Wir müssen uns ihnen gegenüber genauso verhalten, wie es Jesus tat: ihnen nicht gehorchen.
Olivia: – Die Radiosender greifen die revolutionären Priester an, indem sie sagen, sie sollten sich nur um ihre heiligen Dinge kümmern, sich aber nicht in die Politik einmischen. Die Kirche gehöre nur in die Tempel, sagen sie. Aber das ist natürlich Unsinn. Wenn Jesus den Pharisäern sagt, David habe die geweihten Brote gegessen und gut daran getan, so sagt er ihnen damit, daß nicht die religiösen Dinge heilig sind, sondern die Menschen.
Antenor (Chop) sagt: – Ich sehe hier, daß das Evangelium gegen die Riten ist. Die Religion sei nicht so wichtig, sagt Jesus hier diesen religiösen Leuten, wichtig sei nur der Mensch. Darum will Christus seine Kirche nicht in den Tempeln, sondern draußen, wo sie für die Gerechtigkeit kämpfen kann. Wenn dies in einem bestimmten Augenblick der Geschichte vor allem durch die politische Aktion

geschehen muß, so will er seine Priester dort und nicht in den Tempeln mit ihren Riten und Messen und all diesen Dingen.
Elbis: – Jesus sagt ihnen, daß die Sünde nicht im Verstoß gegen die religiösen Vorschriften besteht, sondern im Verstoß gegen den Menschen.
Quique: – Die Menschen sind also wichtiger als die Gesetze. Aber für die Kirche ist es – genau wie damals für die Pharisäer – gerade umgekehrt. Bevor die Antibabypille in der ganzen Welt gebräuchlich wurde, erprobten sie die USA an tausenden von armen Frauen in Puerto Rico. Die Kirche protestierte dagegen, aber nicht, weil hier Experimente mit den Armen getrieben wurden, sondern weil es sich um ein künstliches Verhütungsmittel handelte und nicht um ein von der Kirche erlaubtes. Für die Kirche war das Gesetz wichtiger als die Menschen.

Oder habt ihr im Gesetz nicht gelesen, daß die Priester des Tempels am Ruhetag nicht ruhen, aber doch ohne Schuld sind? Ich sage euch also: Hier handelt es sich um etwas Größeres als um den Tempel.

Tomás Peña: – Wenn man nicht zu seinem eigenen Nutzen arbeitet, sondern um einem anderen Christen zu helfen, dann ist es keine Sünde . . .
Felipe Peña, sein Sohn: – Jesus will uns hier klarmachen, daß die Menschen Hunger haben, was mit den religiösen Vorschriften überhaupt nichts zu tun hat. David und seine Kameraden hatten Hunger. Nur darum geht es hier: Die Leute hatten Hunger. Und weil sie Hunger hatten, brachen sie die Gesetze und aßen die Körner. Genauso ist es auch heute: Man muß etwas tun, um mit dem Hunger aufzuräumen, irgendeine Bewegung oder eine Revolution, was vielen Leuten vielleicht schlecht vorkommt. Aber dem Volk geht es dreckig, die Menschen leiden. Die Revolution ist wichtiger als alles andere, sie ist etwas dringend Notwendiges. Darum sagt Jesus hier: »Es handelt sich um etwas Größeres als um den Tempel.«
Marcos: – Die Sünde liegt nicht darin, am Sabbat oder am Sonntag zu arbeiten oder nicht zu arbeiten. Sie liegt in der Ausbeutung.
Manuel: – Jesus sagt, die Priester arbeiteten auch am Ruhetag. Wahrscheinlich arbeiteten sie an diesem Tag sogar mehr als an den anderen Wochentagen, weil mehr Opfer zu bringen waren. Damit will er uns auch sagen, daß es keinen Unterschied zwischen Priestern und anderen Menschen geben darf. Wenn die Priester im Tempel

arbeiten, warum sollen dann die anderen kein Korn pflücken dürfen? Er sagt uns also, daß alle Menschen gleich heilig sind.
Donald: – Das stimmt. Das Ährenpflücken ist genauso heilig wie die Arbeit im Tempel. Alles ist der Tempel. Und alle sind Priester.
Román: – Wenn die Opfer am Sabbat dargebracht werden konnten, dann mußte auch alle andere nützliche Arbeit erlaubt sein.
Felipe: – Aber nur dann, wenn es sich nicht darum handelt, daß ein Reicher seine Leute zur Arbeit zwingt, um mehr Nutzen aus ihnen zu ziehen.
Laureano: – Diese Kerle machten sich nicht klar, daß es bei dem Gebot von der Sonntagsruhe vor allem darum ging, den Arbeitern einen Ruhetag in der Woche zu verschaffen.
Ich sage: – Da hast du ganz recht. Als Gott seinem Volk dieses Gebot gab, wollte er damit nicht ein Kultgebot aufstellen, sondern ein soziales Gebot. Er sagte: »Am siebten Tag sollst du keine Arbeit tun, auch nicht dein Sohn, deine Tochter, deine Magd, dein Knecht, dein Rind, dein Esel, all dein Vieh, auch nicht der Fremdling, der in deiner Stadt lebt, damit dein Knecht und deine Magd genauso ruhen wie du.« Und danach sagte er ihnen, dies alles solle sie daran erinnern, daß sie in Ägypten Sklaven gewesen waren und daß er sie aus der Sklaverei befreit habe. So war die Feier des Sabbats also eine Erinnerung an ihre Befreiung, aber gleichzeitig auch eine Voraussage der zukünftigen Gesellschaft, in der es keinerlei Sklaverei mehr geben würde. Wenn der Mensch damals, unter den ökonomischen Bedingungen jener Zeit, diese Art und Weise der Produktion noch nicht aufheben konnte, so sollte er wenigstens einen Tag in der Woche ohne Sklaverei verbringen. Hierin bestand der Fortschritt Israels. Bei den anderen Völkern jener Zeit mußten die Sklaven ununterbrochen Dienste leisten. Gleichfalls sagt die Bibel, der Mensch solle am siebten Tag genauso von seinen Werken ausruhen, wie Gott von seiner Schöpfung ausruhte. Damit wollte man ausdrücken, daß der Mensch in seiner kreativen Arbeit wie auch in seiner Ruhe Gott nacheifern soll. Aber auch hier ist die Rede nur von der Ruhe, aber nicht vom Kult. Jesus erinnert die Pharisäer an den sozialen Charakter des Sabbats und macht ihnen gleichzeitig klar, daß die ursprüngliche Idee der Befreiung durch ihren Legalismus in Unterdrückung verwandelt wurde. In dieser gleichen Geschichte von den Ähren sagt er nämlich laut Lukas: »Der Ruhetag wurde für den Menschen gemacht, nicht aber der Mensch für den Ruhetag.«

Adán: – Mit einem Wort: Die Religion darf den Menschen nicht unterdrücken.
Laureano: – Es war nur so, daß sich diese Pharisäer absolut nicht für den Arbeiter interessierten. Darum trieben sie ihre Religion zu so unvernünftigen Extremen.
Manuel: – Sie hatten das Gesetz vollkommen verdreht, wie Jesus ihnen hier sagt. Anstatt den Armen in seiner Arbeit und seinen Nöten zu entlasten, wurde es zu einer neuen Last für ihn. Warum soll einer, der Hunger hat, nicht ein paar Ähren pflücken, um mit den Körnern seinen Hunger zu stillen? Diese Jünger waren arm, wahrscheinlich hatten sie keinen einzigen Peso, um sich etwas zu essen zu kaufen. Die Leute, die sie verurteilten, gehörten dagegen zur Oberschicht; die hatten ihre Vorratsschränke wahrscheinlich voll...
Olivia: – Und jetzt sagt ihnen Jesus also, der Tempel wäre nicht so wichtig, das wirklich Heilige sei der Mensch. Weder der Tempel noch die geweihten Brote, noch die Priester, noch die Opfer, nichts von allem zählt: Das einzig Wichtige ist der Mensch.
Felipe: – Das müßten auch heute die Priester in den Kirchen predigen: »Es gibt etwas Größeres als den Tempel.« Denn die Revolution ist wichtiger als alle religiösen Riten. Aber für viele Christen ist es nicht so, für sie ist der religiöse Kult wichtiger als das Volk.

Hättet ihr die Worte der Schrift »Ich habe Wohlgefallen an der Barmherzigkeit und nicht am Opfer« richtig verstanden, so hättet ihr diese Unschuldigen nicht verurteilt.

Chop: – Mit den Pharisäern meint er alle Reichen. Und warum? Weil der ihnen sagt, ihre Religion sei zu nichts nütze, solange es dem Volk dreckig geht.
Ich sage: – Vorher hatte er ihnen etwas sehr Respektloses gesagt, nämlich jeder dürfe am Sabbat arbeiten, weil es die Priester in den Tempeln ja auch täten. Jetzt wird er noch radikaler: Gott wolle überhaupt keinen Kult, sondern Liebe zwischen den Menschen. Der Satz, den er ihnen zitiert, stammt von dem Propheten Hosea, und mit Barmherzigkeit ist hier soziale Gerechtigkeit gemeint, Mitleid mit dem armen Volk. Das ist die Linie aller Propheten, die nicht müde wurden zu verkünden, Gott wolle keinen Kult, sondern soziale Gerechtigkeit.
Felipe: – Die Pharisäer hatten die gleiche Mentalität wie heute

die Kapitalisten, die auch keinerlei Mitleid mit den Armen haben, sondern sie mit ihren Gesetzen unterdrücken. Diese Gesetze sind ungeheuer heilig für sie, so zum Beispiel ihr Gesetz vom Privateigentum. Aber solche Gesetze sind nicht dazu geeignet, die Menschen zusammenzuführen, sie sich gegenseitig lieben zu machen. Darum sagt Jesus zu ihnen, es sei lauter Unsinn, den sie da verbreiteten.

Laureano: – Er sagt ihnen, sie hätten den Kopf voller Vorurteile. Wenn sie eine Ahnung von der Wirklichkeit hätten, würden sie keinen wegen solcher Dinge verurteilen.

Olivia: – Es handelt sich auch gar nicht darum, den Sabbat gegen den Sonntag einzutauschen und die Tieropfer gegen das Meßopfer. Nein, Gott will überhaupt keine Riten, sondern Liebe zum Nächsten und Mitleiden mit den anderen.

Ich sage: – Er sagt ihnen, er wolle keine religiösen Opfer.

Felipe: – Er will keine falschen Opfer.

Ich: – Er sagt nicht, er wolle keine falschen Opfer, sondern er wolle überhaupt keine Opfer. Punkt.

Quique: – Ich glaube, in einer gerechten Gesellschaft haben auch die Opfer einen Sinn, weil dann die Liturgie eine wirkliche Liturgie ist und einen wirklichen Sinn hat, nämlich die Gemeinschaft aller Menschen.

Laureano: – Vielleicht ist dann keine Liturgie mehr nötig. Wenn die Menschen immer in einer Liebesgemeinschaft leben und alles untereinander teilen, Essen, Kleidung, Bildung und alles übrige, ohne Unterschiede und ohne Konkurrenz ... Dann ist keine Liturgie mehr nötig, weil das ganze Leben eine einzige Liturgie ist.

Elbis: – Das soll also heißen, daß die Messe und die Kommunion wenig Sinn haben? Oder was?

Quique: – Also nein, das glaube ich nicht. Die Kommunion ist für mich ein Akt der Solidarität mit allen Menschen. Dabei muß ich an einen Satz von Che Guevara denken: Als ihm eine alte Frau aus Spanien schrieb und ihn fragte, ob sie vielleicht mit ihm verwandt wäre, weil sie auch Guevara hieße, antwortete er ihr, er wisse nicht, ob seine Familie von den gleichen Guevaras abstamme, es sei schon lange her, daß sie aus Spanien ausgewandert seien. Wenn sie aber jede Ungerechtigkeit in der ganzen Welt so empfände, als ob sie ihr selbst angetan würde, dann seien sie Bruder und Schwester. Ich glaube, das ist auch der Sinn der Eucharistie. Wenn ich die Kommunion empfange, werde ich aufgenommen in die Gemeinschaft

aller Menschen. Ich glaube, das ist der einzige Grund, warum man zur Kirche gehört. Das Christentum besteht darin, daß alle Menschen Jesus sind, daß alle Welt ein Teil des Volkes ist und daß man das eigene Leben wie das Leben aller anderen empfindet.
Chop: – Die Kommunion hat einen Sinn für alle die, die für eine Befreiung kämpfen. Für die anderen hat sie keinen Sinn.
Quique: – Ich sehe aber, daß sich ein Teil der Kirche immer weiter und weiter vom Evangelium entfernt. »Wo dein Schatz ist, da ist auch dein Herz«, sagt die Bibel. Man könnte auch sagen: So wie deine ökonomischen Interessen sind, so ist auch deine Mentalität. Als die Tupamaros diesen Banditen Mitrione hinrichteten, wurden sie vom Papst verurteilt. Andererseits äußerte sich der Papst nie direkt über Vietnam, höchstens in Allgemeinplätzen über Krieg und Frieden ... Ich bin immer mehr davon überzeugt, daß wir eine große Verantwortung der ganzen Welt gegenüber haben. Ich glaube, wenn die Kirche das wirkliche Evangelium verkündet hätte, wären die kommunistischen Parteien in aller Welt überflüssig gewesen. Das alles hätte dann schon das Christentum erledigt. Eins der Dinge, die ich als Christ gelernt habe, ist, daß man aus seinem eigenen Ich herausgehen muß. Gott will ein Opfer von uns, aber es ist das Opfer unseres eigenen Ichs, ein Opfer der Liebe.
Chop: – Aber fast immer sind die führenden Männer der Kirche genauso, wie damals die Pharisäer waren, die kein Mitleid mit denen hatten, die aus purem Hunger ein paar Ähren ausrauften. Die haben auch vergessen, daß Gott keinen religiösen Kult will, sondern Liebe.
Quique: – Da muß ich an dieses Foto denken, das wir neulich in einer Zeitschrift sahen: Pinochet in einer Messe, in Brasilien war es, glaube ich. Ein Priester feierte eine Messe. Eine vollkommen unnütze Messe, meine ich. Als ich dieses Foto sah, fragte ich mich, was dieser Priester wohl predigte. Es gibt gar kein Evangelium, das er in dieser Messe hätte predigen können. Und dieser Pinochet da in der ersten Reihe, umgeben von seinen Leibwächtern, andächtig lauschend ... Ich glaube, mit der Kirche passierte genau das gleiche wie mit Israel: Sie verfälschte die wahre Lehre, und alle folgten ihr. Die Christen, die sich heute über die revolutionäre Kirche aufregen, gehören nicht zur Kirche, so fromm sie sich auch vorkommen mögen, sie gehören nicht zu denen, die das Christentum in die Tat umsetzen.
Ich sage: – In den USA gibt es einige religiöse Bewegungen, die

nur von der religiösen Inbrunst leben. Ein Christentum ohne jede Politik, von dem ich manchmal glaube, daß es direkt von der CIA subventioniert wird.

Denn des Menschen Sohn ist ein Herr auch über den Sabbat.

Manuel: – Er ist Herr über die Ruhe und die Arbeit, auch Herr über die Politik.
Antenor: – Die Pharisäer hatten sich ihre Gesetze selbst erfunden, aber sie machten die anderen glauben, es seien die Gesetze Gottes. Jesus entreißt ihnen diese Autorität, die sie als ihr Privileg ansahen, und übergibt sie seinen Leuten.
Tomás sagt: – Das ist zum Beispiel so, als ob ich mir an einem Sonntag sagte: »Heute arbeitest du nicht, heute ruhst du dich aus.« Aber dann kommt aus irgendeinem Grund ein Haufen Leute in mein Haus, und ich habe nichts, das ich ihnen anbieten könnte. Ich sage mir also: »Diese Leute sind meine Brüder, ich will ein paar Fische für sie fangen und ein paar Bananen für sie pflücken. Kommt, nehmt, und eßt euch satt.« Denn die Menschen sind wichtiger als die Gesetze und wichtiger als der vorgeschriebene Ruhetag. Jesus sagt uns hier, daß wir selbst nach unserem Gewissen entscheiden können.
Ich sage: – Die ersten Christen verlegten den Ruhetag auf den Sonntag, weil an diesem Tag Christus auferstanden war. Das bedeutete aber nicht, daß sie die Riten des Sabbat einfach auf einen anderen Tag übertragen hätten, nicht einmal, um ihn auf weniger legalistische Weise zu feiern. Jesus wirft den Pharisäern also nicht vor, zu legalistisch zu sein: Ein paar Ähren zu pflücken sei keine Arbeit. Nein, nach allem, was ich hier von euch gehört habe, ist mir klargeworden, daß Jesus noch radikaler war. Er sagte ihnen, alle Arbeit sei heilig, alle Menschen seien Priester, der Mensch sei wichtiger als der Tempel, und die Religion müsse den Menschen dienen anstatt umgekehrt. Und zum Schluß sagt er, er habe die Macht, einen neuen Sabbat einzusetzen, den endgültigen Ruhetag der Menschheit: wenn es keinerlei entfremdende Arbeit mehr gibt und keiner mehr an keinem einzigen Tag der Woche für einen anderen arbeiten muß; wenn alle menschliche Arbeit und alles menschliche Ausruhen so frei geworden ist wie die Arbeit und das Ausruhen Gottes. Dieser neue Sabbat, den Christus auf der Erde einsetzen wollte und der heute für die Menschen im Sonntag versinnbildlicht

ist, ist das Reich der Freiheit, das es in Zukunft geben wird. Der Apostel Paulus kündigte dieses Reich an, indem er sagte: »Es wird eine heilige Ruhe geben für das Volk Gottes, denn wer in die Ruhe Gottes eingeht, ruht von seiner Arbeit, wie Gott von der seinen ruhte.«

Ich frage, ob jemand noch etwas hinzuzufügen habe.

Nach einer Weile sagt Tomás: – Ich glaube, keiner.

Jesus wird angeklagt, mit dem Teufel im Bunde zu sein

(Matthäus 12, 22–32)

Wir haben im Versammlungshaus ein gemeinsames Mittagessen eingenommen: Reis mit Bohnen und gebratenem Wildschwein. Heute sind meine Kusine Silvia und ihr Mann Alvaro sowie mein Vetter Xavier und seine Frau Sonia bei uns zu Besuch.
Wir haben gelesen, wie Jesus einen Mann heilte, der von einem bösen Geist besessen war. Daraufhin klagten ihn die Pharisäer an, mit Beelzebub im Bund zu stehen.
Wir sprechen jetzt über die Worte, mit denen Jesus ihnen antwortete:

Jede Regierung, die in sich selbst uneins ist, geht zugrunde. Und eine Stadt oder eine Familie, in der keine Einigkeit herrscht, bleibt nicht lange erhalten. Wenn also der Teufel den Teufel austreibt, muß er mit sich selbst uneins sein, denn wie könnte sonst seine Macht bestehen bleiben?

Einer sagt: – Der Teufel ist wie eine Regierung, in der es keinen Widerspruch gibt. Oder wie unsere Nationalgarde. Gerade das macht sie so schrecklich. Es ist etwas, vor dem man wirklich Angst haben kann: das Böse als ein einziger Block.
Ein anderer (Oscar): – Und das ist ein gutes Beispiel für uns. Wenn das Böse gerade darum so stark ist, weil es eins ist, dann müssen wir auch eins sein, wenn wir stark sein wollen.
Don José: – Der Teufel ist eine Gemeinschaft. Wir können nur gegen ihn an, wenn wir auch eine Gemeinschaft sind.
Marcelino sagt: – Aber es handelt sich nicht darum, die eine Gemeinschaft der anderen gegenüberzustellen. Die Reichen sind sich auch einig, aber aus Egoismus, um ihre Interessen zu verteidigen. Die Vereinigung des Volkes darf nicht genauso sein, sie muß eine Gemeinschaft der Liebe sein.
Eins der Mädchen: – Wenn wir eine Gemeinschaft der Liebe sind, können wir Teufel austreiben.

Wenn ich also die bösen Geister durch Beelzebub austreibe; durch wen treiben sie eure Anhänger aus? Sie selbst sind es, die euch Lügen strafen.

Ich sage, dieser Satz Jesu erscheine mir ziemlich unverständlich.
Nach einer Weile sagt einer: – Ich glaube, Jesus will hier sagen, daß die Anhänger der Pharisäer überhaupt keine Teufel austreiben. Und das ist gerade der Beweis dafür, daß sie mit dem Teufel im Bund sind. Sie treiben sie nicht aus, weil das Böse eins ist und nicht uneins. Und genauso sind heute alle, die dieses Regime in Nicaragua verteidigen, mit dem Teufel im Bund, auch wenn es sich um hohe Persönlichkeiten der Kirche handelt. Sie sind selbst der Teufel, weil sie das Böse nicht bekämpfen, weil sie nichts gegen die Ungerechtigkeit, die der Teufel ist, tun. So kann man also ganz klar sehen, wer zu wem hält.

Ich aber treibe die bösen Geister durch den Geist Gottes aus; daran könnt ihr sehen, daß das Reich Gottes zu euch gekommen ist.

Marcelino: – Gott ist die Liebe. So ist also der Geist Gottes der Geist der Liebe. Der Teufel ist das Gegenteil von Gott und darum das Gegenteil von der Liebe, nämlich Egoismus. Es sind zwei Reiche, die sich gegenüberstehen, das Reich Gottes und das Reich des Teufels. Und wenn hier Teufel ausgetrieben werden, dann soll das heißen, daß das Reich Gottes über das andere Reich triumphiert.
Oscar: – So werden wir, wenn wir durch die Liebe verbunden sind, eines Tages über die anderen, die durch Egoismus verbunden sind, siegen.
Ich sage: – Normalerweise hält man den Haß für das Gegenteil der Liebe. Vor kurzem las ich aber in einem Buch über die Theologie der Befreiung das gleiche, was Marcelino gerade sagte: Das Gegenteil von der Liebe ist der Egoismus. Haß kann gleichzeitig mit Liebe existieren, er kann sogar Liebe hervorrufen oder umgekehrt. Aber Liebe und Egoismus sind völlig unvereinbar.

Wie kann jemand in das Haus eines starken Mannes eindringen und ihn ausrauben, es sei denn, daß er ihn vorher anbinde? Nur so kann er ihm seinen Besitz rauben.

Julio Mairena: – Der Teufel ist eine verbündete Macht, aber Chri-

stus hat diese Macht überwunden. Hier sagt Jesus, daß der Teufel zwar stark sei, daß er ihn aber festgebunden habe.
Ein anderer der Jungen: – Und da er den Teufel festgebunden hat, kann er ihm seinen Besitz wegnehmen. Was ist sein Besitz? Was er anderen geraubt hat. Es gehört ihm nicht. Nichts gehört ihm. Er ist wie ein Ausbeuter, der viele Dinge besitzt, die aber eigentlich anderen gehören.
Und Rebeca: – Hier in dieser Geschichte nimmt Jesus dem Teufel einen Menschen weg, der von ihm besessen war. Aber dieser Mensch gehörte ihm nicht. Alle Menschen, die vom Teufel besessen sind, sollen durch Christus befreit werden. Das heißt alle, die vom Egoismus besessen sind.
Alvaro: – Jesus nennt den Teufel einen »starken Mann«. Das hört sich fast an, als ob er einen Diktator meinte ...
Ich sage: – Bei Lukas wird in dieser gleichen Geschichte gesagt, der starke Mann sei gut gerüstet gewesen, aber Jesus habe ihm seine Waffen weggenommen. Es scheint so, als ob mit dem Wort »Haus« nicht ein Privathaus, sondern eine Festung gemeint war. Jesus ist in die Festung des starken Mannes eingedrungen und hat ihm seinen »Besitz«, das heißt seine Waffe weggenommen. Er hätte dies, wie er sagt, nicht tun können, wenn er ihn vorher nicht festgenommen hätte. So handelt es sich also tatsächlich um die Niederlage eines Tyrannen.
Wir gehen zum nächsten Vers über, der auf den ersten Blick nichts mit den vorhergegangenen zu tun zu haben scheint:

Wer nicht für mich ist, der ist gegen mich, und wer nicht mit mir sammelt, der zerstreut.

Marcelino: – »Sammeln« ... »Zerstreuen« ... Es muß sich um Korn handeln. Es sind die Körner einer Saat, und die Saat sind wir. Die eingesammelten Körner sind wir alle zusammen: eine Gemeinschaft. Die zerstreuten Körner liegen eins hier, eins dort, das eine weit vom anderen entfernt. Und darum sind sie verloren, sie nützen nichts mehr. Das gleiche geschieht auch mit dem Egoismus. Der Egoismus läßt uns verlorengehen, weil er uns voneinander trennt. Die Liebe rettet uns, weil sie uns vereint.
Ein anderer sagt: – Der Teufel oder das Böse ist auch eine Gemeinschaft, aber eine Gemeinschaft, die zerstreut. Eben wurde die Nationalgarde erwähnt – die ist auch eins, aber nur um die anderen

uneins zu machen, um das Volk zu unterdrücken, um die einen gegen die anderen aufzubringen.

Xavier: – Es gibt nur zwei Reiche. Jedes von ihnen ist eine feste Einheit. Wer nicht zu dem einen Reich gehört, der muß zum anderen gehören. So verstehe ich das.

Ich: – Jesus sagt hier: »Wer nicht für mich ist, der ist gegen mich.« Als aber die Jünger einmal protestierten, weil ein anderer, der nicht zu ihrer Gruppe gehörte, böse Geister in ihrem Namen auftrieb, sagte er: »Wer nicht gegen uns ist, der ist für uns.«

Oscar: – Das ist ziemlich verwickelt ... Aber vielleicht läßt es sich irgendwie entwirren.

Er wiederholt sehr langsam die beiden Sätze, mehrere Male hintereinander. Dann denkt er einen Augenblick nach und sagt schließlich: – Also, einmal sagt er »mich« und einmal »uns« ... Vielleicht liegt da der springende Punkt. Zuerst sagt er, wer nicht für ihn ist, der zerstreut. Das heißt also, mit Christus vereinen wir die Menschen. Ohne ihn haben wir keine Liebe, und anstatt zu vereinen, veruneinen wir. So können wir in unserer Kooperative zum Beispiel dafür sorgen, daß sich alle einig sind, anstatt mit Klatsch, Neid und Zankereien alle zu veruneinen. Und dann sagt er: »Wer nicht gegen uns ist, der ist für uns.« Das heißt, wer nicht gegen uns ist, der veruneint uns nicht, der bringt unsere Gemeinschaft nicht durcheinander. Er hält zu uns. Er ist also mit uns vereint. Mit einem Wort: Wer nicht für die Gemeinschaft ist, der ist gegen Christus, und wer nicht gegen die Gemeinschaft ist, der ist für Christus.

Ich: – Kann einer nicht neutral sein?

Oscar: – Nein. Denn wenn er sich nicht der Gemeinschaft anschließt, dann trennt er sich schon allein dadurch von ihr ab. Schon das bloße Nicht-teilnehmen-Wollen an unserer Gemeinschaft ist eine Abtrennung. Darum ist der, der nicht für Christus ist, also für den, der uns wie Körner um sich sammelt, einer, der uns trennt, einer, der die Körner in alle Winde zerstreut.

Julio Mairena sagt: – Wer nicht für ihn ist, der ist gegen ihn, und wer nicht gegen ihn ist, der ist für ihn, das ist im Grunde dasselbe ...

Ein anderer: – Nein, das ist genau umgekehrt.

Julio Mairena: – Es ist umgekehrt, aber dasselbe. – Und nach einer Pause: – Ich meine, es ist dasselbe, weil der, der nicht liebt, ein Egoist ist und darum veruneint. Und wer kein Egoist ist, der liebt auch.

Laureano, sein Vetter, der immer von der Revolution spricht: – Man kann auch sagen, wer nicht für die Revolution ist, der ist ein Konterrevolutionär, aber wer nicht gegen die Revolution ist, der ist schon ein Revolutionär.
William: – Christus war kein Fanatiker und auch kein totalitärer Herrscher, der erklärte: »Alle, die sich nicht zu meiner Partei bekennen, werden von mir als meine Feinde betrachtet.« Che Guevara war nicht für Christus, aber er war auch nicht gegen ihn. So war er also nach den Worten Christi für ihn, Che Guevara hatte kein Interesse daran, Christ zu sein, weil er einzig und allein daran interessiert war, die Ungerechtigkeit zu bekämpfen. So war er also nach Christi Worten ein Christ. In dem Fall, daß einer nicht für ihn und darum gegen ihn ist, könnte man irgendeinen Bourgeois als Beispiel nehmen. Das heißt, wer nicht wirklich für Christus ist, der hat auch mit der Liebe zum Nächsten nichts im Sinn. Er hat kein Interesse daran, die Ungerechtigkeit auszurotten, und darum ist er gegen ihn.
Alvaro: – Ich bin der gleichen Meinung wie William, und ich glaube, man könnte das auch so ausdrücken: Wer nicht für ihn ist, der greift ihn an. Aber wenn einer ihn nicht angreift, wie dieser Mann, der die Teufel austrieb, ohne zu seinen Jüngern zu gehören, dann ist er für ihn. Wenn nicht, dann würde er ihn angreifen.
Ich sage: – Und gleichfalls könnte man es so ausdrücken: Wer nicht ungerecht ist, der ist für die Gerechtigkeit. Und wer nicht für die Gerechtigkeit (man könnte auch sagen für die Revolution) ist, der ist ungerecht, weil er auf seiten der Ausbeutung steht. Es ist umgekehrt, aber dasselbe, wie Julio sagt.
Jetzt lesen wir die nächsten zwei Verse, die scheinbar auch nichts mit dem Vorausgegangenen zu tun haben und die außerdem ziemlich unverständlich sind:

Darum sage ich euch: Alle Sünde und Lästerung wird den Menschen vergeben, aber die Lästerung gegen den Heiligen Geist wird den Menschen nicht vergeben. Und wer irgend etwas gegen des Menschen Sohn sagt, dem wird es vergeben, wer aber etwas gegen den Heiligen Geist sagt, dem wird es nicht vergeben, weder in dieser noch in der anderen Welt.

Mein Vetter Xavier fragt: – Was ist nun eigentlich diese berühmte Sünde gegen den Heiligen Geist?

Und meine Kusine Silvia: – Zuerst einmal: Wer ist der Heilige Geist?
Ich frage, ob jemand eine Antwort darauf habe. Nach einer kleinen Pause sargt Marcelino: – Ich weiß aus dem Glaubensbekenntnis, daß der Heilige Geist vom Vater und vom Sohn ausgeht. In einem Katechismus, den ich zu Hause habe, habe ich auch gelesen, daß der Heilige Geist genauso Gott ist wie der Vater und der Sohn. Nun wissen wir aber schon, daß Gott die Liebe ist. Was geht von Gott aus, das auch Gott ist? Es muß die Liebe sein! Aber wenn es ausgeht, dann muß es auch irgendwo hingelangen. Wohin? Zu uns. Dann ist es also der Geist der Liebe, der zu uns gelangt. Wozu? Um einfach in uns sitzen zu bleiben? Nein, um auch von uns auszugehen und zu unserem Nächsten zu gelangen. Der Heilige Geist ist also dasselbe wie der Geist der Gemeinschaft und Liebe zwischen uns. Wer Christus abweist, aber seinen Bruder liebt, der wird gerettet. Wer aber die Liebe zu seinem Bruder abweist, der wird weder in dieser noch in der anderen Welt gerettet.
Alvaro sagt: – Ich kann mich nur wundern, wie Sie hier alle das Evangelium auslegen und zu so richtigen Schlüssen kommen. Ich lese auch oft in der Bibel, aber nie fällt mir etwas Gescheites dazu ein. Es muß wirklich der Heilige Geist sein, der Sie inspiriert ... Dieser Marcelino, zum Beispiel, das ist ein wirklicher Kirchenlehrer.

Das Gleichnis vom Sämann

(Matthäus 13, 1–13)

Wir sind im Gemeinschaftshaus. Vor uns liegt der See so glatt wie ein Spiegel. Wie immer um diese Zeit im Mai herrscht völlige Windstille. Wir haben zusammen Reis und Bohnen gegessen, dazu einige Mojarrafische, die Don Julio Guevara gefangen hat. Nun besprechen wir das Gleichnis vom Sämann, das uns Alejo vorgelesen hat.

An diesem Tag ging Jesus aus dem Haus und setzte sich ans Meer. Da sich eine große Menschenmenge um ihn versammelt hatte, stieg er in ein Boot, während die Menge am Ufer blieb. Und er erklärte ihnen viele Dinge in Gleichnissen: Es ging ein Sämann aus, um zu säen ...

Ich sage: – Sie sind fast alle Bauern, darum werden Sie dieses Gleichnis von den Samenkörnern, das Jesus den Leuten vom Schiff aus erzählte, besonders gut verstehen.
Nach einer kurzen Stille sagt Manuel etwas zögernd: – Die Samenkörner sind klein ... Ich glaube, Jesus will damit sagen, das die Botschaft vom kommenden Reich am Anfang klein und unbedeutend erscheint.
Don José: – Ein Samenkorn ist etwas Lebendiges. Man sät keine toten Körner. So ist auch die Botschaft etwas Lebendiges.
Oscar: – Ein Samenkorn ist auch etwas, das man essen kann. Man sät Körner aus, um sich später davon zu ernähren. Die Worte Jesu sind wie Körner, die er ausstreut, um uns alle damit zu ernähren.
– Ein Samenkorn ist zuerst ein einziges Ding, aus dem später viele werden – sagt Marcelino.
Ein anderer: – Ein Samenkorn ist so ein kleines verschrumpeltes Etwas, und wer nichts davon versteht, könnte meinen, es sei zu nichts nütze. So ist es auch mit dem Wort Gottes, scheint mir, das heißt für einen, der nicht weiß, was es damit auf sich hat.
William, der seinen kleinen Sohn Juan auf dem Schoß hat: – Meiner Ansicht nach ist ein Samenkorn nicht nur etwas Lebendiges, sondern es gibt auch das Leben weiter.

– Wir sind alle Samen. Samen, die wieder neue Samen hervorbringen. – Das sagt Natalia, die unseren Frauen hier bei ihren Geburten hilft.

Oscar: – Christus ist auferstanden, weil er ein gesundes Samenkorn war. Bei der Landarbeit sehen wir, daß nicht alles Korn aufgeht, sondern nur das gesunde. Wenn wir wie Christus auferstehen wollen, müssen wir von der gleichen Art Korn sein wie er. Wenn wir totes Korn sind, oder wie wir hier sagen, »Samen mit schlechtem Auge«, ist es unmöglich, daß wir auferstehen, weil wir von vornherein tot sind. So sehe ich das jedenfalls.

Ich sage: – Das Samenkorn muß in die Erde eingegraben werden und sterben, um neu geboren zu werden. Das ist ein weiteres Mysterium dieser Geschichte von den Samenkörnern.

Und Olivia: – Ich glaube, Jesus erzählte dieses Gleichnis vom Samenkorn, weil er sich damit an uns, an die Bauern, wenden wollte. Wenn er die Reichen gemeint hätte, hätte er sicher ein anderes Beispiel gewählt, das sie besser verstanden hätten. Aber er gebrauchte dieses Beispiel vom Samenkorn, weil er in unserer Sprache sprach. Er spricht von der Aussaat und von den Zanatevögeln, die die Körner fressen, und von den Pflanzen, die in der Regenzeit verderben, und von den schädlichen Chagüitevögeln. Das ist unsere Sprache, und darum ist seine Botschaft an uns gerichtet, an die Armen.

Tomás: – Und wenn wir seine Botschaft hören und sie wieder vergessen, dann sind wir wie der Mais, den die Zanatevögel gefressen haben. Man kann heute säen, und wenn man morgen wieder aufs Feld kommt, haben sie kein einziges Korn übriggelassen. Die Zanates sind der Teufel, der die Botschaft vernichtet, kaum daß sie ausgesät ist.

Felipe, Tomás' Sohn: – Andere Samenkörner fallen auf den Weg, wo die Erde festgetreten ist, weil die Leute dort hin und hergehen. Das passiert mit denen, deren Geist von der Propaganda blockiert ist. Sie glauben alles, was sie Leute ihnen vorreden, so kann die Botschaft vom Reich Gottes nicht in sie eindringen. Sie hören zwar davon, zum Beispiel, wenn sie hier in die Kirche kommen, aber sobald sie irgendeine staatliche Propagandasendung hören, ist sofort alles wieder weggewischt.

Oscar: – Und dann fiel etwas zwischen die Steine. Die steinige Erde, das sind die versteinerten Herzen, in denen es viel Egoismus und wenig Liebe gibt.

Und wieder andere – sage ich – wurden von den Dornen erstickt. Das sind die übertriebenen Sorgen um diese Welt, die Verführung durch den Reichtum. Und ich wiederhole einen Satz, den ich einmal von Thomas Merton hörte: »Es ist doch bezeichnend, daß für Christus der Reichtum nicht angenehm ist, sondern problemreich wie Dornen.«
Marcelino: – Für mich ist das völlig einleuchtend.
Ich frage ihn: – Warum?
Er antwortet: – Es handelt sich um Dornen. Die sind zwar klein, aber sie gehen unter die Haut und tun uns weh. Wenn die Dornen nicht so klein wären, könnten sie nicht in die Haut eindringen. Genauso unbedeutend sind die Reichtümer, aber gerade darum lassen sie uns keine Ruhe. Wenn wir so einen Fremdkörper in der Haut stecken haben, können wir an nichts anderes denken. Er tut uns weh, und je feiner er ist, desto schwerer kriegen wir ihn wieder heraus. So ist ein reicher Mann wie einer, der den Dorn einer Coyolpalme in der Ferse hat. Er kann kaum noch laufen.
César: – Reich sein bedeutet dasselbe wie Sorgen haben.

Anderes aber fiel auf gutes Land und trug Frucht; einige Pflanzen hundertfältig, andere sechzigfältig und wieder andere dreißigfältig. Wer Ohren hat, der höre.

Marcelino: – Diese Geschichte von den Samenkörnern, die wir jetzt gerade hören, ist das Samenkorn selbst. Vielleicht haben wir das auf den ersten Blick gar nicht gemerkt. Aber wenn wir diese Worte wirklich hören, senkt sich das Samenkorn des Reiches Gottes tief in uns ein. Genau das will uns Jesus sagen, aber er spricht nur für die, die Ohren zum Hören haben.
Félix Mayorga: – Mit einem Wort: Manchmal gehen die Worte Jesu auf und manchmal nicht. Genau das wird uns hier gesagt.
Manuel: – Ich glaube, daß bei dieser Aussaat viel Korn verlorengeht, vielleicht sogar der größte Teil. Aber letzten Endes machen die Körner, die endlich aufgehen, alle Verluste wieder wett. So wird es meiner Meinung nach auch mit der Ernte dieser Worte sein. Zuerst scheinen sie nur wenige Menschen anzunehmen, aber diese wenigen werden später eine riesige Gesellschaft, weil aus jedem einzelnen ein ganzer Haufen wird.
Julio: – Ich sehe da auch noch etwas anderes. Das Samenkorn an sich, das heißt ohne gute Erde, nützt gar nichts. So ist auch die

ganze Botschaft vom Reich Gottes ohne uns nichts nütze. Ohne uns Menschen gibt es kein Reich Gottes.
Olivia: – Damals säte Jesus von einem Boot aus. Heute verbreitet er seine Botschaft hier in unserer Kirche.
Ich sage: – Am Anfang dieses Evangeliums heißt es: »Jesus ging aus dem Haus und setzte sich ans Meer.« An mehreren Stellen sprechen die Evangelien von *dem* Haus, ohne genau anzugeben, um welches Haus es sich konkret handelt. Es scheint, daß dieses Haus allen gut bekannt war. Dazu wird die Tatsache erwähnt, daß der See ganz in der Nähe lag. Wahrscheinlich lebte Jesus dort mit seinen Anhängern, oder – wie wir heute sagen würden – er hatte dort sein Operationszentrum. Das heißt, er lehrte jetzt nicht mehr in den Synagogen, sondern in einer Art Landschule. Vielleicht hatte er die Synagogen satt, oder – was wahrscheinlicher ist – er wurde dort ausgewiesen. Mit dem Gleichnis vom Sämann beginnt er eine Reihe von Gleichnissen, die unter dem Namen »Die Predigten am See« bekannt sind, die er aber wahrscheinlich nicht an einem Tag erzählte, sondern an vielen aufeinanderfolgenden Tagen. Matthäus läßt Jesus sitzen, vielleicht weil die Lehrer damals im Sitzen predigten. Jesus sitzt aber nicht auf dem Lehrstuhl einer Universität, sondern in einem Fischerboot. Die anderen Lehrer erklärten ihre Doktrin einer auserwählten Gruppe von Schülern, aber Jesus predigt nicht einer Elite, sondern dem ganzen Volk. Seine Lehrstücke sind einfache Beispiele aus dem täglichen Leben. Denn wie Olivia ganz richtig sagte, wendet er sich vor allem an die Armen.

Da traten die Jünger zu ihm und fragten: Warum redest du zu den Leuten in Gleichnissen? Jesus antwortete ihnen: Euch gibt Gott die Geheimnisse des Himmelreichs zu verstehen, sie aber können sie nicht wissen.

William: – Diese »sie«, das sind die Reichen und Mächtigen. Hier wird ganz deutlich, daß Jesus zusammen mit seinen Leuten eine Art Geheimbund bildet. Diese Versammlungen scheinen irgendwie im Untergrund stattzufinden. Vorher hatte er die Wirkung gesehen, die seine Worte auf andere Kreise ausübten. Er hatte sozusagen eine schlechte Presse und sah die Unterdrückung schon kommen. Diese Art, nur in Gleichnissen vom Reich Gottes zu sprechen, kann also auch eine Strategie gewesen sein ...
Marcelino: – Aber er sagt auch, seine Anhänger verstünden die

Geheimnisse des Reiches Gottes. Es ist wirklich interessant, daß die Botschaft vom Reich Gottes irgendwie ein Geheimnis zu sein scheint. Er verkündigt sie dem ganzen Volk, aber immer irgendwie im geheimen. Die Botschaft ist da, aber sie ist versteckt. Genau wie ein Samenkorn in der Erde, das man nicht sieht.

Denn dem, der hat, dem wird gegeben werden, so daß er übergenug hat; dem, der aber nichts hat, dem wird auch das wenige genommen werden, das er hat.

Manuel sagt: – Ich habe beobachtet, daß ein Großgrundbesitzer, der tausend Hektar Baumwolle sät, mit allen möglichen Maschinen, mit Insektenvertilgungsmitteln, mit Unkrautvertilgungsmitteln, mit gutem Dünger und allem, was dazu gehört, einen Haufen Geld verdient. Wenn dagegen ein Kleinbauer, dem nichts von all diesen Hilfsmitteln zur Verfügung steht, nur einen einzigen Hektar Baumwolle sät und dazu eine schlechte Ernte hat, dann hat er am Ende nichts als Schulden und ist ärmer als vorher. Das bißchen, das er hatte, hat ihm am Ende die Bank weggenommen.
Oscar: – Ja, genau das passiert mit dem Geld, aber in diesem Evangelium ist nicht das Geld gemeint, sondern die Liebe. Trotzdem scheint es so, als ob Jesus uns sagen wollte, daß in seinem Reich etwas Ähnliches geschieht wie hier mit dem Geld. Genauso wie viel Geld noch mehr Geld anzieht, so zieht Liebe noch mehr Liebe an. Und genauso wie ein Reicher immer gute Geschäfte macht, vor allem wenn er sehr reich ist, so erhält auch der, der viel Liebe hat, noch viel mehr Liebe. Umgekehrt verliert der, der viel Egoismus hat und seinen Bruder ausbeutet, auch noch das bißchen Gute, das er in seinem Herzen hatte. Und wenn er vorher schon schlecht war, so wird er nun noch immer schlechter, bis er von oben bis unten schlecht ist. Es ist nämlich so, daß der Egoismus noch mehr Egoismus anzieht, genau wie die Liebe noch mehr Liebe anzieht.

Darum rede ich zu ihnen in Gleichnissen, denn mit sehenden Augen sehen sie nicht, und mit hörenden Ohren hören sie nicht.

Alejandro: – Die Gleichnisse Jesu sind für die einfachen Leute vollkommen einleuchtend, aber den Hochmütigen sagen sie überhaupt nichts, eben weil sie so hochmütig sind und die Sprache Jesu wegen ihrer Einfachheit verachten. Für die einen ist sie eine Erleuchtung, für die anderen ein Rätsel. Weil die Botschaft Jesu so einfach ist, verstehen sie nur die einfachen Leute.

Laureano: – Die einen glauben eben an ihn und die anderen nicht. Genauso ist es auch mit der Revolution. Die einen sind von ihrer Notwendigkeit überzeugt, und die anderen lehnen sie ab. Wenn alle mit der Revolution einverstanden wären, brauchte man keine Revolution mehr.

Ich frage, ob alles klar sei.

Und einige antworten: – Ja, ganz klar.

Silvestre ruft aus: – Oberklar ist jetzt alles!

Vom Unkraut unter dem Weizen

(Matthäus 13, 24–30 und 36–43)

Im heutigen Evangelium erklärt uns Jesus, das Reich Gottes sei wie ein Mann, der Weizen aussäte. Ein Freund dieses Mannes aber säte Unkraut unter den Weizen. Seine Angestellten schlugen ihm vor, das Unkraut auszujäten, aber er antwortete ihnen:

Nein, denn gleichzeitig mit dem Unkraut könntet ihr auch den Weizen ausreißen. Es ist besser, beides zusammen wachsen zu lassen bis zur Ernte; dann werde ich den Arbeitern sagen: Sammelt zuerst das Unkraut in Bündeln und verbrennt es, und danach erntet den Weizen.

Ich sage: – Letzten Sonntag hörten wir das Gleichnis vom Sämann. In diesem zweiten Gleichnis erklärt uns Jesus, daß es in Wirklichkeit zwei Sämänner gibt: Der eine sät Weizen und der andere Unkraut. Denn in der Welt gibt es nicht nur das Gute, sondern auch das Böse.
Olivia: – Aber das Gute kommt von einem Sämann, und das Böse von einem anderen, nämlich von seinem Feind.
Felipe: – Ich sehe hier, daß die Menschheit in zwei Teile geteilt ist, in einen, der das Gute will, und einen anderen, der die Ungerechtigkeit will. Die einen gehören zum ersten Sämann, die anderen zum zweiten.
Pancho: – Wir sehen hier aber auch, daß das Gute und das Schlechte nicht getrennt ist, sondern zusammen wächst. Die Gerechtigkeit ist mit der Ungerechtigkeit vermischt. Sagt mir jetzt also nur nicht, alle Armen wären gut und alle Reichen schlecht.
Marcelino: – Natürlich nicht. Wir leben in einer Welt, in der das Gute und das Schlechte durcheinandergewürfelt ist. Es gibt nichts, von dem wir sagen könnten, es sei vollkommen schlecht, und auch nichts, von dem wir sagen könnten, es sei vollkommen gut. Es wird aber ein Tag kommen, an dem alles säuberlich getrennt sein wird, das Gute auf der einen Seite und das Schlechte auf der anderen. Das eine wird gesammelt und das andere vernichtet.
Félix: – Als Bauer, der ich bin, habe ich die Erfahrung gemacht,

daß das Unkraut viel zäher ist als die guten Pflanzen. Darum soll man das Unkraut nicht ausreißen, bis das Korn etwas kräftiger geworden ist. So geht es heute auch mit der Ungerechtigkeit, die viel zäher ist als die Gerechtigkeit. Wir müssen warten, bis die Gerechtigkeit etwas kräftiger geworden ist.

Julio: – Ich sehe hier, daß Gott ein guter Bauer ist, der weiß, wie man ein Feld bestellt. Seine Angestellten dagegen scheinen mir nicht sehr beschlagen.

Alejandro: – Noch etwas ist interessant: Zuerst wird das Schlechte vernichtet; erst dann sammelt man das Gute ein.

Oscar: – Also, ich sehe das so, daß Gott uns hier erlaubt, zu tun, was wir für richtig halten, daß er uns Willensfreiheit läßt. Er läßt das Gute wie das Schlechte wachsen, weil sich das Schlechte später zu etwas Gutem entwickeln kann. Wenn man es schon von Anfang an ausreißt, läßt man dem Menschen keinerlei Gelegenheit, seinen Sinn noch zu ändern.

Olivia: – Das Schlechte ist auch in uns selbst, und wenn Gott es sofort ausreißen wollte, dann würde er den ganzen Menschen ausreißen. Wir sind gleichzeitig schlecht und gut. In einigen Dingen gut und in anderen schlecht.

Und ein Junge, der in Managua einmal in einem Jugendgefängnis war und heute bei uns zu Besuch ist: – Es gibt viele Leute, die schlecht sind, denen man aber zeigen kann, wie man gut wird. Das ist diese Gelegenheit, von der Oscar spricht.

Ein anderer sagt: – Heute kann man das Schlechte noch nicht vom Guten trennen, ohne alles kaputtzumachen.

Oscar: – Natürlich geht das nicht, Mensch! Du denkst vielleicht, du reißt das Unkraut aus, und dabei zerstörst du das Beste. Mit der Zeit kann sich dieses scheinbare Unkraut zu etwas Gutem entwickeln. Gott weiß, daß einer schlecht anfangen und schließlich doch gut enden kann, genauso wie ein Guter letzten Endes manchmal noch schlecht werden kann. So reißt Gott keine Pflanze vor der Zeit aus. Er läßt sie wachsen und wählt erst zum Schluß aus.

Felipe: – Vielleicht ist es auch so, daß wir selbst später ein klareres Urteil haben werden. Und dann werden wir vielleicht selbst unterscheiden können, wer von uns gut und wer schlecht ist, meint ihr nicht?

Oscar antwortet: – Das ist am Ende der Zeit, wenn die Welt in Gut und Böse eingeteilt werden kann.

Ein Hippie aus Venezuela: – Wir lehnen die Ungerechtigkeit oft

ab, um dann selbst in eine andere Ungerechtigkeit zu verfallen. Wir brechen aus dem System aus, aber wir bilden uns neue Systeme. Es ist gut, zu wissen, daß man später die Gerechtigkeit ganz klar von der Ungerechtigkeit unterscheiden können wird. Und daß es von dem Tag an nur Gerechtigkeit geben wird.
Ich sage: – Wir haben immer die Neigung zu glauben, daß alles Gute bei den einen und alles Schlechte bei den anderen liegt. Aber dafür ist die Zeit noch nicht gekommen. Auch die Christen haben oft geglaubt, sie seien die einzigen Guten und die Schlechten immer die anderen. Aber die Kirche begann schon sehr bald zu merken, daß das Böse auch innerhalb der Kirche gedeiht. Vielleicht erinnerte sich die erste christliche Gemeinde in diesem Augenblick an das Gleichnis vom Unkraut unter dem Weizen und nahm es in das schriftlich aufgezeichnete Evangelium auf. Die Lehre, die in diesem Gleichnis enthalten ist, ist ganz einfach: Heute in der Gegenwart ist Gut und Böse noch vermischt, aber in Zukunft wird beides voneinander getrennt sein.
Horacio: – Ich glaube, heute beherrscht das Böse das Gute noch. Denn was für eine Ungerechtigkeit gibt es, die es nicht gibt? Das heißt natürlich nicht, daß man nicht dagegen kämpfen sollte.
Alberto: – Aber die wirkliche Trennung von Gut und Böse werden wir erst in der Ewigkeit zu sehen bekommen.
Wir lesen nun, wie Jesus seinen Anhängern dieses Gleichnis erklärt, nachdem die Leute nach Hause gegangen sind und die Gruppe unter sich ist:

Die Ernte ist das Ende der Welt, und die Schnitter sind die Engel. So wie man das Unkraut sammelt und verbrennt, so wird es auch am Ende dieser Welt gehen. Des Menschen Sohn wird seine Engel senden, die werden alle, die ein Ärgernis sind und Unrecht tun, aus seinem Reich aussondern und in einen Feuerofen werfen, wo sie weinen und seufzen werden. Dann werden die Gerechten leuchten wie die Sonne in seines Vaters Reich. Wer Ohren hat, der höre.

Felipe: – Ich glaube, die Engel, das sind die Menschen selbst. Gott wird durch die Menschen selbst das Gute vom Bösen trennen lassen. Der Mensch ist von Natur aus gut, das Böse kam erst später von außen dazu. Gott wird sich der Menschen bedienen, um diese Ernte einzubringen. Ich glaube, es ist ein Irrtum, zu glauben, Gott würde die Welt ohne uns in Ordnung bringen.

Ich sage, das Wort »Engel« bedeute »Botschafter«. In der Bibel handelt Gott fast immer durch Botschafter, und das sind die Engel. Es scheint mir sehr logisch, daß diese Engel oder Botschafter des Menschensohns die Menschen selbst sind, wie Felipe sagte. Daß die Ernte das Ende der Welt sei, bedeutet meiner Meinung nach, daß sie das Ende der Bosheit ist, nicht das Ende des Universums. Denn was nützte es, daß die Bosheit verschwände, wenn gleichzeitig auch das ganze Weltall zu existieren aufhörte? Christus spricht von einer Ernte, und eine Ernte kann nicht Zerstörung bedeuten. Er spricht zwar von einer Zerstörung durch das Feuer, aber damit ist nur das Unkraut gemeint. Genau wie der Jesuitenpater Porfirio Miranda glaube auch ich, daß das Weltgericht hier in dieser Welt stattfinden wird (die vollkommene Verwirklichung der Gerechtigkeit auf der Erde), was ein Weiterleben nach dem Tode nicht ausschließt. In den Evangelien wird uns gesagt, daß dieses Gericht in der Geschichte bereits begonnen hat, nämlich seit Christus auf die Welt kam. Und der Apostel Jakobus sagt, das Gericht sei für die Reichen ...
Laureano: – Ich glaube, wenn die Ausbeutung des Menschen durch den Menschen aufhört, dann wird schon ein guter Teil Unkraut vom Weizen getrennt sein.
Elbis: – Ich glaube, in einigen Ländern kann man schon etwas von dieser Trennung sehen, in Kuba zum Beispiel. Wenigstens ein Anfang ...
Oscar: – Meiner Meinung nach ist mit diesem Sammeln des Weizens in die Scheune die Vereinigung aller Menschen gemeint. Das Unkraut sind die, die nichts von dieser Vereinigung wissen wollen, darum haben sie nichts in der Scheune zu suchen.
Ich: – Jesus sagt, zuerst würden alle, die »ein Ärgernis« sind, abgesondert. Das Wort »Ärgernis« oder »Skandal« kommt aus dem Griechischen, und ursprünglich war ein Stein damit gemeint, der Anlaß zum Stolpern gibt. In der Bibel ist mit diesem Wort immer ein Hervorbringer von Ungerechtigkeit gemeint, obwohl »Skandal« heute etwas ganz anderes bedeutet. Jesus sagt uns hier also, daß bei diesem Gericht alle *Hindernisse*, das heißt alle, die sich der Vereinigung entgegenstellen, aus dem Weg geräumt werden.
Laureano unterbricht mich: – Die Reaktionäre sozusagen ...
Ich fahre fort: – Das Bild vom Feuerofen soll uns eine Vorstellung davon geben, daß das Böse vollkommen ausgerottet wird. Und das Weinen und Seufzen versinnbildlicht das Nichtdazugehören.
Marcelino: – Aus dem Weizen wird Brot, aber aus dem Unkraut

wird nichts. Es nützt nur sich selbst. Die Frucht, die es hervorbringt, ist für den Menschen nichts wert. Ein böser Mensch ist der, der nur sich selbst nützt und nicht den anderen Menschen. Gerade darum ist er böse.

Ich sage: – Diesen Menschen stellt Jesus die »Gerechten« gegenüber, das heißt die, die Gerechtigkeit geübt haben. Daß er sagt, sie würden »leuchten wie die Sonne«, bezieht sich vielleicht auf die Auferstehung: die Verwandlung unserer Materie.

Elbis: – Aber meiner Meinung nach können wir diese Ernte vorantreiben, indem wir schon jetzt anfangen, gerecht zu sein.

Teresita: – Das ist ganz klar: Der Weizen, das sind die, die lieben, und das Unkraut die, die nicht lieben.

William: – Oder die Revolutionäre und die Reaktionäre . . .

Jemand fragt, warum Jesus immer hinzufüge: »Wer Ohren hat, der höre.«

Ich antworte, daß Jesus diesen Satz oft an das Ende eines Gleichnisses stellte, weil es von uns selbst und unserer Bereitschaft abhängt, ob wir ihn verstehen wollen oder nicht. Wir können diese Geschichte hören, ohne daß sie uns irgend etwas Wesentliches sagt. Diese Worte können aber auch so in uns eindringen, daß sie unser ganzes Leben verändern. »Ohren« zu haben bedeutet bereit zu sein, diese Botschaft in uns aufzunehmen. Und das ist dasselbe, wie für das Reich Gottes bereit zu sein.

Vom Senfkorn und vom Sauerteig

(Matthäus 13, 31–35)

Das Himmelreich ist wie ein Senfkorn, das ein Mensch nahm und auf seinen Acker säte. Es ist der kleinste unter allen Samen, wenn es aber gewachsen ist, so ist es größer als alle Sträucher und wird ein Baum, und die Vögel unter dem Himmel kommen und wohnen in seinen Zweigen.

Manuel: – Das Wort Gottes, scheint mir, ist ein sehr feines, sehr kleines Ding, das am Anfang unbedeutend erscheint und deshalb von vielen verachtet wird, aber später wie ein Senfbaum wächst. So teilte Jesus sein Wort am Anfang nur zwölf Menschen mit, und das war sehr unbedeutend, aber das Wort verbreitete sich weiter und streute sich in der Welt aus. Es verbreitete sich so stark, daß es bis zu uns nach Solentiname gelangte ... Ich meine auch, daß das Wort Gottes klein und fast unbedeutend ist, weil es in unserem Herzen wächst, wo niemand es sieht, aber dann teilen wir es einem anderen mit und der wieder einem anderen, und so wächst und entwickelt es sich wie ein großer Baum, und dieser Baum ist die Veränderung der Welt.

Doña Adelita, eine unserer ältesten Frauen sagt: – Wir haben dieses Samenkörnchen heranwachsen sehen ...

Ich frage, was dieses »Himmelreich«, das Jesus mit einem Senfkorn vergleicht, wohl sei.

Natalia antwortet mit kräftiger Stimme: – Ich glaube, das Himmelreich ist die Eintracht. Wenn wir uns alle lieben, dann herrscht das Reich Gottes.

Ich sage, es ei seltsam, daß man so lange geglaubt habe, das Himmelreich wäre der Himmel. Auch jetzt gibt es noch viele gebildete Christen, die es weiterhin glauben. Und es war tatsächlich bequemer, das Himmelreich ins Jenseits zu verlegen, um diese Welt nicht verändern zu müssen. Wir wissen, daß Matthäus das Wort »Himmel« gebraucht, weil es jüdische Sitte war, das Wort »Gott« nicht auszusprechen. Aber wenn das Reich Gottes wirklich der jenseitige »Himmel« wäre, hätten alle Gleichnisse vom Gottesreich keinen Sinn: daß das Himmelreich wie ein Netz ist, das gute und schlechte Fische fängt; daß es wie ein Acker ist, auf dem Weizen und Unkraut wächst; daß es wie ein vergrabener Schatz ist; daß es wie ein Samenkorn ist; daß es wie ein Sauerteig ist ... Sinnlos wäre auch ein anderes Gleichnis, das in einem der apokryphen Evangelien steht, das aber authentisch von Jesus zu stammen scheint: Das Himmelreich ist wie eine Frau, die einen Krug Mehl nach Hause trägt, ohne zu merken, daß der Krug angeschlagen ist, und als sie zu Hause ankommt, entdeckt sie, daß das ganze Mehl ausgelaufen ist. Es scheint mir, dieses Gleichnis ist wie ein Bild der Kirche, die mit der Macht und dem Geld paktierte und die darum das Himmelreich lieber im Jenseitigen als im Diesseitigen sah. Darum hat sie jetzt, da der Mensch dabei ist, das Brot zu formen (die Welt zu verändern), das ganze Mehl verloren. Jesus sagte zu Pilatus, sein Reich sei nicht von dieser Welt, aber damit wollte er sagen, daß es im Gegensatz zu allen anderen politischen Reichen stand, weil es kein Reich der Herrschaft war. Sein Reich ist, wie Natalia ganz richtig sagte, die Eintracht, die Liebe.

William: – Deshalb vergleicht er es mit einem Senfkorn. Weil das Reich Jesu nicht als ein Reich der Weltherrschaft, wie es die Juden erwarteten (was eine reaktionäre Idee war), auftritt, sondern als eine sehr kleine bescheidene Gruppe, die am Anfang niemand beachtet. Ein Zimmermann mit ein paar armen Leuten! Keine einzige bedeutende Persönlichkeit befand sich unter seinen Schülern. Später aber wird es auch ein politisches Reich sein, das die ganze Welt beherrscht, und darum sagt Jesus, es würde größer sein als alle anderen Bäume. Aber am Anfang war es ein fast unsichtbares Reich.

Und Teresita, Williams Frau, die ihren Sohn Juan auf dem Arm hat: – Es ist das Reich der Armen, darum wird es am Anfang nicht beachtet. Aber eines Tages werden die Armen die Welt beherrschen und die ganze Erde besitzen.

Laureano: – Und das gleiche kann man auch von der Revolution sagen, nämlich, daß man sie am Anfang nicht bemerkt. Es sind kleine Grüppchen, Zellen ...

Der Dichter Coronel Urtecho, der heute bei uns zu Besuch ist, sagt: – Wie dieses Grüppchen, das jetzt in Solentiname alle diese Dinge sagt.

Und nach einer Pause fügt er hinzu: – Dagegen gibt es große Werke der Kirche, die mit viel Stolz geschaffen wurden und die doch im Nichts enden. Sie sind das Gegenteil vom Gottesreich. Zum Beispiel die Mittelamerikanische Universität der Jesuiten ...

Laureano: – Auch die Guerrillagruppen sind klein, unbedeutend und arm. Oft werden sie sogar ganz vernichtet. Aber sie werden die Gesellschaft verändern. Kann man auf sie nicht auch das Gleichnis vom Senfkorn anwenden?
Marcelino sagt mit seiner ruhigen Stimme: – Ich kenne das Senfkorn nicht, aber ich kenne den Samen des Guásimo, der auch klein ist, und ich sehe gerade dort gegenüber diesen riesigen Guásimobaum, der voller Vögel ist. Ich sage mir: So sind auch wir, unsere kleine Gemeinschaft, ein Samenkorn des Guásimobaums. Man könnte meinen, so ein rundes, winziges Ding, das aussieht wie ein Steinchen, habe nichts mit diesem großen Baum zu tun. Man könnte auch meinen, daß ein paar arme Bauern nichts mit einer gerechten und entwickelten Gesellschaft zu tun haben, in der Fülle herrscht und alles verteilt ist. Aber wir sind tatsächlich die Samen dieser Gesellschaft. Wann sich der Baum entwickeln wird, wissen wir nicht. Aber wir wissen, daß wir Samen und keine Steinchen sind.
Ich sage: – Der große Baum mit all seinen Zweigen und Blättern ist im Samenkorn schon gegenwärtig, wenn auch in verborgener Form. Genauso ist das Himmelreich, das ein kosmisches Reich ist, schon in uns gegenwärtig, aber in verborgener Form. Ein Baum ist das Ergebnis der Evolution eines Samens. In der Natur entsteht alles durch einen Evolutionsprozeß, und ich meine, daß Christus uns mit diesem Gleichnis vom Samenkorn auch sagen will, daß das Himmelreich ein Produkt des gleichen Evolutionsprozesses ist, durch den sich auch die Sterne, die Pflanzen, die Tiere und die Menschen formten. Es wächst in uns, getrieben von den gleichen Naturkräften, die auch die Evolution des ganzen Kosmos antreiben. Besser gesagt, das Himmelreich ist die Evolution selbst.
Elbis: – Ich glaube, daß die Vögel, die ihre Nester in den Ästen dieses Baumes bauen, die schon befreite Menschheit darstellen: die Menschen, die überall frei umhergehen können, ohne irgendwelche Grenzen, und die sich im Universum sicher fühlen, weil niemand Not leidet.
Teresita: – Dieses Gleichnis zeigt uns auch, daß wir Geduld haben müssen, denn ein Baum wächst nicht an einem Tag, und alle Vorgänge der Natur brauchen ihre Zeit.
Olivia: – Das Himmelreich oder das Reich der Liebe fängt klein an. Aber wenn wir ihn pflegen, dann wächst dieser Samen.
– Ich habe diesen Samen hier wachsen sehen, gelobt sei Gott – sagt die greise Doña Adelita mit ihrer schwachen Stimme.

Olivia fährt fort: – Das Himmelreich wächst auch in der Familie, mit den Kindern, die heranwachsen und die man erzieht. Sie wachsen heran, und ganz allmählich entsteht in ihnen das Himmelreich, das Reich der Liebe. Das Samenkorn des Himmelreiches ist schon in einem kleinen Kind. Und dann wird es erwachsen und streut später ebenfalls dieses Reich der Liebe aus. Ja, man kann sehen, wie das Himmelreich in unseren Kindern heranwächst.

Gleichfalls erzählte er ihnen dieses andere Gleichnis: Das Himmelreich ist wie der Sauerteig, den eine Frau unter drei Maß Mehl mengt, um den ganzen Teig zu durchsäuern.

Manuel: – Es ist dasselbe. Denn die Hefe ist im Verhältnis zum ganzen Teig auch klein und macht doch, daß er aufgeht.
Ich frage, wer mit diesem Teig wohl gemeint sei, und er antwortet mit großem Überschwang: – Wir alle!
Ich sage: – Die Hefe ist also die Liebe, die in der Menschheit ist. Am Anfang kann sie klein und unbedeutend gewesen sein; tatsächlich sehen wir sie noch ziemlich klein in uns, aber sie wächst und entwickelt sich und wird uns eines Tages alle vereinen.
Laureano: – In dem Buch, das wir jetzt im Jugendklub lesen, haben wir gesehen, wie die revolutionären Gruppen als Katalysatoren des Volkes dienen. Das ist das gleiche wie die Hefe des Volkes.
Doña Adelita: – Der Glaube ist die Hefe.
Elbis: – Die Hefe kommt aus dem Volk selbst. Am Anfang ist es nur eine kleine Gruppe, aber sie sorgt dafür, daß der Teig aufgeht. Ohne Hefe geht der Teig nicht auf, ohne Hefe kann man kein Brot backen.
César: – Das Himmelreich ist die Liebe, und darum sagt Jesus, es sei wie ein Samenkorn, das ein Mensch auf seinen Acker sät, und wie die Hefe, die eine Frau in den Teig mengt: weil es die Liebe ist, die Gott in uns gepflanzt hat, damit sie wächst.
Elbis: – Es kommt praktisch auf dasselbe heraus. Beide Dinge sind zunächst klein und wachsen später.
Ich sage: – Und Jesus erzählt uns dieses Gleichnis auch deshalb, damit wir nicht den Mut verlieren. Wir sehen hier, daß unsere Gruppe klein ist; viele haben Angst zu kommen. Aber Jesus sagt uns, daß das Himmelreich klein beginnt. Auch diese kleine Gruppe ist ein Ferment in einem Teig.

Donald: – Manchmal gibt es ein Ferment, das eigentlich eher zersetzend ist.
Ich: – Was Donald sagt, ist sehr richtig. Christus sagt uns an einer anderen Stelle, wir sollen uns vor der »Hefe der Pharisäer« und der »Hefe des Herodes« hüten, denn auch das Böse ist eine kleine Gruppe, eine Elite, die den ganzen Teig verdirbt. Ich stelle mir vor, die Hefe der Pharisäer ist die Korruption der religiösen Elite, und die Hefe des Herodes die Korruption der Elite der Macht. Diese Warnung sprach er nach der wunderbaren Brotvermehrung aus ...
Felipe unterbricht mich: – Und hier spricht er auch vom Brot. Warum nimmt Jesus dieses Beispiel vom Brot? Mir scheint, weil das Brot eine materielle Wirklichkeit ist (obwohl es nicht *nur* materiell ist), das heißt, weil wir die Liebe materiell verwirklichen müssen: durch Nahrung, Kleidung, Wohnung und alle übrigen Dinge, die die Natur und die Arbeit des Menschen hervorbringen. Deshalb benutzt Jesus dieses materialistische Gleichnis.
Ich sage, daß das Himmelreich tatsächlich dazu da sei, den Hunger zu stillen, den gesamten Hunger des Menschen, einschließlich aller materiellen Bedürfnisse. Darum vergleicht Jesus es mit einem Brot, das gebacken werden soll; und die Hefe, die es aufgehen läßt, ist die Liebe. Am Vorabend der französischen Revolution, als die ersten Zeichen der Volkserhebung zu sehen waren, sagten die Revolutionäre von Paris: »Das Brot erhebt sich.« Sie meinten damit die Masse des Volkes, die dabei war, sich zu erheben, aber gleichzeitig meinten sie auch einen Teig: Die Revolution war das große Brot. Noch immer können wir sagen, daß das Brot sich erhebt, nämlich überall dort, wo das Volk aufsteht. Es ist das gesamte Universum, das sich, getrieben von der Evolution und der Revolution, erhebt, bis es zu seiner Vollkommenheit gelangt, der Vollkommenheit des Himmelreiches, wie der heilige Matthäus sagt, oder der Vollkommenheit des Reiches Gottes, wie die anderen Evangelisten sagen. Und dieses Brot ist auch das Brot der Eucharistie, das wir am Altar erheben, »Frucht der Erde und der Arbeit des Menschen«, wie wir im Offertorium sagen. Wir bringen es Gott dar als Symbol aller Früchte der Erde und aller Arbeit der Menschen.
Alejandro: – Und dieses Brot ist dazu da, um es mit allen zu teilen. Darum war das Wunder der Brotvermehrung gleichfalls eine Lehre für uns: Wir sollen das Brot mit den anderen teilen.
César: – Die Vögel, die kein Nest haben, fliegen in die Irre, nicht

wahr? Diese Vögel, die keinen Ort haben, wo sie leben können, nähern sich dem Baum, und schon finden sie eine Bleibe, schon haben sie ein Nest. In diesem zweiten Gleichnis wird uns noch etwas anderes über das Himmelreich gesagt: daß es wie ein Brot ist, das den Hunger stillt ...

Doña Adelita: – Wenn ich ein Brot backe, ist es Gott, der den Teig aufgehen läßt. Ich frage mich: Wird er wohl aufgehen? Und er geht auf! Ja, er geht auf. So wächst jeden Tag meine Liebe zu Gott.

Laureano: – Also ich meine, wir sollen das tun, was unsere Aufgabe ist, nämlich wachsen. Und zwar wie ein Samenkorn, das zu einem Baum wird, und nicht wie eins, das nichts hervorbringt.

William: – Im Text sind mir zwei Wörter aufgefallen, die wir ebenfalls beachten sollten: Die Frau mischte die Hefe unter drei Maß Mehl, und so brachte sie den *ganzen* Teig zur Gährung. Das will zunächst heißen, daß wir uns mit der ganzen Masse vermengen sollen, ganz in sie eindringen und eins mit ihr werden. Zweitens bedeutet es, daß die Gesamtheit der Masse dazu bestimmt ist, zu fermentieren: das Brot soll mit allen Menschen geschaffen werden. Gerade dies will der Begriff »katholisch« ausdrücken: universal. Die katholische Kirche heißt so, weil sie keine Religion mehr ist, getrennt von den übrigen Religionen der Menschen, sondern weil ihr Ziel die Vereinigung *aller* Menschen, die Schaffung des universellen Menschen ist.

Der Dichter Coronel Urtecho: – Und warum drei Maß Mehl? Warum nicht zwei oder vier?

Einige von uns lächeln. Wir antworten ihm nicht.

Und er wiederholt: – Sicher war das die Menge, die die Frauen jener Zeit zu nehmen pflegten: drei Maß. Das ist so, als würde man heute zehn Pfund Mehl sagen. Aber ich glaube, es steckt vielleicht etwas mehr dahinter.

Ich fordere ihn auf, es uns zu erklären.

Coronel: – Die Dreifaltigkeit. Die Dreifaltigkeit, die das Mysterium der Gottesliebe, der Gottesgemeinschaft ist: Vater, Sohn und Heiliger Geist. Und auch die Liebe der Familie: William und Teresita mit Juan, ihrem Sohn. Die drei Maß sind also die Liebe zweier Wesen, die ein drittes hervorbringen. Die Fruchtbarkeit der Liebe, die immer nur Liebe zeugt.

Laureano sagt: – In Kuba gilt die kommunistische Partei als die Avantgarde, die das ganze Volk in Bewegung bringt. Und sie ist

tatsächlich die Elite derer, die die größten Opfer brachten, die am meisten für die anderen taten. In diesem Sinn kann man auch sagen, daß sie die Hefe des Volkes ist.
Pancho: – Wir sprechen über das Evangelium, nicht über den Kommunismus ...
Ich sage, daß in Kuba das Christentum das Gegenteil von dem war, was Christus wollte. Es war ein konventionelles Christentum und kein Ferment. In Kuba war der Kommunismus das Ferment.
Der Dichter Coronel Urtecho wendet sich an mich: – Zum Thema Christentum und Kommunismus fielen mir neulich einige Gedanken ein, die ich dir schon früher mitteilen wollte: Der Kommunismus kann das Christentum nicht absorbieren, ohne aufzuhören, Kommunismus zu sein und sich in Christentum zu verwandeln, während das Christentum den Kommunismus (Marxismus-Leninismus) sehr wohl absorbieren und doch weiter Christentum sein kann. Mit anderen Worten: ein Kommunist kann nicht Christ werden ohne aufzuhören, ausschließlich Kommunist zu sein, während der Christ sehr wohl Kommunist werden kann, ohne aufzuhören, ein Christ zu sein. Ich würde sagen, er wird dadurch sogar noch mehr Christ, als er vorher war.
Wir gehen zu den letzten Versen des Evangeliums über, in denen gesagt wird, Jesus habe nur darum in Gleichnissen gesprochen, damit sich die Weissagungen der Propheten erfüllten.

Ich werde in Gleichnissen sprechen und Dinge sagen, die seit dem Anfang der Welt verborgen waren.

Da alle schweigen, sage ich: – Das Himmelreich formt sich seit dem Anfang der Welt. Zuerst entwickelte es sich mit der sehr langsamen Evolution des Universums, später immer schneller mit den Revolutionen der menschlichen Gesellschaft. Aber weder die Natur noch die Menschen wußten, wohin dies alles führen sollte, bis Christus kam, um es zu offenbaren. Dieses Geheimnis scheint mir das Mysterium der Evolution und der Revolution (des Weltalls und der Menschen) zu sein, das seit dem Anfang der Welt verborgen war. Der Christ ist nicht unbedingt revolutionärer als der Nichtchrist, noch liebt er mehr als die anderen, aber der Christ ist, wie einer der lateinamerikanischen Theologen der Befreiung gesagt hat, *derjenige, der weiß*. Durch das Evangelium weiß er, wohin die Revolution schreitet, was das Ziel der Liebe ist. Und dieses seit

dem Anfang der Welt verborgene Geheimnis offenbart uns Christus auch jetzt, hier in dieser kleinen Gruppe von Solentiname.
Nach einer Weile sage ich, daß sowohl die Christen als auch die Kommunisten das Christentum und den Kommunismus immer als etwas einander Entgegengesetztes angesehen haben. Aber endlich ist uns durch das Evangelium selbst offenbart worden, was der Dichter Coronel Urtecho eben gesagt hat: daß der Christ Kommunist werden und dabei noch mehr Christ als vorher sein kann. Auch das ist eine Wahrheit, die uns bis jetzt verborgen war.

Der verborgene Schatz

(Matthäus 13, 44)

Wir befassen uns heute mit einem sehr kurzen Gleichnis:

Das Himmelreich ist wie ein verborgener Schatz im Acker. Ein Mensch findet den Schatz und versteckt ihn; und in seiner Freude darüber geht er hin und verkauft alles, was er hat, und kauft den Acker.

Ich beginne mit dem Hinweis, daß dieses Gleichnis ziemlich aktuell unter uns sei, jetzt, da zahlreiche archäologische Schätze in Solentiname gefunden würden: bei den Ortega, bei Don Catucho Guadamuz und auf der Insel La Juana ...
Felipe sagt: – Wir wissen schon, daß das Himmelreich das Reich der Liebe ist. Folglich ist es die Liebe, die wie ein Schatz ist. Die Liebe verlangt von uns, daß wir den Egoismus ablegen und alles, was wir haben, verkaufen.
Alejandro: – Alles verkaufen, um den Acker mit dem Schatz kaufen zu können, heißt, uns von allem Besitz trennen, um lieben zu können. Denn einer, der besitzt, aber nicht hergibt, was er hat, liebt die anderen nicht wirklich, weil er nicht mit ihnen teilt. Wer liebt, wer Freundschaften schließt, wer sich dem anderen anschließt, der hat diesen Schatz gefunden ...
Ein anderer der Jungen: – Ich glaube, damit ist schon alles gesagt. Liebe heißt, sich den anderen hingeben, sonst ist es keine richtige Liebe, und man betrügt sich nur selbst. Aber mir scheint, das hängt auch davon ab, was man besitzt. Wie können arme Leute wie wir diesen Schatz kaufen? Nur mit der brüderlichen Liebe, weil wir nichts anderes zum Geben haben. Von denen, die mehr haben, wird mehr verlangt.
Ich sage: – Das Evangelium sagt, daß der Mann *alles* verkaufte, was er besaß. Das verlangt das Himmelreich immer von uns. Wer wenig hat, muß auf das wenige verzichten, das er hat, und wer viel hat, auf das viele, aber wir alle müssen *alles* geben. Jener Mensch verkaufte alles, und nur so konnte er den Acker mit dem Schatz erwerben.

Oscar: – Aber was machte der Mensch, der diesen Schatz fand, hinterher mit ihm? Verschenkte er ihn?
Manuel: – Nein, er wollte ihn für sich, um sich daran zu erfreuen, aber die Dinge, die er vorher hatte, freuten ihn nicht mehr, darum tauschte er sie lieber gegen den Schatz ein. So sollen wir es mit allen Dingen halten, die wir besitzen: sie alle gegen die Liebe eintauschen, um uns an dieser Liebe zu erfreuen.
Ich sage: – Ja, auch das müssen wir in diesem kleinen Gleichnis beachten: diese Freude des Menschen, der all sein Hab und Gut verkaufte, um den Schatz zu erwerben.
Und Rebeca sagt: – Das ist wie eine Gemeinschaft, in der Liebe herrscht. In ihr gibt es viel Freude, weil sich alle lieben. Mir scheint, auch die Freude ist der Schatz ...
Ich sage, daß wir auch auf etwas anderes achten müssen, nämlich darauf, daß der Schatz versteckt war ...
Und Rebeca sagt wieder: – Weil es mehr Eigenliebe gibt als Liebe. Aber wo Liebe ist, herrscht Freude. Wo der Egoismus herrscht, gibt es keine Liebe.
Felipe: – Ich bin derselben Meinung wie Doña Rebeca. Auch ich glaube, es ist ein verborgener Schatz, weil wir ihn jetzt erst entdeckt haben. Das Evangelium ist wie ein verborgener Schatz, weil es niemand verstand, nicht wahr? Man las es uns auf Lateinisch vor und predigte es auf eine Weise, die nicht einmal annähernd dem wahren Evangelium glich. Aber jetzt sind wir dabei, es zu entdecken. Wir sind dabei, einen Schatz zu entdecken. Um ihn aber wirklich besitzen zu können, müssen wir alles, was wir haben, gegen die Liebe eintauschen. Sonst hat man das Evangelium vielleicht entdeckt, besitzt es aber nicht.
Tomás, Felipes Vater: – Mir scheint, wenn ein Dorf allein auf sich gestellt ist und niemand hat, der dort das Evangelium predigt, und wenn dann einer kommt und es verkündigt, dann ist es, als ob diese Gemeinde einen Schatz entdeckt hätte, und das ist eine Freude für alle.
Oscar: – Ich glaube, daß alle, die wir zu diesem Gottesdienst kommen, das Glück haben, den *wirklichen* Schatz zu entdecken.
Julio: – Eigentlich ist dieses Gleichnis, das Jesus hier erzählt, ein Geldbeispiel. Dieser Mensch machte ein Geschäft. Warum benutzt Jesus dieses Beispiel? Ich meine, weil die Menschen immer mehr und mehr Geld haben wollen. Und so müssen wir auch handeln: wir müssen immer mehr und mehr Liebe haben wollen.

Ich sage, daß es sich hier auch um eine tiefe persönliche Erfahrung handelt; darum wird sie mit einem verborgenen Schatz verglichen.
Und es gibt noch etwas an dieser kleinen Erzählung Jesu, das unsere Aufmerksamkeit erregt: Der Mann, der den Schatz entdeckte, ließ ihn weiterhin im Versteck. So ist auch das Himmelreich, obwohl es später eine soziale Wirklichkeit sein wird, in uns selbst verborgen. Es ist in uns, in unserem tiefsten Wesen, wo es jeder von uns entdecken kann.
Ich frage, ob jemand noch etwas hinzuzufügen habe.
Einer sagt: – Ich glaube, wir sind dabei, es zu entdecken ...

Das Netz

(Matthäus 13, 47–52)

Wir sind im Gemeinschaftshaus versammelt. Der See ist leicht vom Südwind bewegt. Die Boote, die am Holzsteg festgemacht sind, schwanken. Wir haben zusammen zu Mittag gegessen und besprechen jetzt ein kurzes Gleichnis. Liliam, die hübsche Tochter Marcelinos, hat vorgelesen:

Das Himmelreich ist auch wie ein Netz, das ins Meer geworfen wird und allerlei Fische fängt. Wenn es voll ist, ziehen die Fischer es an Land und setzen sich zur Auslese nieder. Sie behalten die guten in Körben und werfen die schlechten weg.

Olivia: – Das Himmelreich wird hier auf der Erde errichtet werden. Es ist die Liebe und die Gerechtigkeit unter den Menschen. Wie wir an diesem Gleichnis sehen, ist jetzt das Gute und das Schlechte noch vermischt, aber es wird ein Tag kommen, an dem Gut und Böse getrennt sein wird. Und nur das Gute, der gute Teil der Menschheit, wird bleiben.

Alejandro, ihr Sohn: – Diese Auslese wird auf der Erde stattfinden, und ich glaube nicht, daß Gott dazu die Engel schicken muß. Nein, er wird sie mit Hilfe der Menschen, mit einer sozialen Veränderung durchführen. Und ich glaube, daß wir jetzt schon mit dieser Veränderung unseres eigenen Ichs und unserer Gesellschaft beginnen können.

Marcelino: – Ich sehe, daß es zwei Menschheiten gibt: Die eine, die bisher gelebt hat, ist im Zugnetz versinnbildlicht, in dem es gute und schlechte Fische gibt. Die spätere dagegen wird eine wahre Gemeinschaft sein, und das ist die Menschheit der Körbe. Die Fische, die nichts taugen, bilden keine Gemeinschaft, sie sind in keinem Korb, sondern werden weggeworfen. Ich glaube, der Korb mit den guten Fischen ist die Liebe. Die weggeworfenen Fische sind die Menschen, die sich nicht von ihrem Egoismus, ihrem Individualismus trennen können.

Oscar: – Ja, weil Egoismus und Liebe nicht zusammen bestehen können, so wie die guten und schlechten Fische nicht zusammen auf

den Markt gebracht werden können. Zuerst wird das Netz ausgeworfen, um alles, was sich gerade findet, einzufangen, und später findet die Auslese statt. Jesus hat wahrscheinlich manchmal gefischt, wenn er mit den anderen Fischern zusammen war. Er wußte, wie es dabei zuging.
Ich sage: – Und er sprach zu den Fischern, zu Menschen wie Julio Guevara, Tomás Peña, die Brüder Altamirano, die Madrigales, Maria Peña ... Dies ist das letzte Gleichnis der sogenannten »Predigt am See«, die er am Ufer eines Sees hielt, der dem unseren hier sehr ähnlich war. Am See stand dieses Haus, in dem Jesus scheinbar lebte und das im Evangelium mehrmals erwähnt wird. Und an diesem See fand der wunderbare Fischfang statt, hier wandelte er auf dem Wasser, hier stillte er den Sturm und predigte auf einem Boot. An diesen Ufern erschien er seinen Jüngern nach seiner Auferstehung. Ich denke mir, daß er, als er dieses Gleichnis erzählte, vielleicht einige Boote am Ufer sah, so wie wir jetzt unsere Boote am Steg sehen; vielleicht sah er irgendwo ein Netz, und dann sagte er zu ihnen und zu uns: »Das Himmelreich ist wie ein Fischernetz ...«
Don Julio Guevara: – Und wir sind jetzt auch diese Fische ...
Don Tomás Peña, der wie Don Julio auch ein guter Fischer ist und der immer mit großer Weisheit spricht, obwohl er nicht lesen kann: – Ein Vergleich ist nicht etwas Gleiches, sondern etwas Ähnliches. So ist das Himmelreich einem Fischernetz ähnlich, das alle Fischarten fängt, wie das Buch sagt. Aber es gibt meiner Meinung nach einen Unterschied: Die Fische, die sich im Netz verfangen, haben keine Schuld, wenn sie schlecht sind, wenn sie uns nicht nützen. Wir Menschen dagegen, die wir im Netz des Himmelreiches sind, können wählen, ob wir gut oder schlecht sein wollen. Es ist nicht nötig, daß die Engel kommen, um die Auslese zu treffen, weil wir sie selbst schon getroffen haben. Wir können *Mogas* oder *Roncadores, Machacas* oder *Guapotes* sein ... Der See hat viele Fische. Es gibt *Mojarras,* wie diese weißen hier, das sind sehr gute *Mojarras.* Auch der *Guapote,* der *Robalo* und der *Roncador* sind sehr gute Fische, aber es gibt andere, die man nicht ißt, wie zum Beispiel die *Mogas,* die nach Erde riechen, weil sie nur Erde fressen, die *Cartillas,* die sehr dünn sind und nur aus Gräten bestehen, und die *Beatas,* die nach nichts schmecken, selbst wenn man sie in Öl bäckt ... Aber in diesem anderen See, von dem hier die Rede ist, hängt es von uns ab, gute oder schlechte Fische zu sein, meine ich ...
William: – Es heißt, daß die Fischer das Netz herausziehen, »wenn

es voll ist«, und das bedeutet, daß das seine Zeit braucht. Und das erklärt auch, warum jetzt überall das Gute und das Schlechte vermischt ist, sogar in der Kirche. Die Zeit ist noch nicht gekommen, um das Netz herauszuziehen. Aber das will auch heißen, daß es nicht immer so sein wird, sondern daß später in der Menschheit endgültig nur das Gute bleiben wird. Alles andere wirft man weg.
– Und ich glaube, daß das wohl sehr bald sein wird – sage ich.
– Erstens, weil man schon gewisse historische Zeichen zu sehen beginnt, die Jesus die »Zeichen der Zeit« nannte. Und zweitens, weil Jesus immer betonte, daß alles, was er ankündigte, das heißt das Himmelreich, »nahe« war.
Elbis: – Wenn es weder Ausbeuter noch Ausgebeutete, sondern nur noch eine Gesellschaft von Brüdern gibt, dann werden wir die guten Fische in einem Korb zusammen haben. Ich habe in einer Rede Fidel Castros gelesen, daß die Menschen sich in der vollkommenen kommunistischen Gesellschaft so lieben werden wie sie sich jetzt schon manchmal in ihren Familien lieben. Wir werden dann nur noch *Laguneros, Guapotes, Mojarras, Roncadores* und *Robalos* haben.
Ein paar rufen durcheinander: – Ja, ja, das ist alles ganz klar.
Ich sage zu ihnen, daß die Jünger Jesu dasselbe sagten, nachdem sie dieses Gleichnis gehört hatten. Und wir gehen zum nächsten Vers des Evangeliums über:

Dann fragte sie Jesus: Habt ihr das alles verstanden? Sie antworteten: Ja, Herr.

Ich sage: – Sie werden es sicherlich im gleichen revolutionären Sinn verstanden haben wie wir hier. Aber dieses »Ja« scheint mir auch ein Ja der Verpflichtung zu sein: Es bedeutet, die Botschaft Christi annehmen und bereit sein, sie in die Tat umzusetzen. Denn die Botschaft besteht nicht nur darin, daß sich die Welt irgendwann einmal ändern wird, sondern daß wir uns schon jetzt, im Hinblick auf diese Veränderung, selbst ändern müssen. Der Evangelist Markus faßt die Predigten Jesu in Galiläa, am Ufer dieses Sees, so zusammen: »Die Zeit ist erfüllt, und das Reich Gottes ist nahe. Ändert euer Verhalten und glaubt an die gute Botschaft.«

Dann sagte er zu ihnen: Darum gleicht jeder Schriftgelehrte, der ein Jünger des Himmelreichs geworden ist, einem Hausvater, der aus seinem Schatz Neues und Altes hervorzuholen versteht.

Einer der Jungen sagt: – Heißt das vielleicht, daß der Mensch die alten Sachen aus seinem Haus herausholt, um sie wegzuwerfen, weil es die neuen Sachen sind, die ihm mehr nützen? Denn die neuen Lehren werden sich jetzt durchsetzen, meine ich. Und das Alte nützt im allgemeinen nicht.
Ein anderer sagt: – In einem Haushalt sind auch die alten Sachen nützlich, genauso wie die neuen. Ich glaube, hier ist gemeint, daß aus allem Nutzen gezogen werden soll.
Doña Natalia, Elbis' Mutter, sagt: – Oft wirft man alte Sachen weg, und hinterher sucht man sie. Hier ist von einem Menschen die Rede, der sie nicht wegwarf, sondern aufhob. Später kann es einmal sein, daß dieses alte Zeug wieder gebraucht wird.
Und ein anderer der Jungen: – Ich glaube, Jesus selbst gab uns hierfür ein Beispiel, denn er bewahrte das Alte Testament und gab uns auch das Neue.
Felipe sagt: – Ich glaube auch, daß die Befreiung gleichzeitig alt und neu ist. Denn sie begann schon zur Zeit Mose und vielleicht noch früher, aber sie ist auch eine Sache von heute.
Elbis: – Und beides ist gut für uns, nicht wahr?
Alejandro: – Manchen von uns gefiel früher ein gewisser Frömmigkeitskult, wie die Marienbilder, die Heiligenstatuen, die Prozessionen und ähnliches, und jetzt gefällt uns das alles nicht mehr. Aber es gibt Dinge, die wir doch benutzen, auch wenn sie alt sind. Zum Beispiel das Fest des heiligen Josef. Jetzt feiern wir es anders als früher. Jetzt organisiert es der Jugendklub und gibt ihm den Sinn eines Arbeiterfestes.
Ich sage zusammenfassend: – Das will also heißen, daß nicht nur das Neue gut ist, sondern daß auch das Alte gut sein kann. Es gibt alte Dinge, die man wegwirft, weil sie nichts mehr nützen, aber es gibt andere alte Dinge, die nützlich sind und die man darum weiter gebrauchen soll. Das Evangelium lehrt uns also, das Alte und das Neue zu benutzen ...
Laureano unterbricht mich: – Auch das Evangelium selbst ist alt, aber es dient doch zu unserer gegenwärtigen Befreiung. Der Marxismus ist das Neue und ist neben dem Alten nützlich.
Ich: – Wir können auch sagen, daß die Liebe gleichzeitig alt und neu ist.
Eins der Mädchen sagt: – Das ist schön.
William: – Es heißt, wenn ein »Schriftgelehrter« sich über das Himmelreich unterrichtet, ist er wie einer, der Altes und Neues be-

nutzt. Die Schriftgelehrten waren die, die sich in den alten Schriften auskannten. Früher holten sie daraus nur Altes hervor. Jetzt, da dieser Schriftgelehrte schon vom Reich Gottes weiß, kann er Altes und Neues hervorholen.
Ich: – Die Jünger verstanden die Gleichnisse und sagten ja zu Christus. Jetzt sagt er zu ihnen, sie sollten sein wie ein Mann, der das Alte wie auch das Neue zu benutzen versteht.
Alejandro: – Auch wir haben ihn verstanden. Jetzt sollen wir etwas aus uns und aus unserer Gemeinschaft herausholen, um es anderen zu geben.

Jesus wandelt auf dem Wasser

(Matthäus 14, 22–33)

Aus den Fenstern der Kirche schauen wir auf einen ruhigen See. An den Ufern ist das Wasser wie ein Spiegel, der manchmal durch den Sprung eines großes Fisches, eines *Sábalos,* bricht. Wir haben die Stelle gelesen, in der Jesus auf dem Wasser geht. Ich habe erklärt, daß auf griechisch *am* Wasser gehen das gleiche bedeuten kann wie *auf* dem Wasser gehen und daß manche meinen, die ursprüngliche Geschichte bedeute nicht mehr als das, was am Schluß des Berichtes steht: Jesus stieg in ein Boot und stillte den Sturm. Wir wollen uns aber nicht mit diesen Einzelheiten befassen, weil wir nicht wissen, wie es wirklich war. Wir wollen den Bericht, so wie er zu uns gelangt ist, besprechen.
Wir lesen den ersten Vers:

Darauf hieß Jesus seine Jünger das Boot besteigen. Sie sollten den See vor ihm überqueren, während er das Volk entließ. Nachdem er das Volk weggeschickt hatte, stieg er auf einen Berg, um allein zu beten. Als die Nacht kam, war Jesus dort allein, während das Schiff sich mitten auf dem See befand. Die Wellen peitschten das Boot, denn der Wind blies stark.

Olivia: – Das erste, was ich hier sehe, ist die Bedeutung des Gebets. Jesus verabschiedete das Volk, um zu beten, und um zu beten, ließ er auch die Jünger allein. Denn das Gebet ist wichtig. Wir wissen, daß Jesus die religiösen Bräuche der Pharisäer, die immer noch viele Christen einhalten, nicht befolgte, aber beten tat er.
Ich sage: – Um zu beten, muß man sich von den anderen Menschen und sogar von sich selbst absondern, um sich mit dieser anderen Person zu vereinen, die in uns und in den anderen Menschen ist und die wir Gott (oder die Liebe) nennen. Und indem wir uns mit ihr vereinen, vereinen wir uns mit allen anderen Menschen, von denen wir uns in der Einsamkeit und in der Nacht getrennt hatten.
Felipe: – Das Beten ist wichtig für einen Revolutionär.
Ich: – Wenigstens für einen christlichen Revolutionär. Ein nichtchristlicher Revolutionär kann andere Verbindungen zu Gott ha-

ben, zum Beispiel durch das Opfer und die Liebe zu den anderen, in einer Art, die dem Gebet sehr ähnlich ist (und die ihn oft dazu führen wird, wie Jesus dort in der Nacht allein zu sein).
Rosita, die Frau Eduardos, eines unserer Maler primitiver Bilder: Während Jesus betete, erlebten die Jünger einen heftigen Sturm, und ich glaube, er betete für die Jünger. Auch uns ist es hier auf dem See oft passiert, daß wir in einem Boot fuhren, und plötzlich hatten wir einen großen Sturm. Aber der Sturm zieht vorüber, und der See wird wieder ruhig. Und ich glaube, daß er auch für uns betete.
Felipe: – Es gibt viele Arten von Stürmen. Das Evangelium zeigt uns hier, daß wir auch Jünger Jesu sind, die von ihm in einem Boot zum anderen Ufer geschickt wurden, ohne ihn. Wir wissen vielleicht nicht einmal, wozu er uns fortschickte, und wir können in viele Stürme geraten. Aber da Jesus auf dem Berg geblieben ist, um für uns zu beten, wird uns nichts zustoßen, und der See wird sich wieder beruhigen.

Bei Tagesanbruch kam Jesus zu ihnen und ging auf dem Wasser. Und als die Jünger ihn auf dem Wasser gehen sahen, erschraken sie und riefen voller Furcht: Ein Gespenst! Aber Jesus sagte: Seid getrost, ich bin's; fürchtet euch nicht.

Oscar: – Es scheint, daß den Jüngern die Angst, die sie beim Sturm ausgestanden hatten, noch in den Gliedern steckte, nicht wahr? Sie konnten sich nicht vorstellen, daß er es sein konnte. Wir würden auch erschrecken, wenn wir einen Menschen auf dem Wasser gehen sähen, und denken, es wäre ein verfluchter Spuk, einer mit magischen Kräften. Sie erschraken und sagten: »Ein Gespenst!« Jeder von uns hätte dasselbe gefühlt. Aber er nahm es ihnen nicht übel, sondern sagte: »Habt Vertrauen!« Er wollte ihnen die Angst vor dem Sturm nehmen, der das Boot kentern lassen konnte. Und dasselbe geschieht mit uns, die wir auch oft in einem Boot sitzen, wie Rosita sagt, und plötzlich kommt ein Orkan. Aber wir dürfen keine Angst haben, denn es wird uns nichts geschehen, und wenn uns etwas geschieht, macht es nichts aus, denn wenn wir ihm vertrauen, werden wir für immer leben. Es gibt nicht nur Stürme auf dem See, es gibt auch andere Stürme, zum Beispiel das, was wir jetzt hier in unserem Land erleben, aber davor dürfen wir auch keine Angst haben.
Esperanza: – Daß er auf dem Wasser gehen kann, bedeutet, daß er

den See bezwingen und den Sturm stillen kann, weil er eine geheimnisvolle Macht besitzt. Und deshalb kann es sein, daß er auch den Sturm bezwingt, den wir in Nicaragua haben.

Ich: – Und in diesem Sturm ist er kein Gespenst, kein Wahngebilde. Nein, er ist es wirklich, und darum dürfen wir keine Angst haben.

Oscar: – Dann, Ernesto, wird es sich zeigen, daß wir diesen Sturm, den wir gegenwärtig durchmachen, bezwingen können, ohne daß er wirklich bei uns zu sein braucht, ich meine, in leiblicher Gestalt, so wie bei den Jüngern. Wir können den Sturm auch bezwingen, wenn wir uns alle vereinen, um gegen die Ungerechtigkeit zu kämpfen. Denn das Elend wird immer größer, und alles wird immer teurer, und das ist auch wie ein Sturm für uns. Aber wenn wir uns alle zusammenschließen und uns vereinen, sind wir imstande, den Sturm zu überwinden.

Ich: – Man könnte also sagen, daß diese Vereinigung aller Christus selbst ist, der uns auf dem Wasser schreitend erscheint. Die Vereinigung aller ist *er*, denn er selbst hat gesagt, daß er, immer wenn wir uns einig sind, mitten unter uns ist. Und deshalb ist er weder ein Phantasiegebilde noch ein Gespenst, sondern die Vereinigung aller inmitten eines Orkans.

Eine Frau sagt: – Ich glaube, das stimmt, denn wenn sich die Menschen vereinen (das Volk Nicaraguas zum Beispiel), dann fußt diese Vereinigung auf der Liebe, und die so vereinten Menschen besitzen eine große Macht. Wir haben es vor kurzem beim Krankenhausstreik gesehen, und davor sahen wir es beim Streik der Bauarbeiter. Das zeigt uns, was für eine große Macht das vereinte Volk besitzt. Und das einzige, was uns noch fehlt, ist noch mehr Einigkeit, die völlige Einigkeit aller Menschen, um mit der Ungerechtigkeit fertig zu werden. Ohne Einigkeit stehen wir da wie die Jünger im Sturm, bevor Jesus kam.

Manuel: – So ging es auch mit dem Kommunismus, der am Anfang den Leuten Angst einjagte wie ein Gespenst, wie ein Geist. Aber jetzt, da wir ihn aus der Nähe gesehen haben, merken wir, daß er die Eintracht ist, die Brüderlichkeit zwischen den Menschen, die wirkliche Gemeinschaft aller mit allen und auch mit Gott. Mir scheint, der Kommunismus ist wie ein Gespenst, aber wenn er näherkommt, sagen wir: »Es ist ja Christus!« So gibt es jetzt viele Völker, die schon mit diesem Christus, den sie vorher für ein Gespenst, ein Schreckbild gehalten haben, im gleichen Boot fahren.

Ich sage, die Worte Manuels erinnerten mich an jenes berühmte Dokument von Marx und Engels, das sogenannte Kommunistische Manifest, das so beginnt: »Ein Gespenst geht durch Europa ...« Ich weiß nicht, ob Manuel dies wußte und daran dachte, als er von diesem Gespenst sprach. (Manuel lächelt und stimmt mir mit einem Kopfnicken zu.)
Ich sage auch, daß der Kommunismus tatsächlich aufgehört hat, ein Gespenst zu sein, sondern daß er heute eine reale Tatsache ist. Wir brauchen uns nicht mehr vor ihm zu fürchten, denn diese Realität ist die Liebe.

Da stieg Petrus aus dem Boot und begann auf dem Wasser zu schreiten, hin zu Jesus. Als er sich aber der Kraft des Windes bewußt wurde, erschrak er, und da er zu sinken begann, schrie er: Rette mich, Herr! Sogleich nahm ihn Jesus bei der Hand und sprach zu ihm: O du Kleingläubiger, warum zweifelst du?

Ein anderer der jungen Männer sagt: – Tatsächlich, Ernesto, ich sehe da auch, was Manuel sagt, daß die Einheit und die Liebe eine Wirklichkeit ist, die sich uns mitten im Sturm nähert. Und dieses Gespenst, von dem dort die Rede ist, ist in Wirklichkeit die Liebe, was soviel ist, wie auf dem Wasser wandeln, ohne unterzugehen. Auch wir können auf dem Wasser gehen wie Petrus, der es Christus gleich tat. Als Christus, dieses Gespenst, das erste Mal den Kommunisten erschien, merkten sie vielleicht gar nicht, daß sie liebten. Wenn wir uns vereinen und in einer Gemeinschaft zusammengeschlossen sind, brauchen wir nichts zu fürchten. Wenn uns aber der Egoismus trennt, fangen wir an zu sinken, so wie es mit Petrus geschah. Lieben ist wie auf dem Wasser gehen, ohne zu versinken. Es scheint, daß Petrus an ihn glaubte, dann aber plötzlich anfing zu zweifeln. Er hatte Vertrauen, aber er zweifelte auch. Als er sich plötzlich auf dem Wasser gehen sah, erschrak er, weil er das noch nie getan hatte. Als er auf einmal die Wellen sah ... Mir geht es so ähnlich. Meistens habe ich großes Vertrauen zu dir, aber manchmal hast du mich zurechtgewiesen, weil ich etwas verkehrt gemacht hatte, und dann dachte ich bei mir: Was hat der mir zu sagen? Aber dann sagte ich mir: Er hat sicher recht, er weiß, warum er so zu mir spricht, er will mich nicht untergehen lassen. Und dann sage ich: Ist gut, hilf mir. Und du streckst mir deine Hand hin und hilfst mir, so wie Christus dem Petrus. Das ist für mich wie ein Symbol ...

Als sie ins Boot stiegen, legte sich der Wind. Die aber im Boot waren, fielen vor Jesus nieder und sprachen: Du bist wahrlich der Sohn Gottes.

Derselbe, der vorher sprach, sagt: – Der Sturm legte sich, weil Jesus die Liebe war. Und so wird mit uns dasselbe geschehen, wenn wir vereint sind wie eine einzige Person. Wenn wir uns lieben, stillen wir jeden Sturm, sage ich euch! So geschah es in Kuba, in einem Land, das so vorwärts schreitet, wie Jesus es will. Viele sagen, daß sie dort nicht an Gott glauben. Es ist ja gar nicht nötig, an Gott zu glauben! Der Name Gottes rettet uns nicht, auch nicht die Religion; was uns rettet, ist die Liebe.
Alonso: – Als Jesus ins Boot stieg, zweifelten sie nicht mehr. Sie hatten geglaubt, er sei ein Gespenst, aber in Wirklichkeit war er die Liebe. Als der Sturm sich legte und der See sich beruhigte, glaubten sie an ihn und hatten keine Angst mehr.
Olivia: – Wenn das ganze Volk durch die Liebe vereint wäre, dann wäre es so, als ob Christus ins Boot gestiegen wäre. Er stieg ein, und sofort beruhigten sich die Wellen. So würde es auch mit dem ganzen Volk gehen. Der Sturm würde sich legen. Wir alle würden erkennen, daß Gott mitten unter uns ist, daß wir alle vereint der Sohn Gottes sind.
Oscar: – Was zuerst wie ein Gespenst aussah, war schließlich die Liebe.
Und ein alter Mann, der in einer Ecke der Kirche steht und selten spricht (Don Julio Chavarría): – Die Bedeutung, die dies alles für uns hat, so will mir scheinen, ist, daß diese Winde auch bis zu uns kommen und auch hier gestillt werden müssen.

Die Heilung eines Gelähmten

(Lukas 5, 17–26)

Wir haben die Geschichte von der Heilung eines Gelähmten nach Lukas gelesen. Einige Männer brachten einen Kranken auf einer Bahre zum Haus, in dem Jesus war, aber sie konnten nicht hinein, weil es voller Menschen war.

Da stiegen sie aufs Dach, und nachdem sie die Ziegel entfernt hatten, ließen sie den Kranken auf der Bahre mitten unter die Leute vor Jesus nieder. Als Jesus ihren Glauben sah, sprach er zu dem Kranken: Mensch, deine Sünden sind dir vergeben.

Zuerst spricht Alejandro: – Viele Krankheiten, vor allem die der Reichen, sind psychologischer Natur und werden vom Egoismus verursacht. Sie sind Egoisten, und deshalb sind sie nervös und werden krank. Indem Christus ihnen ihre Sünden vergibt und sie so von ihrem Egoismus heilt, macht er sie gesund.
Es spricht Pater Julio, ein spanischer Jesuit, der bei uns zu Besuch ist: – Ich glaube, Jesus zeigt uns hier, daß nicht das körperliche, sondern das moralische Übel das wahre Übel der Menschheit ist. Um dieses Übel zu heilen, ist er in Wirklichkeit gekommen. Darum sagt er diesem Mann, seine Sünden seien ihm vergeben. Man könnte sich fragen, um welche Sünden es sich wohl handelte. Ich glaube, die Tatsache, daß dieser Mann von den anderen auf einer Bahre getragen wird, kann uns etwas Wichtiges dazu sagen: Die Sünde ist eine Unbeweglichkeit, die Unfähigkeit, anderen zu dienen, und die Notwendigkeit, von anderen bedient zu werden. Mit einem Wort: der Egoismus. Das ist es, was er in diesem Mann ausmerzen will, um sozusagen einen neuen Menschen aus ihm zu machen.
Ich sage, ich möchte hier die Gelegenheit benutzen, allen unseren neuen Kameraden Carlos vorzustellen, einen Krankenpfleger, der nach Solentiname gekommen ist, um hier zu arbeiten, und der am nächsten Sonntag die Kinder gegen Kinderlähmung impfen wird ...
Ich sage auch, daß man an dieser Geschichte sehen kann, daß die Menschen den körperlichen Krankheiten natürlicherweise eine große Bedeutung beimaßen. Sie brachten viele Kranke zu Jesus. Sie

sahen in ihm so etwas wie einen Heilkundigen, einen Heilkünstler wie Nando von Matagalpa. Und er heilte tatsächlich. Aber das war nicht seine wirkliche Aufgabe, sondern die Aufgabe derer, die sich wie Carlos der Medizin widmen. Hier will er uns zeigen, daß er in Wirklichkeit zu etwas anderem kam. Vielleicht handelte er oft so, und das Evangelium berichtet nur dieses eine Mal davon. Vielleicht heilte er bei anderen Gelegenheiten nicht die Krankheiten, sondern nur die Sünden.

Alvaro Guzmán, ein junger Mann, der dabei ist, Jesuit zu werden, und der mit Pater Julio gekommen ist: – Mir fällt dazu ein (vielleicht ist es ein bißchen an den Haaren herbeigezogen), daß die Gruppe, die den Kranken trug, so etwas wie eine Freiheitsbewegung innerhalb eines totalitären Systems ist. Sie stoßen auf viele Leute, die sie nicht einlassen, aber das hält sie nicht auf: sie kommen durch das Dach herein. Diese Kameraden handelten revolutionär, denn wenn es ein Problem zu lösen gilt, muß man nach allen Mitteln greifen. Und als sie schließlich zu Christus gelangen, sehen wir, daß Christus gleichfalls radikal vorgeht: Er heilt zwar die Krankheit, aber er begnügt sich nicht damit. Er geht nicht »reformistisch« vor, sondern heilt das Übel an der Wurzel. Und das erste, was er tut, ist, den Neuen Menschen zu schaffen.

Felipe: – Er fand die Sünde wichtiger als die Krankheit, weil die Sünde in der Ungerechtigkeit gegen den Nächsten besteht. Und er zeigt, daß sie das erste ist, wovon der Mensch befreit werden muß.

Julio Mairena: – Das Evangelium sagt, Jesus sei von Pharisäern und Schriftgelehrten umgeben gewesen. Anscheinend sind das immer diejenigen, die uns daran hindern, uns Christus zu nähern.

Oscar: – In Wirklichkeit war es der Egoismus, von dem Jesus umgeben war. Weil sie Egoisten waren, machten sie keinen Platz, um den Mann auf der Tragbahre einzulassen. Darum will Jesus ihnen zeigen, daß es das Wichtigste ist, die Sünde aus der Welt zu schaffen. Sie sollten aufhören, so gemein zu sein. So sehe ich das jedenfalls.

Carlos, ein Spanier, der Arbeiterpriester in einem Bergwerk in Asturien gewesen ist und der vor kurzem geheiratet hat: – Was ich an den Wundern Jesu sehe, ist, daß nicht *er* heilte, sondern daß vielmehr der Glaube des Kranken das Wunder vollbrachte. Oft fragt Jesus nach ihrem Glauben, oder dieser Glaube ist schon ganz klar erkenntlich. Und dasselbe geschieht bei der Vergebung der Sünden. Es geht nicht darum, vor Christus niederzuknien und zu sagen: »Vergib mir«, sondern was uns wirklich unsere Sünden vergibt, ist der Glaube. Durch den Glauben, meine ich, werden uns fortwährend unsere Sünden vergeben. Und auch in unserem Befreiungskampf ist der Glaube wichtig. Christus sagt, mit dem Glauben könne man selbst Berge versetzen.

Ich sage, daß Christus, wenn er ein Wunder tat, tatsächlich oft sagte: »Dein Glaube hat dir geholfen.« Und ich füge etwas hinzu, was ich vor kurzem bei Porfirio Miranda las: Im Neuen Testament bedeutet das Wort *Glaube,* daran zu glauben, daß Jesus der Messias ist und daß mit ihm das messianische Reich begann: die Befreiung aller Armen und Unterdrückten der Erde. Und darum – sagt ebenfalls Miranda – besitzen diejenigen, die glauben, die Rettung komme nur im Jenseits, diese Welt sei von vornherein verloren, und es werde niemals eine gerechte Gesellschaft auf der Erde geben, nicht den Glauben des Neuen Testaments. Der atheistische Marxist dagegen, der an die Möglichkeit dieser Befreiung glaubt, hat diesen Glauben, von dem Jesus spricht, auch wenn er nicht an Gott glaubt ... Ich sage auch, der Satz Jesu, der Glaube könne Berge versetzen, sei eine Anspielung auf den Berg Zion, denn die Propheten hatten oft vorausgesagt, daß in der messianischen Ära der Berg, auf dem Jerusalem stand, seinen Ort wechseln würde.

Elbis: – Ich glaube, damit wollten sie sagen, es werde eine große soziale Veränderung eintreten, und diese Veränderung werde durch den Glauben geschehen.

Gloria: – Und der Mann in dieser Geschichte besaß diesen Glauben. Sein Glaube hatte ihn schon bekehrt, das heißt, er hatte ihn schon dazu gebracht, seine Haltung und seine Gesinnung zu ändern, und darum sagt Jesus zu ihm, seine Sünden seien ihm vergeben.

Oscar: – Wahrscheinlich waren nicht nur *seine* Sünden, sondern auch die seiner Kameraden vergeben. Denn den Glauben hatten sie alle, die ganze Gruppe, denn das Evangelium sagt: »Und da er *ihren* Glauben sah ...«

Olivia: – Mir scheint, daß die Krankheit oft durch die Sünde kommt. Zum Beispiel durch die Geschäfte, die hier in Nicaragua mit den Arzneimitteln gemacht werden. Sie sind so teuer, daß die Leute sie nicht kaufen können. Die Kinder sterben aus Mangel an Medikamenten, weil die Medizin nur für den da ist, der Geld hat.

Ich sage, daß es in unserem Land tatsächlich viele Krankheiten gibt, die nur die Armen haben, was beweist, daß sie unserem Wirtschaftssystem zuzuschreiben sind. Und es beweist auch, daß dies ein verbrecherisches System ist. Die Kinderlähmung könnte in Nicaragua schon ausgerottet sein, so wie sie in Kuba und in anderen Ländern ausgerottet wurde. Wenn viele Kinder noch heute an dieser Krankheit sterben oder für immer etwas zurückbehalten, so ist die Regierung schuld daran ... Ich sage euch, daß wir unserem neuen Kameraden Carlos für die Impfung, die er vornehmen wird, dankbar sein müssen und daß alle Eltern ihre Kinder impfen lassen müssen, denn sonst würde in diesem Fall nicht die Regierung verantwortlich sein, sondern die Eltern. In diesem Fall wäre die Kinderlähmung eine Sünde der Eltern.

Und die Schriftgelehrten und Pharisäer begannen, bei sich zu sprechen: Wer ist dieser Mensch, der Gott mit seinen Worten beleidigt? Niemand kann Sünden vergeben außer Gott allein.

Felipe: – Die Pharisäer glaubten eben nicht, daß Jesus Gott war.
Manuel: – Daß Gott mitten unter ihnen war.
Alejandro: – Sie sagten, Gott allein könne Sünden vergeben. Stimmt das? Mir scheint, auch Menschen können Sünden vergeben. Wenn wir uns gegenseitig verzeihen, verzeiht uns Gott.
Und nach einer Pause fährt er fort: – Vielleicht ist das so, weil Gott mitten unter uns ist, seit Jesus kam ...

Aber Jesus wußte, was sie dachten, und sprach zu ihnen: Warum denkt ihr so? Was ist leichter: zu sagen: Deine Sünden sind dir vergeben oder: Stehe auf und wandle?

Oscar: – Also, ich sehe das so: Als Jesus sagte, seine Sünden seien ihm vergeben, kam das den Gelehrten und Pharisäern wie eine Ungeheuerlichkeit vor, denn wie sollte dieser Mensch Sünden vergeben können! Da mußte er ihnen beweisen, daß er Sünden vergeben konnte, indem er dem Kranken auch sagte: »Steh auf und gehe.« Er mußte beides tun, die Sünden vergeben und die Krankheit heilen. Aber das Schwierigere war das erste, das mit den Sünden ...
Miryam: – Aber da sie das nicht sehen konnten ...
Ich: – ... mußte er Dinge tun, die sie sehen konnten, und das sind die Wunder. »Wunder« bedeutet »Zeichen«. Die Propheten hatten verkündigt, der Messias würde die Blinden sehen, die Tauben hören und die Lahmen gehen machen, und nun beweist er ihnen durch diese »Zeichen« oder symbolischen Handlungen, daß die messianische Ära gekommen ist.

Dann sprach er zu dem Gelähmten: Ich sage dir, stehe auf, nimm deine Bahre und gehe heim. Alsbald stand der Gelähmte vor ihren Augen auf, nahm die Bahre, auf der er gelegen hatte, ging heim und pries Gott.

Oscar: – Der Glaube dieses Mannes war groß, aber auch der Glaube der anderen, die ihn trugen, half ihm. Und das hilft auch einem Sünder: das Wissen, daß er mit den anderen in einem einzigen Glauben vereint ist.
Ich sage: – Ein Beweis für diesen Glauben ist, daß er Gott pries, als er fortging. Gott preisen bedeutet hier, er verkündigte, daß Gott schon den Messias, den versprochenen Befreier, geschickt hatte.
Und Carlos, der Spanier: – Allein kann sich der Mensch nicht befreien. Mir scheint, daß jeder von uns für sich dieser Gelähmte ist, der trotz seines großen Glaubens nicht allein bis zu Jesus gelangen konnte. Es genügt nicht, meine ich, daß ein Mensch allein glaubt, sondern es ist nötig, daß eine ganze Gruppe glaubt. Nur so, in einer Gemeinschaft, können wir uns befreien.

Alle verwunderten sich und priesen Gott und sagten voller Furcht: Heute haben wir Wunderdinge gesehen.

Felipe: – Sie staunten über das, was sie gesehen hatten. Über den Gelähmten, der seine Bahre auf die Schultern nahm und auf seinen eigenen Beinen fortging, aber auch über das andere, das sie nicht sehen konnten, das aber das Wunderbarste von allem war: über den Menschen, dessen Sünden vergeben waren.
Ich: – Auch sie gingen fort und priesen Gott, das heißt, auch sie verkündeten, daß Jesus der von Gott gesandte Messias war.
Donald: – Ich glaube, sie waren vor allem darum verwundert, weil sie wußten, daß er der Sohn eines Zimmermanns war. Wenn er nicht diese bescheidene Herkunft gehabt hätte, wären sie vielleicht nicht so erstaunt gewesen, daß Gott einem Menschen so viel Macht gegeben hatte.
Oscar: – Aber warum sagten sie voller Furcht: »Heute haben wir Wunderdinge gesehen«? Warum hatten sie Angst dabei?
Ich weiß nicht, was ich Oscar antworten soll, und frage zurück: – Was glaubst du denn? Laß mal hören . . .
Und er: – Ich frage, weil ich es wirklich nicht weiß.
Ich: – Weißt du keine Antwort? Ich weiß auch keine. Mal sehen,

ob einer etwas dazu zu sagen hat, ob der heilige Geist einen erleuchtet, damit er Oscar antworten kann ...

Es ist eine Weile still.

Dann sagt Alejandro: – Ich meine, daß es vielleicht die Angst gewesen sein könnte, die die Reichen hatten, weil er immer gegen die Kapitalisten war ... Das heißt, als sie sahen, daß er etwas Außerordentliches getan hatte, spürten sie darin eine gewisse Drohnung für sie.

Ich sage: – Mir scheint, Alejandro hat recht. Sie sahen in ihm einen Feind des Systems, und sie sahen, daß er die Macht Gottes hatte. Und sie wußten außerdem schon, daß diese Macht Gottes gefährlich war, denn Gott war für die Gerechtigkeit und deshalb gegen die Ungerechtigkeit.

Oscar: – Ja, das leuchtet mir auch ein.

Jesus beruft Levi

(Lukas 5, 27–32)

Danach ging Jesus hinaus und sah einen Steuereinnehmer namens Levi an der Stelle sitzen, wo die Steuern bezahlt wurden, und er sagte zu ihm: Folge mir. Und Levi stand auf, verließ alles und folgte ihm.

Eine der Frauen sagt: – Ich finde, daß das sehr wichtig und hochaktuell ist. Denn oft sehen wir, daß die Menschheit mit Sünden beladen ist, für die es keine Lösung gibt. Diese Steuereinnehmer waren schlechte Menschen, die von den ehrlichen Leuten verachtet wurden, und mit Recht. Jesus aber spricht mit einem von ihnen, und in einem einzigen Augenblick ändert er seine Haltung und verläßt seine schmutzigen Geschäfte.
Ich sage, Olivia habe sehr recht, denn dieses Evangelium zeigt uns, daß es eine Hoffnung für die Mensheit gibt; daß der Mensch sich ändern kann.
Einer der Jungen (Oscar): – Also, ich sehe die Sache so: Dieser Mensch war sozusagen verloren. Aber ein einziges Wort genügte, um ihn zu ändern. Ich glaube, er wußte, was er tat: daß er schlecht handelte. Und dann sah ihn Jesus an und sah, daß dieser Mensch schlecht handelte, ohne zu wissen, warum. Ich denke mir, daß diejenigen, die sich für Christen hielten, ihn kritisiert hatten und dachten, für ihn gebe es keine Rettung. Christus aber wußte, daß er gerettet werden konnte, weil er ein Mensch war, der wußte, was er tat. Christus wußte, daß er seine Sünden bereuen würde, wenn er mit ihm sprach. Und als er ihm sagte: »Folge mir!«, war er sicher, daß er ihm tatsächlich folgen würde. Und so geht es uns auch, wenn wir einmal schlecht gehandelt haben und man hat uns vielleicht darauf aufmerksam gemacht. Dann hören wir die Stimme, wie dieser Mensch bereute, der auch von Christus ... der auch die Stimme ... Jetzt bin ich aber durcheinander geraten, ich weiß nicht mehr, was ich sagen wollte.
Ich sage zu Oscar, er habe sich gar nicht verhaspelt, sondern alles sehr gut erklärt, wobei er uns auf ein Wort des Evangeliums hinwies, das sagt: »Jesus ging hinaus und *sah* einen Steuereinnehmer.«

Dieser Mann war im Grund gut, obwohl er schlecht handelte, und deshalb achtete Jesus auf ihn. Die religiösen Leute hätten ihn nur beachtet, um ihn zu kritisieren (und wahrscheinlich nicht so sehr seiner Geldgeschäfte wegen, sondern weil er nicht religiös war).

Rebeca: – Er änderte auch darum seine Haltung, weil er Vertrauen zu Jesus hatte. Jesus brauchte nur zu sagen: »Folge mir!«, und schon ließ er alles, was er gegen Gott tat, im Stich und folgte ihm.

Einer der Jungen (Felipe): – Ich glaube, er wußte nicht, was er tat. Er beutete die Menschen aus Unwissenheit aus, wie so viele, die ein trauriges Leben führen, das nur aus Geschäften besteht, weil ihnen niemand etwas Besseres gezeigt hat.

Ein anderer sagt: – Was ich an diesem Evangelium für wichtig halte, ist, daß dieser Mensch das Geld um Jesu willen ließ. Und seine Verwandlung war radikal. Er änderte sich auf einen Schlag.

Eins der Mädchen: – Jesus ging nur vorbei und sagte ein Wort, und er stand auf und ging mit ihm. Die Leute waren sicher erstaunt, wie Jesus diesen Zöllner mit einem einzigen Wort mitten ins Herz traf.

William: – Mir scheint, das Evangelium erzählt diese Geschichte so, um das Ganze abzukürzen, aber wahrscheinlich war diese Geschichte doch nicht so. Jesus sprach zuerst das Gewissen dieses Mannes an, der ihm folgen sollte. Er wird ihm auseinandergesetzt haben: Du handelst schlecht, du betrügst das Volk, du wechselst hier das Geld, wie es dir paßt. Und dann schlug er ihm einen anderen Weg vor. Ich glaube, genauso ging er auch mit den Fischern vor. Er ging zum Strand, wo Petrus und seine Kameraden mit ihrem Fang anlegten, und fing ein Gespräch mit ihnen an: »Na, wie war der Fang ...?« Er war schon ihr Freund, und sie wußten mehr oder weniger, was er vorhatte. Er könnte ihnen vielleicht gesagt haben: »Demnächst werden wir einige Dinge unternehmen ...« Und schließlich sagte er ihnen: »Der Augenblick ist gekommen, gehen wir.«

Pedro: – Man muß auch beachten, in welchem Augenblick Jesus Levi zu sich rief. Denn wenige Minuten vorher hatte er ein Wunder vollbracht, indem er einen Gelähmten heilte. Deshalb beginnt diese Stelle des Evangeliums so: »*Danach* ging Jesus hinaus ...« Es war irgendwie einleuchtend, gleich darauf zu Levi zu sagen: »Gehen wir also.«

Ich sage: – Wenn ein revolutionärer Führer zu einem anderen sagt:

»Folge mir, komm mit mir«, dann weiß der andere, was diese Aufforderung bedeutet. Auch Levi, der ein Steuereinnehmer des Römischen Reiches war, wußte, was dieses »Folge mir« Jesu, der auch ein Revolutionär war, bedeutete. Das Interessante daran ist, daß er dann tatsächlich aufstand, alles liegen ließ und Jesus folgte.
Wir gehen zu den nächsten Versen über. Levi gab ein großes Fest für Jesus, und die Pharisäer kritisierten die Jünger:

Warum eßt ihr mit den Steuereinnehmern und Sündern?

Oscar: – Die Pharisäer waren große Christen, aber sie freuten sich nicht, einen neuen in ihren Reihen zu sehen.
Ich sage zu Oscar, daß die Pharisäer keine Christen waren, aber fromme Leute, die sich für Gerechte hielten und sich nicht unter die Sünder mischten.
Und Julio sagt: – Ich habe eine Frage, ich weiß aber nicht, ob es eine richtige Frage ist. Aber mir scheint, die Pharisäer waren das, was wir heute Christen nennen, nicht wahr?
Ich: – Ja, so etwas Ähnliches. Aber Christus wollte keine Gemeinde von »Gerechten« (das heißt von Heuchlern), sondern von reuigen Sündern.
Ein anderer sagt: – Na, das mit den Pharisäern, das ist wie jetzt. Denn in Wirklichkeit konnten einige gut sein, und die waren das, was wir heute Christen nennen würden.
Ein anderer: – Aber dann sind wir ja die Pharisäer jener Zeit!
Ich sage: – Nicht alle. Es hängt davon ab, was wir über uns selbst denken.

Jesus antwortete ihnen: Nicht die Gesunden brauchen den Arzt, sondern die Kranken. Ich bin nicht gekommen, um die Gerechten zu rufen, sondern die Sünder, damit sie ihre Haltung ändern.

Oscar: – Also, ich will hier mal ganz persönlich für mich sprechen: Ich fühle mich sündig, ich bin einer, der gegen die Liebe sündigt. Aber sieh mal, Ernesto, ich bin mir völlig bewußt, daß ich Schlechtes tue. Einige geben mir vielleicht Ratschläge, und andere kritisieren mich ... Aber ich sehe, daß ich trotz aller meiner Fehler immer an Gott denke: Ich bitte ihn um Verzeihung, ich bitte ihm um eine aufrichtige Reue, bevor mein Tod kommt, weil ich die Auferstehung nötig habe. Ich denke auch, daß viele gerettet wurden, obwohl sie

große Sünder waren. Warum können wir dann nicht auch gerettet werden, wenn wir doch gleichfalls Menschen sind?
Ich sage, daß es in Wirklichkeit keine Gerechten gibt, sondern daß wir alle Sünder sind, ober besser gesagt, Sünder, die bereuen. Wenn Jesus sagt, er sei nicht wegen der Gerechten, sondern wegen der Sünder gekommen, macht er vielleicht einen Scherz, denn einer der Namen, die sich die Parisäer selbst gaben, war »die Gerechten«. Jesus ist wegen der ganzen Menschheit gekommen, die krank ist und die geheilt werden muß, die nicht gerecht, sondern ungerecht ist. Manche glauben, der Mensch werde immer ein Egoist sein, und es werde immer Ungerechtigkeit geben. Aber Jesus ist gekommen, damit die Sünder (das heißt alle Menschen) ihre Haltung ändern. Und damit die gesamte Gesellschaft sich so ändert, wie jener Steuereinnehmer sich änderte.

Eine Frage über das Fasten

(Lukas 5, 33–39)

Wir lasen dieses Evangelium in der Kirche. Das Weihnachtsfest näherte sich (ein Fest, das wir schließlich nicht feiern sollten, weil es das Jahr des Erdbebens von Managua war).

Sie fragten Jesus: Warum fasten und beten die Jünger des Johannes und der Pharisäer so viel, während deine Jünger essen und trinken?

Einer sagt: – Auch die Protestanten kritisierten uns, die Mitglieder dieser Gemeinde, weil wir manchmal ein Fest feiern und Rum dabei trinken.
Ein anderer sagt: – Es gibt auch Katholiken, die uns kritisiert haben, weil wir in unserer Kirche nicht mehr die Andachten und Heiligenverehrung praktizieren, die früher üblich waren.
Ich sage, aus dieser Stelle könne man also schließen, daß die Jünger Jesu keine besonderen religiösen Bräuche hatten, sondern wie ganz normale Menschen lebten.

Jesus antwortete ihnen: Kann man etwa die Hochzeitsgäste fasten lassen, während der Bräutigam bei ihnen ist? Es wird aber eine Zeit kommen, in der ihnen der Bräutigam genommen wird; dann werden sie fasten.

Tomás Peña, der mit großer Einfachheit spricht (und Analphabet ist): – Also, ich meine, uns wird hier gesagt, daß die Jünger Jesu sehr froh darüber sind, daß er bei ihnen ist.
Ich frage Tomás, was er darunter verstehe, daß sie später fasten werden, wenn ihnen der Bräutigam genommen wird.
Und er sagt: – Ja, wenn er weggeht. Er ist jetzt bei ihnen, oder sie sind bei ihm, aber wenn er weggeht, werden sie traurig zurückbleiben. Dann werden sie beten, damit er wieder zurückkommt.
Oscar: – Gut, Christus ist also der Bräutigam. Wenn er ihnen genommen wird, werden sie fasten. Sie werden nicht mehr diese Speise haben, die seine Gegenwart ist.

Ich frage, ob wir jetzt wohl auch viel fasten und beten müssen, wie die Jünger des Johannes und die Pharisäer.
Felipe, der Sohn des alten Tomás, antwortet: – Ich glaube, wenn wir daran denken, wie schlecht es den Armen geht, können wir nicht froh sein. Wir werden erst richtig froh sein, wenn wir alle befreit sind. Erst dann wird Jesus wirklich bei uns sein. Auch jetzt lebt er, aber in Wirklichkeit ist die Zeit nicht so, wie sie sein sollte.
Olivia: – Manchen geht es gut, und die sind froh; aber es gibt andere, die im Gefängnis sitzen. Sie und ihre Mütter haben nur Kummer. Es muß für alle die gleiche Freude geben.
Ich sage: – Ihr habt mir geholfen, klarer zu sehen. Ich sehe, daß das Fasten, das Jesus für seine Jünger ankündigt, nicht genau das gleiche Fasten ist wie das der Jünger des Johannes und der Pharisäer. In Wirklichkeit wünscht er die Freude und das Fest. Er hat den Armen die Freude (die Frohe Botschaft) gebracht. Aber im Augenblick sind wir ohne ihn: Das ist die Unterdrückung und die Ungerechtigkeit, die die Menschheit erleidet. Erst wenn er wiederkommt, das heißt, wenn es keine Unterdrückung und keine Ungerechtigkeit mehr gibt, werden wir das wirkliche Fest haben.
Tomás sagt: – Ich glaube, die Nachfolger Christi können nicht froh sein, solange sie nicht befreit sind. Es ist zwar wahr, daß wir nicht unzufrieden sind, weil wir arm sind, aber froh können wir auch nicht sein.
– Wir wollen die Freude für alle, nicht nur für die Reichen – sagt ein anderer.
Und Tomás: – So ist es. Wir alle suchen die Freude, mehr oder weniger.
William: – Ja, aber es gibt schon einen Vorgeschmack dieser Freude. Wo es eine Gemeinde gibt, wo es eine Gruppe von Menschen gibt, die zusammenhalten, finden wir schon einen Vorgeschmack dieser Freude. Wir müssen nur die wahre Freude von der falschen unterscheiden. Die falsche Freude ist die der Egoisten.
Ich sage: – Wir wollen, daß die Freude verteilt ist und allen gehört. Daß auch die Armen den guten Wein und den guten Rum trinken können, mit einem Wort: daß sie nicht mehr arm sind, daß alle Leute des Landes das Weihnachtsfest feiern können. In Kuba erhalten alle, bis zum Landarbeiter im letzten Dörfchen, ihr Weihnachtsessen mit ausländischen Weinen und Süßigkeiten aus Spanien. Natürlich alles ein bißchen rationiert, damit es für alle ausreicht.
William: – Was nicht heißen soll, daß diese Freude nicht auch ihre

Probleme haben wird. Auch in einer gerechten Gesellschaft wird es Probleme geben. Probleme der Anpassung der einen an die anderen, Reibungen oder sonstigen Alltagsärger.
– Aber trotzdem wird der Tag kommen, an dem die Menschheit die vollkommene Liebe verwirklichen wird – sage ich. – Die Propheten haben davon wie von einer Ehe mit Gott, einer Hochzeit mit Gott gesprochen. Immer wenn sich zwei Menschen in der Ehe vereinen, versinnbildlichen sie schon im voraus diese Vereinigung, die die ganze Menschheit mit der Liebe haben wird. Und Christus deutet auf diese »Ehe« mit der Liebe hin, indem er sich selbst als Bräutigam beschreibt (der zunächst noch ohne Braut ist).
Wir gehen jetzt dazu über, die nächsten Verse zu untersuchen:

Niemand reißt einen Lappen von einem neuen Kleid, um ein altes Kleid zu flicken. Wenn er es tut, verdirbt er das neue Kleid, und der Lappen vom neuen paßt nicht zum alten.

Felipe: – Mir scheint, Ernesto, daß die Lehren Jesu neu waren und deshalb nicht mit den alten verbunden werden konnten.
Ich: – Nachdem sie Jesus nach seinen religiösen Bräuchen gefragt hatten (indem sie auf das Fasten und die langen Gebete der Jünger des Johannes und der Pharisäer hinwiesen), scheint er ihnen jetzt zu sagen, daß dies alles Dinge einer alten Religion sind und daß er dagegen etwas Neues bringt. Sie können das alte Kleid behalten, wenn sie es noch nicht wegwerfen wollen, aber das neue Kleid soll nicht zerstört werden, um es als Flicken für das alte Kleid zu benutzen.
– Und das, was er bringt und was vollkommen neu ist, paßt nicht zu den alten religiösen Bräuchen des Judentums – ergänzt William.
Ich: – Was er sagen will, würde in unserer heutigen Sprache heißen: Ich bin gekommen, um die Revolution zu bringen. Ich bin nicht gekommen, das System zu flicken, sondern alles ganz neu zu machen.
Felipe: – Eine wirkliche Revolution, stellt euch vor! Denn alle Führer des damaligen Systems waren gegen ihn. Genau wie heute! Alle Reichen sind gegen die Kirche, das heißt, besser gesagt, gegen die wahre christliche Religion.
– Sie gehen mit der Vergangenheit – sage ich – und wollen von dem Neuen, von der Brüderlichkeit und der Gleichheit, nichts wissen. Sie sind gegen eine Veränderung; sie sind für das alte Kleid.

Pedro: – Eine Bank ist ein altes Kleid. Es nützt gar nichts, wenn man diese Bank dazu bringt, den Notleidenden zu Weihnachten tausend Pesos zu schenken. Das ist soviel wie einen Flicken aufsetzen.

Man füllt auch keinen jungen Wein in alte Schläuche, sonst zerreißt der junge Wein die Schläuche und sowohl der Wein wie auch die Schläuche gehen verloren.

Julio: – Ich glaube, daß mit dem neuen Wein der Neue Mensch gemeint ist. Der Christ muß ein vollkommen neuer Mensch werden, in allem, in seiner ganzen Art zu denken und zu handeln. Er muß also jung sein.
Eduardo: – Das heißt, wir müssen anfangen, uns zu erneuern, wenn wir in der neuen Gesellschaft leben wollen.
William: – Aber es genügt nicht, daß nur der neue Mensch existiert. Manche sagen: Das Wichtigste ist, den Menschen zu ändern, die Bekehrung der Herzen. Aber das ist nicht genug. Nein, man muß auch die Strukturen verändern. Der neue Wein muß in neue Schläuche gefüllt werden. Und Christus sagt uns hier auch, daß man das Neue nicht mit dem Alten vermischen soll.

Und niemand, der vom alten Wein trinkt, will nachher den neuen, denn er sagt: Der alte ist besser.

Ich sage: – Für die Weinkenner ist der alte Wein besser als der neue. Aber Jesus meint anscheinend, daß wir nicht diesen Geschmack haben sollen. Wir müssen den neuen Wein, den er bringt, jedem alten Wein vorziehen.
Felipe sagt: – Das alte Gesellschaftssystem, also eine Gesellschaft von Armen und Reichen, ist der alte Wein. Für viele ist dieses System gut, nämlich für alle die, die Nutzen aus der Ungleichheit ziehen. Die neue Religion will, daß einige wenige nicht alles anhäufen sollen, sondern daß alles unter allen verteilt wird. Das ist der neue Wein, der vielen nicht schmeckt.
Ein anderer sagt: – Die alte Religion gefällt den Alten, aber den Jungen gefällt sie nicht.
– Mir gefällt das Neue, und das Alte gefällt mir nicht – sagt Laureano.
Olivia: – Früher erklärte man uns das Evangelium nicht wie jetzt.

Die Priester redeten bla, bla, bla, aber das Evangelium ...! Es war kein Evangelium, es war eine Predigt, die hier gehalten wurde: hier herum und da herum ... was interessierte das die Leute! Was wir in Wirklichkeit wollten, war, daß uns dies alles richtig erklärt würde. Ich meine, so wie wir es heute hören.

Julio: – Mir scheint, wir hatten die Religion schon verloren. Nur die Alten, die glaubten noch, auch wenn es ein etwas anderer Glaube war als der, den wir heute haben. Wir haben jetzt einen neuen Glauben. Wir wollen die Freude für alle und eine neue Gesellschaft. Wir haben jetzt das neue, das wahre Evangelium, und das Alte gefällt uns nicht mehr.

Der Mann mit der vertrockneten Hand

(Lukas 6, 6–11)

Wir lesen, daß Jesus an einem Sabbat in der Synagoge lehrte, wo auch ein Mann mit einer verdorrten Hand war. Die Schriftgelehrten und Pharisäer wollten sehen, ob Jesus auch am Sabbat heilte, womit sie ein Argument gehabt hätten, ihn anzuklagen. Er sagte zu ihnen:

Ich frage euch: Ist es besser, am Ruhetag Gutes zu tun oder Schlechtes? Leben zu erhalten oder Leben zu verderben?

Ich sage, daß zu den Arbeiten, die man am Sabbat nicht verrichten durfte, auch das Heilen von Kranken gehörte, es sei denn, sie wären in Lebensgefahr gewesen.
Ein anderer sagt: – Um Gott zu verehren, unterließen sie es, ihrem Nächsten zu dienen. Das geschieht oft mit der Religion: anstatt den Menschen zu helfen, trägt sie dazu bei, die Unterdrückung aufrechtzuerhalten. Diese Art von Religion müssen wir genauso bekämpfen, wie Jesus sie bekämpfte.
Und ein anderer: – Für Gott war ihre ganze Gesetzestreue nichts wert. Denn was Gott wirklich will, ist die Liebe, und gerade die hatten sie nicht.
– Es gibt Menschen, die alle Kirchengebote einhalten; aber daß das Volk Hunger, Not und Krankheit leidet, das kümmert sie einen Dreck. Die handeln genauso wie diese Pharisäer – sagt ein dritter.
Ich erinnere an die Zettel und Plakate, die wir vor kurzem in der Kirche hängen hatten. Es waren die Aufrufe einer Jugendgruppe aus Managua, die wenige Minuten vor dem Erdbeben in der Kathedrale verteilt worden waren. Sie wandten sich gegen die falsche religiöse Feier des Weihnachtsfestes, die vollkommen sinnlos ist, solange die Menschen in den Armenvierteln der Stadt Hunger leiden. Die Mitglieder dieser Jugendgruppe begannen in jener Nacht ein dreitägiges Fasten in der Kathedrale, aus Protest gegen diese Art von Weihnachten. Die Botschaft dieser jungen Leute war dieselbe, die auch Jesus in der Synagoge verkündete.
Laureano sagt: – Es gibt viele Menschen, die nicht in Kirchen wie

die unsere gehen wollen, wo ganz einfach die Liebe gepredigt wird. Sie finden, dort würde nicht genug von Gott gesprochen. Als ob von der Liebe zu sprechen, von der Solidarität aller Menschen, nicht das gleiche wäre wie von Gott zu sprechen! Sie halten es sogar für eine Entweihung der Kirche, wenn dort von Ungerechtigkeit die Rede ist.

Julio: – Daß Christus in der Synagoge betete, scheint ihnen gut. Daß er aber einem Gelähmten heilte, scheint ihnen eine Sünde. Es gibt noch immer viele Menschen, die denken, die Kirche sei nur zum Beten da, aber nicht, um die Krankheiten der Gesellschaft zu heilen. Sie wollen nicht, daß wir Wunder vollbringen. Denn der Not des Nächsten abzuhelfen ist praktisch ein Wunder ...

William: – Jesus fragt sie, was ihrer Meinung nach am Ruhetag zu tun erlaubt sei, das Gute oder das Schlechte. Aber wer nicht das Gute tut, tut schon allein aus diesem Grund das Böse. Einen Menschen, der krank ist, nicht zu heilen bedeutet, ihn krank zu lassen. Und wenn die Hierarchie der Kirche sagt, sie wolle sich nicht in die Politik einmischen, mischt sie sich schon dadurch in die Politik ein, indem sie die Ungerechtigkeit zuläßt.

Ich frage, warum Jesus wohl auch dann davon spricht, das Leben zu retten oder zu verderben, wenn es sich nicht um einen handelt, der im Sterben liegt, sondern nur um einen, der eine vertrocknete Hand hat.

Alejandro sagt: – Es gibt viele Arten, das Leben eines Menschen zu verderben. Einen Menschen in Krankheit und Not zu belassen ist dasselbe wie ihm das Leben zu nehmen, weil es sich um ein Leben handelt, das in Wirklichkeit kein Leben ist. Außerdem dachten sie schon daran, Jesus selbst das Leben zu nehmen. Sie waren Verbrecher.

Danach sah Jesus sie alle ringsum an und sprach zu dem Menschen: Strecke deine Hand aus. Der Mann tat es, und seine Hand war geheilt. Die anderen gerieten jedoch in Zorn und besprachen bei sich, was sie gegen Jesus tun könnten.

Rebeca: – Weil sie Egoisten waren. Aus dem gleichen Grund, aus dem sie kein Mitleid mit dem Kranken fühlten, kümmerten sie sich nur darum, den Feiertag einzuhalten. Als sie dann das Wunder sahen, wurden sie böse und überlegten sich, wie sie Jesus töten könnten. Denn dieses Wunder war gegen ihre Art zu handeln.

Felipe: – Sie regten sich auf, weil sie sahen, daß Jesus ein Gesetz brachte, das anders war als ihre Gesetze. Dasselbe geschieht heute mit den Reichen und mit all denen unter uns, die Egoisten sind: Wir drücken uns, wenn man uns sagt, daß wir den anderen helfen und mit ihnen teilen sollen.

Teresita: – Was Jesus ihnen zeigen wollte, als er ihnen diesen Mann vor die Augen stellte, war, daß sie religiöse Bräuche hatten, die ihnen nicht erlaubten, ihre Mitmenschen zu lieben.

Ich sage, unter den ältesten Manuskripten, die vom Evangelium des heiligen Lukas erhalten sind, enthalte eins einen Ausspruch Jesu, der in keinem anderen Manuskript steht und den die anderen Evangelisten auch nicht zitieren, was wahrscheinlich der Grund dafür war, ihn nicht in die Heilige Schrift einzubeziehen. Dieses Manuskript erzählt, daß Jesus einen Mann am Sabbat auf dem Feld arbeiten sah und zu ihm sagte: »Freund, wenn du weißt, was du tust, bist du selig; aber wenn du es nicht weißt, bist du ein Abtrünniger und verletzt das Gesetz.« Manche Theologen meinen, daß dieser Ausspruch authentisch von Jesus stammt, und ich bin überzeugt davon, daß es tatsächlich so ist, weil er so revolutionär ist, daß er schwerlich von einem anderen als Jesus selbst stammen kann.

Felipe: – Das ist klar: Wenn er die Mentalität der Pharisäer hatte, aber trotzdem den Sabbat nicht einhielt, das heißt, wenn er glaubte, diese Arbeit sei Sünde, sie aber trotzdem verrichtete, handelte er schlecht. Wenn er es aber tat, weil er wußte, daß das einzige Gesetz das Gesetz der Liebe ist, war er dem Himmelreich nahe. Derjenige, der am Sonntag arbeitet und dabei glaubt, daß es eine Sünde ist, tut es aus Geiz. Aber der andere, der glaubt, daß an seiner Arbeit nichts Schlechtes ist, arbeitet aus Liebe. Er arbeitet für die anderen, nicht nur für sich selbst. Er glaubt, es ist gut, den Acker zu pflügen, um Brot zu schaffen, auch wenn es Sabbat ist.

Manuel: – Das heißt, daß man jedem von uns, der am Sonntag arbeitet, dasselbe sagen kann: Wenn du es nicht anders weißt, wenn du an das, was man dich gelehrt hat, glaubst, es aber trotzdem nicht erfüllst, bist du ein Schuft; wenn du aber weißt, daß dieses Gebot, am Sonntag nicht zu arbeiten, ein Schmarren ist, bist du dem Himmelreich nahe.

Ich sage, daß viele Fortschritte der Medizin Jesus zu verdanken sind. Die ersten Christen folgten dem Beispiel seiner Heilungen und widmeten sich der Krankenpflege. Das hatte man früher nicht getan: man überließ die Kranken einfach ihrer Krankheit. Diese Fürsorge der Christen den Kranken gegenüber führte zur Entwicklung der Heilkunde. Aber gegenwärtig ist die Medizin in den kapitalistischen Ländern – wenigstens bei uns in Lateinamerika – sehr ungerecht geworden: Ihre Errungenschaften sind kein Fortschritt mehr für die Menschheit, sondern ein Rückschritt, denn sie kümmert sich hauptsächlich um die Reichen. Oft werden komplizierte Techniken angewandt, um das Leben eines mehr oder weniger hoffnungslosen Kranken ein paar Tage oder Wochen zu verlängern, während zahllose Kinder aus Mangel an den einfachsten medizinischen Hilfsmitteln sterben. Dieser Klassenmedizin könnte man dasselbe sagen, was Jesus in dieser Geschichte sagt: Das Gute unterlassen bedeutet das Schlechte tun. Ein Leben nicht zu retten bedeutet, es zu verderben.

William: – Tatsächlich gibt es heute zwei Arten von Menschen auf der Welt: die einen halten es mit dem Leben und die anderen mit dem Tod.

Die andere Backe

(Lukas 6, 27–31)

Aber ich sage euch, die ihr zuhört: Liebt eure Feinde, tut wohl denen, die euch hassen, segnet, die euch verfluchen, betet für die, die euch beleidigen.

Es entsteht ein langes Schweigen. Niemand spricht. Wir hören nur das Lachen der Kinder, die in der Kirche spielen, und draußen das Geräusch der Wellen. Ich frage, ob jemand etwas zu sagen habe. Alle bleiben still.
– Was meinst du, Laureano? Hast du keine Lust zu reden?
Er lächelt und sagt: – Nein, ich habe keine Lust zu reden; dieser Quatsch ist mir zu dunkel. Blödsinn ist das.
Olivia: – Es ist zwar sehr schwierig, aber wir müssen darüber reden, weil es das Evangelium von uns fordert. Die Worte sind sehr klar.
Ich frage, ob sie glauben, daß dieses Gebot Jesu hier in Solentiname viel praktiziert wird. Einige antworten ja, andere nein.
Andrea, Oscars Frau, sagt: – Ach was! Auf Böses antworten wir mit Bösem. Und wenn man uns beleidigt, beleidigen wir auch.
Ein anderer sagt: – Ich glaube, daß es in unserer Gruppe nicht ganz so ist.
Laureano: – Wahr ist, daß wir für gewöhnlich nicht schimpfen.
Rebeca: – Gott will, daß wir uns alle lieben und daß es keine Feinde gibt, denn Jesus ist gekommen, um uns die Liebe zu bringen. Er will also, daß wir uns alle lieben und keine Feinde haben. Wir sollen uns gegenseitig mit Liebe behandeln.
Ich sage: – Rebeca hat uns etwas sehr Wichtiges klargemacht: Das Gottesreich ist die Liebe, und darum kann es keinen Haß in diesem Reich geben. Und darum wird uns befohlen, unsere Feinde zu lieben. Ist das klar genug?
William fragt: – Auch unsere Klassenfeinde?
Ich sage: – Im Klassenkampf kämpfen wir dafür, daß mit der Trennung der Klassen Schluß gemacht wird. Solange wir in Klassen mit entgegengesetzten Interessen gespalten sind, haben wir Klassenfeinde. Wenn wir aber kämpfen, um uns mit ihnen zu ver-

einen, damit alle zusammen eine vereinte Menschheit in einer klassenlosen Gesellschaft bilden, dann kämpfen wir aus Liebe und nicht aus Haß. Die Marxisten sprechen manchmal von Haß. Und bei Che Guevara gibt es einen oder zwei Sätze, in denen er sagt, daß der Revolutionär hassen muß. Aber ich glaube, das ist mehr eine Redensart, so ähnlich, wie wenn Christus sagt: »Wer seinen Vater und seine Mutter nicht haßt, ist meiner nicht wert.« Wir Christen haben immer gesagt, man müsse die Sünde hassen und den Sünder lieben, und ich habe den Eindruck, daß der Che nie aus Haß gegen andere Menschen kämpfte, sondern aus Haß gegen die Ungerechtigkeit. Mir gefiel sehr ein Satz, den ich einmal in Chile von einem marxistischen Priester, dem Pater Arroyo, hörte, in dessen Haus wir uns zu einer kleinen eucharistischen Feier versammelt hatten. Ein anderer verteidigte dort den revolutionären Haß, und Pater Arroyo sagte zu ihm: »Nur die Liebe ist revolutionär, der Haß ist immer reaktionär.«

Olivia: – Mir scheint sehr richtig, was Rebeca eben sagte: Gott ist die Liebe. Er ist gekommen, uns die Liebe zu bringen, und darum müssen wir Liebe haben und Liebe schenken. Aber die Liebe besteht nicht darin, daß man das Wort »Liebe« unendlich wiederholt. Die Liebe besteht einfach darin, daß man liebt. Wenn irgendein Mensch einen nicht liebt, und man ist diesem Menschen bei irgend etwas behilflich, dann kann man diese Feindschaft aus der Welt schaffen. Die Liebe zerstört den Haß.

Felipe: – Und so wird es in einer Gemeinschaft keine Feinde geben. Das ist auch eine praktische Lehre für uns.

Manuel: – Wir haben aber Klassenfeinde. Wie sollen wir gegen den Feind kämpfen, wenn wir ihn lieben müssen? Wie sollen wir uns verteidigen?

Marcelino, sehr ruhig: – Wenn wir hassen, kämpfen wir nicht mehr gegen den Feind, sondern sind selbst der Feind ... weil wir schlecht sind. Jesus sagt, wir sollen unsere Feinde lieben, aber er sagt nicht, daß wir sie nicht bekämpfen sollen ... Die Frage ist, *wie* wir sie bekämpfen sollen. Wenn sie hassen, ist die Liebe unsere beste Waffe gegen sie. Der Unterschied zwischen uns und unseren Feinden ist der, daß wir sie bekämpfen, ohne sie unterdrücken zu wollen. Wir wollen sie im Gegenteil befreien. Sie hassen uns. Wir sind aber nicht anders als sie, wenn wir Haß mit Haß vergelten ... Ich sage, daß wir uns nur mit der Liebe verteidigen können.

Wenn dich einer auf eine Backe schlägt, biete ihm die andere auch dar. Und wenn dir einer den Mantel nimmt, wehre ihm auch das Hemd nicht.

Julio Ramón, ungläubig: – Soll das bedeuten, daß der Arme sich alles gefallen lassen und alles wegnehmen lassen soll?
Laureano, der jede Gelegenheit nutzt, um von der Revolution zu sprechen: – Mir scheint, das ist eher für die Reichen gedacht. Sie sind es, die sich ihre Sachen wegnehmen lassen sollen. Jesus spricht von einem Mantel, nicht wahr? Aber die Armen laufen immer nur im Hemd herum (Gelächter). Wenn also die Revolution kommt und ihnen ihre Landgüter, ihre Fabriken und ihre überflüssigen Häuser wegnimmt, sollen sie keinen Widerstand leisten. Und wenn einem von ihnen der eine Besitz genommen wird, so soll er den anderen auch noch dazugeben.
Felipe: – Sie sollen freiwillig geben, und sogar mehr, als man von ihnen verlangt. Das ist natürlich nur für die gemeint, die etwas haben. Denn was können die Armen geben, wenn sie nur das Nötigste für sich selbst haben? Der Christ soll losgelöst sein von allem, das heißt nicht an seinem Besitz hängen und ihn nicht mit Gewalt verteidigen wollen.
Manuel: – Dann ist das mit der anderen Backe nur für die Reichen gemeint, und die Armen sollen sie nie hinhalten?
Ich sage: – Nein, das ist auch ein Gebot für die Armen, und zwar ein sehr revolutionäres Gebot. Es bedeutet, daß wir uns über unsere eigene Person hinwegsetzen sollen, unseren Stolz und Individualismus ablegen und nicht nur um unsere eigenen Interessen, sondern um die der Allgemeinheit kämpfen. Christus sagt, man solle die andere Backe hinhalten, aber die *eigene*, nicht die der anderen. Der Christ, der nicht für die Revolution kämpft, hält keine seiner zwei Backen hin, sondern die Backen der hungernden Kinder, der nicht geheilten Kranken, der verlassenen Witwen, der um ihre Arbeit betrogenen Arbeiter.
William: – Ich glaube, daß es auch im revolutionären Kampf eine wirksame Waffe ist, die andere (aber die eigene) Backe hinzuhalten. Der, der schlägt, fühlt sich nämlich viel schlechter als der, der den Schlag erhält. Arbeitseinstellung, friedliche Manifestationen vor mit Maschinengewehren bewaffneten Polizisten, Hungerstreik, Besetzung von Fabriken, Kirchen oder Universitäten: das alles bedeutet, die andere Backe hinhalten. Ich erinnere mich, wie uns Gigi, unser

peruanischer Freund, erzählte, was die Studenten in Lima zur Zeit der Belaúnde-Regierung gemacht hatten: Wenn ein Polizist einen Studenten schlug, sprachen ihn die anderen Studenten freundlich an und entwaffneten ihn so. Wenn er trotzdem weiter schlug, sagten sie: »Schlag nur. Wenn dir das guttut, schlag nur. Vielleicht befreit dich das.« So appelliert man an das Gute im Menschen, das im Inneren selbst des Schlechtesten wohnt. Auch hier passierte etwas Ähnliches mit diesem Polizisten, der uns wegen dem, was hier in den Versammlungen gesprochen wurde, dauernd belästigte, und der immer sagte, er würde uns das Leben unmöglich machen, weil wir Kommunisten wären. Die Jungen und Mädchen des Jugendklubs besuchten ihn, um mit ihm zu reden. Sie behandelten ihn mit Liebe, und er änderte sich. Nicht von Anfang an. Zuerst zeigte er sie beim Kommandanten von San Carlos an, dem er sagte, eine Bande von Jugendlichen hätte ihn in seinem eigenen Haus überfallen. Und er sprach weiter schlecht über uns. Die Gruppe ging wieder zu ihm. Sie sagten ihm, daß er ihrer Meinung nach ein genauso armes Schwein sei wie wir alle, ein Ausgebeuteter und Unterdrückter. Er gab zu, daß er sehr schlecht bezahlt wurde. Jetzt arbeitet er nicht mehr auf diesem Posten und ist fast unser Freund. Und man sah, daß er im Grunde kein böser Mensch war. Er war ein Typ, der sich verpflichtet fühlte, böse zu sein, weil er bei der Nationalgarde war. Als er aber symphatische Menschen sah, die seinen Haß nicht mit Haß beantworteten, änderte er sich, und sein böser Wille uns gegenüber verschwand. So ist es auch mit dem Segnen derer, die uns verfluchen, und mit dem Gutes tun denen, die uns hassen. Es gibt noch mehr Beispiele dafür: Wenn die Soldaten Batistas Guerrilleros gefangennahmen, wurden sie sofort ermordet; wenn dagegen die Guerrilleros Gefangene machten, die verwundet waren, heilten sie sie und ließen sie hinterher frei. Che Guevara erzählt, daß Fidel Castro einmal einigen verwundeten Gefangenen, die freigelassen wurden, die wenigen Medikamente mitgab, die sie noch hatten. Der Che protestierte, weil er nun für seine eigenen Verwundeten keine Medikamente mehr hatte. Aber später in Bolivien handelte er genauso. Inti Peredo, der mit ihm kämpfte, erzählt, daß er die Feinde genauso behandelte wie die eigenen Leute und ihre Wunden heilte. Und General Torres, der vor kurzem in Bolivien gestürzt wurde, hatte vorher gegen die Guerrilla gekämpft und war gefangengenommen worden. Später erzählte er, daß er Sozialist wurde wegen der guten Behandlung, die ihm der Che zukommen ließ, und weil ihn die Gespräche, die er mit ihm führte, überzeugten. Auch das heißt, dem bewaffneten Feind die andere Backe hinhalten. Es gibt aber einen Satz des kubanischen Freiheitskämpfers Martí, den Che Guevara oft wiederholte: daß man jede Ohrfeige, die ein Mensch irgendwo auf der Welt erhält, genauso spüren soll, als hätte man sie auf die eigene Backe erhalten.

Donald: – Das größte Beispiel dafür gab Jesus selbst, der nicht wollte, daß seine Jünger Waffen gebrauchten, um ihn zu retten, und der noch im Sterben für seine Feinde betete.

Alejandro: – Eine Erläuterung: Es ist etwas anderes, sich aus Schwachheit oder aus Feigheit schlagen zu lassen. Nein, man tut es gerade, weil man tapfer ist. Und manchmal wird man auch gar nicht die andere Backe hinhalten, sondern eine andere Haltung einnehmen. Als Jesus im Hause des Caifas geschlagen wurde, forderte er eine Erklärung von dem, der ihn schlug, und diskutierte mit ihm. Vielleicht wollte er uns damit zu verstehen geben, was er mit »die andere Backe hinhalten« sagen wollte.

Ich sage: – Diese Worte Christi kann man in einer reaktionären Weise verstehen (und so sind sie tatsächlich oft verstanden worden) und in einer revolutionären Weise, so wie wir es jetzt tun. Und ich glaube, die revolutionäre Weise ist die einzig richtige Weise, sie zu verstehen.

Toñito (ein Student, der Jesuit werden will): – Man muß aber auch bedenken, was am Anfang gesagt wird: »Aber euch, die ihr mir zuhört, sage ich ...« Er spricht also zu den Armen. Sie sollen sich gegenseitig lieben. Wenn einem ein anderer etwas wegnimmt, dann hat er es vielleicht nötiger als man selbst, und dann soll man es nicht zurückfordern.

Ramón: – Dann wird hier also die Ungerechtigkeit verteidigt? Man soll sich einfach wegnehmen lassen, was man vielleicht selbst benötigt? Der Arme muß das Wenige, das er hat, verteidigen, weil es kaum für ihn selbst ausreicht. Die Reichen könnten dann den Armen alles wegnehmen?

Rebeca: – Jesus spricht innerhalb der Gerechtigkeit. Alles soll gerecht und ohne jede Ausbeutung sein. Wir sollen uns gegenseitig geben, aber innerhalb der Gerechtigkeit, und es soll keine Ausbeutung und keinen Egoismus unter uns geben. Das meine ich jedenfalls.

– Wir sollen uns also doch nicht von den Reichen berauben lassen, nicht wahr? – sagt ein anderer.

Olivia: – Was meinst du, Adancito?
Andancito mit seiner sanften Stimme: – Wenn wir uns alles gegenseitig geben sollen, dann müssen die Reichen noch viel mehr hergeben von dem, was ihnen eigentlich gar nicht gehört, und wir haben noch viel mehr Grund, zu verhindern, daß die Reichen den Armen etwas wegnehmen.
Gloria, die junge und hübsche Tochter Olivias: – Es bleibt also nichts anderes übrig als zu kämpfen, damit wir alle gleich leben und uns niemand ausbeutet und unterdrückt, damit niemand reich und niemand arm ist.

Wer dich bittet, dem gib; und wer dir das deine nimmt, von dem fordere es nicht wieder.

– Es ist dasselbe mit anderen Worten – sagt einer.
– Aber mit kräftigeren Worten – fügt ein anderer hinzu.
Toñito: – Ich glaube, wir dürfen das nicht nur passiv verstehen, also in dem Sinne, daß wir uns nicht wehren sollen, wenn jemand uns etwas nimmt, was er braucht. Nein, es wird uns auch zu verstehen gegeben, daß wir uns das, was wir brauchen, nehmen sollen. Wenn einer Dinge hat, die er nicht braucht, die ein anderer aber benötigt, hat er die Pflicht, sie herzugeben. Das sagt das Evangelium. Und deshalb ist es unsere Pflicht, sie ihm zu nehmen, glaube ich.
Julio (nachdem wir alle eine Zeitlang still geblieben sind): – Ich glaube, das ist klar. Wie soll man den Armen etwas nehmen, das sie gar nicht haben? Das Evangelium spricht hier wahrscheinlich davon, den Reichen etwas zu nehmen, weil die Reichen diejenigen sind, die etwas haben.
Ich sage: – Es wird hier also ganz klar gesagt, daß diejenigen, die etwas haben, es hergeben sollen. Sie sollen nicht versuchen, ihre Sachen zu behalten, sondern sie mit den anderen teilen. So werden wir die Gesellschaft haben, von der Gloria eben sprach, die Gesellschaft, in der wir alle gleich sein werden.
Don Ventura: – Aber wenn jemand stiehlt? Soll man auch den Diebstahl erlauben?
Teresita: – Wenn jemand stiehlt, soll man ihm auch geben. Vielleicht nicht sein letztes Hemd, aber Erziehung. Er hat es nur aus Unwissenheit getan. Man muß ihm zeigen, daß man das nicht tut.

Tut mit den anderen, wie ihr wollt, daß sie mit euch tun.

Julio: – Genauso wie die Reichen wollen, daß wir für sie arbeiten, so sollen die Reichen auch für uns arbeiten.

Ich sage, dieses System heiße Sozialismus. Alle arbeiten für alle.

Felipe: – Für alle das gleiche wollen, das wir für uns selbst wollen, bedeutet, daß wir alle gleich sein sollen.

Ich sage: – In Wirklichkeit legt uns Christus hier den Entwurf einer neuen Gesellschaft vor.

Ich frage Laureano: – Bist du jetzt einverstanden?

Er lächelt und errötet ein bißchen.

Ich frage noch einmal: – Ist es so besser . . .?

Er nickt mit dem Kopf und sagt: – Klar, Mensch. Am Anfang schien mir nur noch alles sehr konfus.

Richtet nicht ...

(Lukas 6, 37–42)

Richtet nicht über andere, so wird Gott euch auch nicht richten. Verurteilt nicht die anderen, so wird Gott euch auch nicht verurteilen.

Olivia: – Unter Richten verstehe ich, schlecht von den anderen denken. Ich habe zum Beispiel einen Ring verloren und denke, eine bestimmte Person hat ihn gestohlen. Vielleicht hat sie ihn nicht gestohlen, aber ich habe schlecht von ihr gedacht.
Ein anderer sagt: – Aber man kann einen verdächtigen, der wirklich verdächtig ist ...
Und noch ein anderer: – Aber man darf es nicht behaupten, wenn es nicht sicher feststeht.
Tomás Peña: – Das heißt, man soll sprechen über das, was man sieht, aber nicht über das, was man nicht sieht.
Olivia: – Wenn wir über das sprechen, was wir sehen, richten wir nicht.
Tomás: – Mit anderen Worten: Man soll nicht sprechen über das, was man nicht weiß.
Alejandro, Olivias Sohn: – Ich meine, das Wort »richten« bedeutet, ein Urteil über einen anderen Menschen aussprechen. Das andere, von dem eben gesprochen wurde, wäre falsches Zeugnis ablegen oder verleumden.
Felipe, Tomás' Sohn: – Ich glaube, richten bedeutet hier verurteilen. Denn im selben Vers heißt es weiter: »Verurteilt die anderen nicht.«
Félix: – Und wie oft werden Menschen ungerecht verurteilt! Die Gefängnisse sind voll von unschuldigen Menschen. Wegen eines einfachen Verdachts kann man verhaftet werden! Das heißt, wenn man arm ist und keinen hat, der einen verteidigt.
José Arana: – Und wie oft sind die Unschuldigen eingesperrt, während die wirklichen Verbrecher frei herumlaufen!

Vergebt, so wird Gott euch vergeben.

Jemand fragt: – Und wie kann das in der heutigen Gesellschaft durchgeführt werden? Also ich meine, die Verbrechen vergeben?

Gigi, unser peruanischer Freund: – Das kann man auf unsere Gesellschaft nicht anwenden, weil diese Gesellschaft ungerecht ist. Aber eine christliche oder – was dasselbe ist – eine revolutionäre Gesellschaft kann und muß erreichen, daß es in ihr weder Unterdrückung noch Gefängnisse, noch Polizei gibt.

Teresita: – Kann aber auch eine Gemeinschaft wie die unsere hier in Solentiname nicht urteilen?

Mariíta: – Ich glaube, daß eine gerechte Gemeinschaft, also eine Gemeinschaft wie unsere, in der keiner keinem etwas Böses will, sehr wohl urteilen kann.

William: – Ich glaube, diese Stelle bezieht sich hauptsächlich auf die Richter (im jetzigen System, meine ich), auf die Polizei, auf die Nationalgarde ... das heißt auf alle, die Handlanger der Unterdrückung sind. Aber sie bezieht sich auch auf uns: Wir sollen uns gegenseitig verzeihen, und niemand soll der Richter oder der Polizist seines Bruders sein. Niemand soll andere beherrschen, denn wir sind alle gleich, und keiner ist mehr als der andere.

Donald, Alejandros Bruder: – Wir sollen uns gegenseitig die Beleidigungen vergeben und uns immer wie Geschwister behandeln. Wie Geschwister, die sich gut vertragen, versteht sich, und nicht wie Geschwister, die sich hassen.

– Und was die Vergebung in dieser Gesellschaft betrifft – sagt ein anderer –, so kann man nur sagen, daß die Reichen immer freigesprochen werden, wogegen man die Armen immer mit großer Härte bestraft. Für die Armen gibt es keine Vergebung, weil ihr Hauptverbrechen darin besteht, arm zu sein.

Ich erzähle, daß einmal ein junger Mann bei uns war, der wegen eines Einbruchs im Gefängnis gesessen hatte. Dieser junge Mann erzählte uns, daß man in Managua die Diebe eine Woche nach ihrer Verhaftung wieder freiläßt, aber nur, wenn sie versprechen, den Polizisten und dem Rechtsanwalt tausend Pesos zu zahlen. Der Dieb muß dann wieder einen Einbruch begehen, um das Geld zusammenzubekommen; irgendwann wird er wieder verhaftet, auch wenn er gar nichts getan hat, und wieder muß er stehlen, um die tausend Pesos zu zahlen, und so kann er sich nie bessern (obwohl viele aus diesem Teufelskreis herauswollen). Dieser Junge hatte seit zwei Jahren nicht mehr gestohlen und kam trotzdem immer wieder ins Gefängnis. Schließlich mußte er, obwohl er kein Dieb mehr

war, einem Mann seine Brieftasche stehlen, um sich eine Fahrkarte kaufen zu können, damit er endlich aus Managua wegkam ...
Gigi sagt: – Aber in Kuba und in China sperren sie die Delinquenten nicht mehr ins Gefängnis, sondern bringen sie auf staatliche Landgüter, wo sie an der frischen Luft sind und eine produktive Arbeit leisten. Sie erhalten politischen Unterricht und können sich bilden und Sport treiben und am Wochenende ihre Familienangehörigen besuchen. Das ist etwas ganz anderes, als nur eingesperrt zu werden. Die Gesellschaft bestraft sie nicht, sondern verzeiht ihnen, indem sie ihnen etwas Besseres zeigt. Und mir scheint, das Evangelium sagt uns hier, es dürfe weder Gefängnisse noch Strafen geben, sondern das einzige Gesetz der Gesellschaft solle die Liebe sein.

Gebt den anderen, und Gott wird euch auch geben. Er wird euch ein gutes, volles, gerütteltes und überfließendes Maß in euren Beutel geben. Denn mit dem Maß, mit dem ihr meßt, werdet ihr auch gemessen werden.

Ich erkläre, daß es sich hier um ein Getreidemaß handelt; Jesus spricht in der Sprache der Bauern zu ihnen, so als ob wir hier ein *Cuartillo* sagen würden.
Laureano: – Das muß man auf die anwenden, die etwas zu geben haben. Aber die, die etwas haben, sind gerade die, die nichts geben. Wir müssen nichts geben, die Armen müssen nichts geben.
Olivia: – Trotzdem gibt der Arme ein bißchen von dem, was er hat. Ich habe noch nie einen Armen gesehen, der seinem Nachbarn nichts abgeben würde. Wenn er ein Pfund Salz hat, teilt er es mit seinem Nachbarn, der ihn darum bittet; nie läßt er ihn gehen, ohne ihm das gegeben zu haben, was er braucht.
Ich sage: – Man kann diese Stelle auf die Reichen anwenden, so wie es Laureano getan hat, aber auch auf die Armen, so wie Olivia. Es gibt verschiedene soziale Klassen, und das Evangelium kann nicht auf die gleiche Weise auf alle Klassen angewandt werden. Die Reichen sollen geben, wie Laureano ganz richtig sagte, bis wir alle gleich sind und die Klassen verschwinden, das heißt, bis wir eine Gesellschaft haben, in der alles geteilt wird, so wie die Armen jetzt dieses Pfund Salz teilen, von dem Olivia sprach. Es gibt einen Ausspruch Jesu, der nicht in den Evangelien steht, den wir aber durch den heiligen Paulus kennen, der ihn sicherlich von jemand gehört hat, der ihn seinerseits von Jesus hörte: »Geben ist besser

als nehmen.« Aber es ist auch gut, etwas annehmen zu können. Manche verstehen zu geben, aber nicht anzunehmen. Und es gibt weiter andere, die weder geben noch nehmen, sondern nur kaufen und verkaufen.

Gigi: – Aber wenn wir alle geben und nehmen, so wie Christus es will, wird das, was wir genauso großzügig wie dieses Pfund Salz untereinander teilen werden, nicht nur ein Pfund Salz sein, sondern Überfluß und Reichtum für alle.

Marcelino: – Nicht nur Geld kann man geben, sondern auch Kenntnisse, indem man zum Beispiel einem anderen das Lesen beibringt . . . Oder man kann seine Zeit hergeben, indem man für die Genossenschaft oder für die Gemeinde arbeitet . . .

Cosme: – Etwas, was man auch geben kann, ist ein guter Rat.

Julio: – Und das ist etwas, was die Armen sehr wohl den Reichen geben können.

– Was für einen Rat? – fragt einer.

Und Julio antwortet: – Daß sie den Armen geben sollen. Daß sie aufhören sollen, reich zu sein.

Gigi: – Und dann werden wir eine neue Gesellschaft haben, eine Gesellschaft ohne Reiche: wenn alle ihre Arbeit und ihre Zeit geben, um nicht für sich, sondern für die ganze Gesellschaft Reichtum zu schaffen.

– Zuerst müssen die Reichen anfangen, das zu geben, was ihnen nicht gehört – sagt ein anderer.

Und Rebeca: – Damit der Reiche das aber versteht, müßte er zuerst das Evangelium lesen. Denn ein Reicher, der nicht einmal das Evangelium liest, begreift nichts, sondern bleibt immer weiter ein Egoist. Gott kennt die Reichen. Er sagte, es würde schwer für sie sein, ins Himmelreich zu kommen, es sei denn, sie läsen das Evangelium ganz genau.

Ich sage, daß es manchmal vorkommt, daß ein Reicher das Evangelium liest, und nicht nur oberflächlich, sondern richtig. Und dann geschieht es, daß er sich nicht mehr für das Geld, sondern nur noch für seine Mitmenschen interessiert. So geschah es mit vielen Heiligen und mit vielen Revolutionären. Und gegenwärtig gibt es in vielen bürgerlichen Familien junge Menschen, die sich nicht mehr für das Geld interessieren, weil sie Christen sind oder Revolutionäre. Oder beides gleichzeitig.

– Die haben schon aufgehört, Reiche zu sein – sagt ein anderer.

Olivia: – Rebeca sprach davon, daß die Reichen das Evangelium

kennen sollten, aber in Wirklichkeit kennen sie die Bibel ja schon, nur kümmern sie sich nicht darum, was sie sagt.
Rebeca: – Wenn sie das alles aber verstehen würden, also ich meine, alles das, was wir hier lesen, dann würden sie sich ändern.
Cosme: – Es gibt Menschen, die eben an nichts glauben!
Tomás Peña: – Sie wollen diese Dinge nicht hören. Wenn sie vielleicht einmal in einer Messe davon hören, gehen sie in Zukunft lieber in eine andere Kirche.
Julio: – Natürlich sind sie im Bilde! Sie wollen nur nicht danach leben. Dagegen gibt es andere, die das Evangelium nicht lesen, aber alles tun, was dort gesagt wird. Menschen, die für die Liebe und für die Gleichheit sind.
Tomás: – Ich kann mir vorstellen, daß manche lieber zu einer Sauferei oder zu einem dieser großen Feste gehen, die sie haben, anstatt in die Kirche. Denn sie sagen sich sicher: Dort werden alle gegen mich sein. Das Evangelium ist gegen mich, und dort gibt es einen Haufen armer Leute, die mich alle scheel angucken werden.
Oscar: – Es gibt viele, die keine Religion haben und ganz offen sagen, ihre Religion sei das Geld.
Ich: – Und es gibt andere, die gleichzeitig Christen und reich sein wollen. Christen und Millionäre sogar. Und sie glauben tatsächlich, das sei möglich, wenn sie nur Almosen geben.
Olivia: – Mir scheint, den anderen zu geben, damit Gott uns gibt, ist dasselbe wie zu sagen, wir sollen die anderen so behandeln, wie wir selbst behandelt sein wollen. Denn Gott tut uns, was wir den anderen tun.
Manuel: – Ich glaube, die Stelle, die davon spricht, daß der Beutel mit einem übervollen Maß gefüllt wird, bedeutet, daß Gott dem, der gibt, immer noch mehr gibt. Ich will damit sagen, er macht ihn großmütiger und großherziger, er gibt ihm mehr Liebe.
Gigi: – Das Evangelium will uns hier sagen, daß Geben nicht arm macht, sondern reich. Es macht uns reicher an Liebe, wie Manuel sagt, aber es macht uns auch materiell reicher. Damit meine ich, daß es in einer Ökonomie des Gebens und nicht des Nehmens viel mehr materielle Güter gibt als in einer Ökonomie des Geizes und des Egoismus.
William: – Aber die Hauptbelohnung (der prallgefüllte Beutel) scheint mir das Alles-mit-allen-Teilen, also die Liebe.
Oscar: – Aber sieh mal, William: Mit dem Maß, mit dem einer gibt, wird ihm gegeben. Denn wenn man hart zu den anderen ist,

verhärtet man sein Herz. Wenn man in den anderen nur Schlechtes sieht, ist man selber schlecht. Wenn ich also schlecht über einen anderen urteile, werde ich selber schlecht. Wenn ich einen anderen richte, richte ich mich selbst.

Kann denn ein Blinder einem anderen Blinden den Weg weisen? Werden so nicht beide in eine Grube fallen?

Olivia: – Das sind die Priester, die nichts von diesem allen wissen. Sie lesen das Evangelium und wissen doch nicht, daß es gegen die Reichen ist. Und dann verwirren sie auch unsereinen. Ich erinnere mich, daß die Pfarrer uns früher predigten, die Protestanten seien blinde Führer; dabei hielten sie es selbst mit den Reichen und Mächtigen. In Wirklichkeit waren sie selbst die blinden Führer. Egal ob Katholiken oder Protestanten: beide sind nichts als blinde Führer, wenn sie im Evangelium lesen »Wehe euch Reichen« und dabei ganz gelassen bleiben. Sie sehen nicht, worum es geht. Diese Priester predigten alles mögliche, aber sie predigten nicht die Liebe und lebten auch nicht danach. Und auch wir gingen wie Blinde in dieser Kette.
Manuel: – Blinde Christen von anderen blinden Christen geführt! Verirrte von Verirrten geführt.
Mariíta: – Ich habe den Eindruck, daß sie manche Stellen des Evangeliums gar nicht lesen; sie sind nicht darüber informiert.
Gigi: – Sie lesen sie schon, aber sie verstehen sie nicht; sie legen sie anders aus.
Oscar: – Ich glaube, sie lesen diese Stellen nicht, denn wenn sie es täten, würden sie sie auch verstehen. Es ist doch alles ganz klar. Die Reichen wissen mehr als die Armen, weil sie viel studiert haben. Wie sollten sie nicht verstehen, was wir verstehen?
Gigi: – Die Reichen haben mehr gelernt als die Armen, wie Oscar sagt, aber darum wissen sie doch nicht mehr als die Armen. Sie wissen nicht mehr als ihr, und der Beweis dafür ist, daß sie das, was für euch klar ist, nicht verstehen.
William: – Es heißt, daß sie in eine Grube fallen. Diese Grube ist die Gesellschaft der Ungerechtigkeit und Ausbeutung, in die wir alle gefallen sind. Weil unsere Führer blind waren. Das ganze Volk ist mit ihnen zusammen blind gewesen. Das ist die Entfremdung. Aber eines Tages öffnet das Volk die Augen, und das ist die Bewußtwerdung.

Kein Schüler ist mehr als sein Meister, aber er wird genauso viel sein wie sein Meister, wenn er seine Lehrzeit abgeschlossen hat.

– Der Meister ist Jesus Christus – sagt Gloria.
Rebeca: – Wer als Bischof, Priester oder irgendein anderer Schüler Christi den Luxus liebt, der will mehr als sein Meister sein, scheint mir, denn sein Meister war arm.
Mariíta: – Beim letzten Abendmahl bediente Jesus seine Jünger mit einer Schürze, um ihnen zu zeigen, daß er ihr Diener war. Er wollte ihnen deutlich machen, daß niemand Herr oder Herrin über andere sein soll, sondern das wir alle füreinander Diener sein sollen. Das war seine Lehre als Meister.
William: – Er war ein Zimmermann wie José Arana, ein Mann aus dem Volk. Und wer über dem Volk stehen will, will mehr als Jesus sein.
Oscar: – Das Ende der Lehrzeit werden wir erst im Jenseits, im anderen Leben erreichen. Dann wird der Schüler genauso sein wie Christus, aber nur, wenn er in diesem Leben versucht hat, so zu leben wie er.
Julio, sein Bruder: – Mir scheint, die Lehrzeit ist das Bewußtsein, das man langsam von der Gleichheit bekommt, die Bewußtseinsbildung, das Lernen, daß wir alle gleich sind. Und am Ende dieser Lehrzeit kommt die Seligkeit, das Reich, in dem alle Menschen wirklich gleich sein werden.
– Christus und wir: alle gleich. Es wird keinen Meister mehr geben, weil wir alle gleich sein werden, auch mit Christus gleich – sage ich.

Wie kannst du den Splitter im Auge deines Bruders sehen und nimmst den Balken in deinem eigenen Auge nicht wahr? Wie kannst du zu deinem Bruder sagen: Bruder, laß mich den Splitter aus deinem Auge ziehen? Du Heuchler! Ziehe zuerst den Balken aus deinem eigenen Auge, so wirst du gut sehen, um den Splitter aus dem Auge deines Bruders zu entfernen.

Donald: – Man sieht das Schlechte bei den anderen immer gut, aber bei sich selbst sieht man es nicht ... Aber das ist kein gutes Sehen. Denn wenn einer einen Balken im Auge hat, sieht er nichts.
Oscar: – Man sieht den Fehler des anderen und ist für den eigenen

blind (besser gesagt »ich«, warum rede ich von »man«?). Und genau das ist einer der Fehler, die ich begehe. Vielleicht ist er größer als der Fehler, den ich beim anderen sehe. Es ist genauso, wie ich vorhin über das Richten sagte: So wie ich richte, werde ich auch gerichtet. Denn wenn ich schlecht richte, werde ich selber schlecht. Auf das Stäubchen beim anderen zu achten bedeutet, ihn zu verurteilen, ihn für schlecht anzusehen, und das macht einen selbst noch schlechter. Denn es geschieht nicht, um ihm zu helfen, sondern weil man sich besser glaubt, und gerade darum ist man schlechter. Man ist ein Blinder, der einem anderen den Weg weisen will und dabei selbst einen Balken im Auge hat, und wie soll man ein Stäubchen entfernen, wenn man nicht sieht ... und darum ... Na, ich habe mich wieder mal verheddert, ein anderer soll reden.
Julio: – Ich habe eben gegen die Reichen gesprochen, aber ich sehe, daß man das, was hier steht, auch von den Armen sagen kann. Man soll nicht alles auf die Reichen laden, denn vielleicht sind die Armen auch so. Zuerst also müssen wir uns selbst ändern, um dann von den Reichen fordern zu können, daß sie sich auch ändern.
William: – Das ist ein wichtiger Appell zur Selbstkritik. Auch zur Kritik, denn wenn man ein klares Auge hat, kann man den Splitter aus dem Auge seines Bruders holen. Hier im Jugendklub halten wir ziemlich oft Kritik und Selbstkritik. Zum Beispiel, wenn wir ein Fest gefeiert haben, wird hinterher besprochen, was schlecht und was gut war, was negativ und was positiv ...
– Ist das alles? – fragt einer.
– Ich glaube, es ist alles klar – sagt Milagros.
Nach Abschluß der Messe muß ich noch eine Mitteilung machen: Wir haben erfahren, daß eine der in der Kirche anwesenden Personen (Mario, der Lehrer) ein Spitzel ist. Wir haben auch erfahren, daß sein wirklicher Name nicht Mario ist und daß er nicht Lehrer, sondern Hauptmann ist ... Er wird blaß und versichert unter großer Verwirrung, daß er kein Spitzel, sondern genauso revolutionär wie wir alle sei. Ich versichere ihm, daß wir Beweise haben, aber daß wir weder über ihn zu Gericht sitzen noch ihn verurteilen.
Félix sagt: – Was kümmert es uns, ob er ein Spitzel ist oder nicht? Vielleicht ist das für manche die einzige Art, sich den Lebensunterhalt zu verdienen. Solange er nicht lügt ...
Mariíta: – Solange er nur sagt, was er sieht und hört! Denn das ist nichts als das Evangelium, und wir verkünden es öffentlich.

Adam Weyer:
Wie kann ich dieses Buch nutzen?

Ernesto Cardenal lebt in Solentiname als Bruder der Armen und als Priester. Er erkannte, daß die in fromme Formeln erstarrte Sprache der Kirche für die Leute unverständlich bleiben muß. Diese Menschen leben in unvorstellbar primitiven Verhältnissen: Sie bestellen ihre kärglichen Äcker mit einfachsten Geräten, hausen in ärmlichen Hütten, meist gehört ihnen gar nichts, weil Land und alle Arbeitsmittel den Reichen gehören, für die sie arbeiten müssen. So sah Ernesto Cardenal sich genötigt, das Evangelium »in unsere Sprache und unsere konkrete heutige Situation zu übertragen« (Von der Heiligkeit der Revolution, S. 9). Das Ergebnis war auch für ihn überraschend. Die einfachen Menschen konnten plötzlich das Wort Gottes hören, ja, sie konnten es sogar selber formulieren. Menschen, die sich nie getraut hatten, vor der Öffentlichkeit und schon gar nicht vor Gebildeten zu reden, sprachen nun in einer Selbstverständlichkeit von dem Evangelium, das sie angeht, das sie verändert, mit dem sie leben.

Uns erscheint ein derartiger Umgang mit dem Evangelium, mit dem Wort Gottes, reichlich naiv. Da wird gleich das Evangelium in die Situation übertragen, als ob es ein Stück dieser Welt sei. Da wird von weltlicher Veränderung geredet, von Revolution, als ob das Evangelium ein Programm zur Weltveränderung sei. Da werden Sozialismus und Christentum so einander nahegebracht, als ob es zwischen ihnen keine Unterschiede geben könne. Da erhält das Reich Gottes die Farben des sozialistischen Kuba unter Fidel Castro, als ob dies so einfach gleichzusetzen wäre. Über diese Naivität könnten wir so arg stolpern, daß wir das Buch der Gottesdienste aus Solentiname verärgert weglegen.

Es ist gut, wenn wir unserem Ärger etwas mehr nachgehen. Es ist gut, wenn wir ein wenig fragen, warum denn diese uns so fernen und so fremden Menschen in dieser Weise ihre Gottesdienste halten. Es ist gut, wenn wir uns auch überlegen, ob unsere Gottesdienste, wenn sie in Solentiname gelesen oder vorgelesen würden, nicht ähnlichen Ärger und ein ähnliches Unverständnis hervorrufen würden.

Das Evangelium ist immer der direkte Anspruch an die Menschen. Das Evangelium redet von den Menschen, so wie sie sind, und es redet von den Menschen, wie sie werden sollen. Aber es redet immer so von den Menschen, daß nicht der Nebenmann ausgeschlossen ist. Es ist eben das Evangelium des kleinen Mannes, das sich an den kleinen Mann in der Gestalt der Hirten und der Zöllner, der Huren und der Sünder gewandt hat – und das sich nun zuerst und zunächst an die Fischer und Bauern – aber dann auch an alle Welt – richtet.

»Wir sind noch nicht im Festsaal angelangt, wir sind aber eingeladen und sehen schon die Lichter und hören schon die Musik« (Ernesto Cardenal, Das Buch von der Liebe, S. 142).

Hinweise für Bibelleser

Lesen Sie die Gottesdienste dieses Bandes nicht hintereinander weg. Teilen Sie sich nach Möglichkeit Ihre Lektüre ein. Eine Hilfe dazu könnte der folgende Plan sein, der davon ausgeht, daß etwa jede Woche von Ihnen ein Gottesdienst gelesen werden kann. Haben Sie mehr Zeit, dann können Sie diese Gottesdienste auch in kürzeren Abständen durcharbeiten. Steht Ihnen weniger Zeit zur Verfügung, dann teilen Sie sich die im untenstehenden Plan angedeuteten Schritte auf einen größeren Zeitraum aus. Vor allem aber: Stecken Sie nicht nach der Lektüre des ersten Gottesdienstes auf. Vielleicht ist auch ein Hinweis von Ernesto Cardenal selber wichtig: »Die Frohe Botschaft ist für die Armen bestimmt, und es sind die Armen und nicht die großen Theologen, die sie am besten verstehen und am besten darüber sprechen können.«

1. Lesen Sie den in der Überschrift zum Gottesdienst angegebenen Bibelabschnitt in Ihrer eigenen Bibel sorgfältig durch. Notieren Sie sich, welche Begriffe oder Geschehnisse des Bibelabschnittes Ihnen besonders wichtig oder auffallend erscheinen.
2. Notieren Sie sich, welche Probleme, Fragen, Hoffnungen, Zweifel, Freuden und Sorgen Ihnen in letzter Zeit in ihrem Leben entstanden sind. Überlegen Sie, ob sich diese Fragen nur auf Ihren persönlichen Lebenskreis beziehen oder ob sie darüber hinausgehen.
3. Lesen Sie dann abschnittsweise die im Gottesdienst von Solentiname gegebenen Erklärungen nach. Notieren Sie die wichtigsten Gesichtspunkte aus jedem Abschnitt.
4. Vergleichen Sie das von Ihnen bei der ersten Lektüre des Bibelabschnittes Notierte mit dem, was im Gottesdienst von Solentiname Ihnen besonders aufgefallen ist.
5. Lesen Sie nun noch einmal den Bibelabschnitt und überprüfen Sie, ob Sie ihn nun mit anderen Augen lesen.

Hinweise für Predigthörer, die sich an den Predigten in ihrer Kirche etwas müde gehört haben,
und Hinweise für Kreise, die für eine neue Gestaltung des Gottesdienstes arbeiten,
und Hinweise für Pastoren, die jeden Sonntag predigen (müssen).

1. Lesen Sie zunächst einige (zwei oder drei) der Gottesdienste von Solentiname aufmerksam durch. Überlegen Sie, wie es wohl kommt, daß hier verschiedene Gottesdienstteilnehmer (und zwar recht einfache Leute und schlichte Gemüter) zu Wort kommen können.
2. Ihnen fällt sicher auf, daß es in den Gottesdiensten von Solentiname viele Wiederholungen dadurch gibt, daß verschiedene Leute denselben Gedanken aufnehmen. Dadurch unterscheiden sich wohl diese Predigten von denen in unseren Kirchen, die meist einen Gedanken logisch durcharbeiten. Welchen Sinn könnten derartige Wiederholungen haben? Könnten sie auch dann sinnvoll sein, wenn sie aus einem Munde (nämlich dem des einen Predigers) kommen?
3. In den Gottesdiensten von Solentiname fallen neben vielen auch bei uns